企业供应链数字化转型

从策略到实践

ENTERPRISE SUPPLY CHAIN
DIGITALIZATION TRANSFORMATION

From Strategy to Practice

李娉娉 笪开源 著

东北财经大学出版社
Dongbei University of Finance & Economics Press
大连

图书在版编目（CIP）数据

企业供应链数字化转型：从策略到实践 / 李娉娉，笪开源著. 一大连：东北财经
大学出版社，2023.12

ISBN 978-7-5654-4985-7

Ⅰ.企… Ⅱ.①李…②笪… Ⅲ.制造工业-供应链管理-数字化-研究-中国
Ⅳ.F426.4-39

中国国家版本馆CIP数据核字（2023）第223136号

东北财经大学出版社出版发行

　　大连市黑石礁尖山街217号　邮政编码　116025

　　网　　址：http：//www.dufep.cn

　　读者信箱：dufep @ dufe.edu.cn

大连永盛印业有限公司印刷

幅面尺寸：170mm×240mm　字数：285千字　印张：19.5　插页：1
2023年12月第1版　　　　　2023年12月第1次印刷
责任编辑：李　彬　时　博　责任校对：合　力
封面设计：张智波　　　　　版式设计：原　皓
定价：58.00元

走在数字化转型的原野上

初春的周末，我坐在桌前看书，罗伯特·泽塔勒的《大雪降至》和《原野上》。突然有一股强烈的意愿涌进我脑海：用文字来梳理一下我这三十年的忙碌，在甲方企业中的摔打与成长、在培训工作坊上的问答与感悟、在辅导项目中的收获与教训，如此等等。这一万多天我都在围着供应链运营管理这个"锅台"拼命努力，为不同的企业、客户或学员提供解决方案和建议，应该静下来回顾一下走过的路，更需要厘清在持续快速变化的新环境下如何开拓未来的康庄大道。

自计算机和互联网诞生以来，供应链运营管理的信息化就一直在路上。近两年，疫情与地缘政治剧变、数字化国策和生成式AI的爆发式增长，让供应链数字化转型成为每一个组织，特别是企业绕不开的话题。每一个人都期望数字化带来不同寻常的价值，而这一点在供应链运营管理领域格外明显。众多企业请形形色色的咨询公司和顾问老师进行供应链和企业运营管理的改善、再造、提升，并继而进行数字化转型甚至再造。但在我接触的人中，包括甲乙方，有相当一部分人认为数字化转型就是持续投资信息化系统和软件，只要引进并应用了每个方面的全球顶尖系统和软件，就能实现数字化转型甚至拥有领先优势；也听到一些观点认为数据是核心是关键，有钱就能买到最先进的算法和数字模型，可以打造先进的数字化供应链。

这些企业供应链数字化转型的认知与行动让不少企业付出了高昂的学费。为了提升绩效，很多实体企业投入大量资源做现场改善与精益项目，却对供需计划管理和产销协同计划等缺乏重视，实施了 ERP 系统却跑不了 MRP 的企业比比皆是。最终的结果往往就是运营和管理的改善结果无法真正体现到财务收益上。

因此，我也期望通过对自己经验教训的梳理，帮助广大实体经济的企业家和中高层管理者理解什么是供应链、什么是数字化供应链以及什么是数字化供应链转型的正确方法。

供应链数字化不是已经铺好的轨道，而是在一片原野中开拓——把握企业自身的战略和发展方向，明确期望打造的竞争优势与经营利润来源，才可以在原野上走出属于自己的数字化供应链转型之路。

李娉娉

2023 年春

我 的 转 型 之 路

转型贯穿了我的职业生涯——从部队、政府机关到企业实体工作是身份转型；从人力资源组织发展专业领域到供应链数字化专业领域是专业转型；从甲方到乙方是视角转型。一直没变的是服务于国内实业，特别是为制造业增加价值的决心和行动。

完成专业转型与视角转型的最后一步要感谢联韬咨询的 Liza 老师。

施耐德电气全球供应链学院职位的角色设置让我前所未有地深入供应链领域的实际项目，而老板 Brigitte 长期在施耐德业务条线工作，给我带来从全球专家到工厂主管一线深入工作的丰富资源和持续支持。这段经历帮助我成为供应链内容和主题方面的半个专家。而最近6年与Liza老师共同经历了多个供应链数字化转型项目，系统完成了供应链运营相关知识的学习和考试认证，拿到APICS证书大满贯并成为授权讲师，完成了专业转型的最后一步。

由于Liza和我都在甲方工作过多年，因此在给客户提建议时代入感会很强，提出的建议常常会突破项目的范围，被一些客户的职业经理人评价为"过于操心"。做职业顾问，还是专业负责的顾问？我们讨论下来的选择是后者，用伦理支撑我们持久做好一件事。所以与其他转型一次性完成不同，甲乙方视角转型是需要经常进行的——用乙方的专业和理性思考建议和解决方案，用甲方的同理心和代入感提供辅导和具体的行动建议。两者的相互结合才能够让供应链搭建和数字化转型真正在具体的企业里生根发芽。

未来，也许我还要经历更多的转型，但期望能够与广大的实体企业一起走。

笪开源

2023年春

▌目录

序章／1

    供应链数字化时代全面来临／1

    突破供应链数字化困境／2

    供应链数字化转型的行动指南／4

第1章　供应链的数字化之路／6

    1.1　供应链：从传统到数字化／6

    1.2　供应链数字化转型的变革／17

    1.3　数字化供应链转型动因／22

    1.4　数字化供应链转型的挑战／29

第2章　供应链数字化的战略管理／47

    2.1　供应链数字化战略定位／47

    2.2　供应链数字化战略选择／60

2.3 供应链数字化战略构建 / 83

第3章 供应链数字化架构设计 / 103

3.1 指标架构 / 103

3.2 流程架构（分级流程）/ 116

3.3 数字技术应用架构 / 119

3.4 供应链数字化组织架构 / 132

第4章 数字化供应链流程建设 / 134

4.1 产销协同流程 / 134

4.2 从计划到下达 / 140

4.3 从采购到付款 / 147

4.4 从商机到回款 / 154

4.5 从设计到发布 / 161

4.6 从工单到入库 / 166

4.7 从仓储到配送 / 171

4.8 从售后到退返 / 177

4.9 数据管理 / 180

第5章 供应链数字化项目 / 186

5.1 供应链数字化战略项目组合策划 / 186

5.2 供应链数字化项目组合管理 / 192

第6章 供应链数字化评估 / 211

6.1 供应链数字化评估框架 / 211

6.2 供应链数字化成效评估 / 217

6.3 卓越供应链数字化对标 / 221

6.4 供应链数字化实践评估 / 245

第7章　供应链数字化的组织／263

　　7.1　流程型组织架构／263

　　7.2　数字化领导力／275

　　7.3　供应链数字化人才／285

索引／301

序章

供应链数字化时代全面来临

数字化并不是一个新事物。尽管轨迹不同，但两位作者都在职业生涯中经历了数字化时代从揭示到全面来临的3个阶段或层级。

第一个阶段是个体数字化，标志性事件是：世界上第一台通用电子计算机——ENIAC（Electronic Numerical Integrator and Computer）于1946年在美国宾夕法尼亚大学首次投入使用。个人计算机与软件的飞速发展，以及后来面向个人消费者的智能手机等多种智能设备与应用的出现和发展都是个人数字化的延伸。个体数字化极大影响了个人、团队和组织工作、生活和沟通的方式。

第二个阶段是流程数字化，标志性事件是：IBM公司在1956年推出的第一个商用企业管理系统的雏形——"IBM1401"，该系统最初设计用于处理商业数据，如会计、库存管理和生产控制等，具备基本的数据处理功能，可以执行诸如账务计算、数据存储和报表生成等任务。在接下来的几十年中，不但出现了 SAP、Infor、MicrosoftDynamics 等更成熟和高度集成的企业管理系统（ERP），而且还在不同的业务流程领域出现了 PLM、CRM、SRM、HRM、KM 和 OA 系统。伴随着互联网和移动互联网的发展，管理系统突破了局域网和数据库的限制，还出现了 SaaS 平台。流程数字化实现了流程的标准化框架与个性化配置的平衡，促进流程贯通和效率提升，也使基于流程的跨部门甚至供应链上下游多企业合作成为可能。

第三个阶段是全面数字化。全面数字化的趋势一直在持续，从移动互联网到社交媒体，从物联网到区块链，从大数据到云计算，从人工智能到工业 4.0，突破性技术层出不穷。但在我们看来，真正完成临门一脚的是自然语言处理 AI 平台——ChatGPT 的诞生。LLM 技术的突破性发展让我们看到了 AI 在处理半结构化和非结构化数据方面的惊人能力——不仅能够识别，还能够生成。在 AI 的加持下，普通人和专家在知识之间的壁垒变得像窗户纸那么薄。"一生二，二生三，三生万物"，万物皆可数字化的时代，我们可能需要从数据的角度重新认知原有的业务流程和组织个体。数据不仅仅局限于双向的数据流，而是一个网状生态，从中挖掘模式并应用将极大改变企业的商业经营模式、运营框架和管理体系。

突破供应链数字化困境

在甲乙方多年的工作经验告诉我们，不管是知名跨国五百强，还是国内企业，数字化转型之路都不是一帆风顺的，也不是实施几个先进软件就可以实现的，过程中充满着各种风险与不确定因素。过去十几年，国内互联网技术与企业均飞速发展，在数字零售等领域全球领先，出现了不少独角兽企业。但从全球供应链视角看，中国企业并没有因此取得供应链优势，反而在控制权和定价权上处于非常被动的地位。从供应链能力来看，据不完全统计，中国大陆实体企业仅有联想公司进入过 Gartner 供应链 Top25 排名，其 2023 年达到最高排名第 8 名。

世界 500 强的供应链数字化同样需要毅力和持续投入。在施耐德电气，供应链不是一个部门，而是由采购、所有制造工厂和物流组成的完整供应链，甚至还将质量和客户满意、产业化（Industrialization）等职能包括在内。施耐德电气2013年发布"2020可持续发展计划"，该计划明确数字化战略，并将这一战略在业务、运营和管理等维度用Hoshin层层分解成项目、任务和个人工作目标，并在每月各地区、工厂产业群和工厂各层级的月度会上回顾具体的行动进度、效果与目标达成情况。经过3年努力，施耐德电气在2016年进入排名第18位，此后继续加强投入和组织领导，在各条线成立数字化能效的团队，2018年甚至设置了"数字化效能副总裁"。十年磨一剑，施耐德电气在2023年发布排名中拿下第一。

大部分企业没有财务像联想和施耐德这样持续在数字化资源投入，也没有完善的供应链管理框架与能力，甚至还没有完整的运营管理框架。国内企业都有着自己的经营风格和优势，这种个性化的风格会带来与严谨的系统化之间的冲突，最明显的表现就是上ERP要么是很多个性化客制化，要么流程无法跑通导致产生大量手工单据。一方面是商业数字化降维打击对制造供应链的空间和利润的双重挤压，实体企业不得不数字化转型；另一方面供应链管理基础薄弱和数字化转型资源方法不足导致转型之路步步是坑。

这个困境的唯一突破路径就是避开数字化转型之路上的那些坑，用正确的方法推动实体企业的供应链数字化转型。实体经济的利润都是来之不易的辛苦钱，因此，两位作者期望能够通过写这本书将一些经验和教训更好地分享给需要的人，比如：

■ 要关注经济效益产出和财务绩效确保良性循环，不搞大跃进式数字化转型

■ 要瞄准影响经营利润的核心业务流程和组织能力，不搞全面开花式管理升级

■ 要建立供应链的协同计划与管理优势，协助科学决策，不要有数字无价值

■ 要有建立供应链视角的议权和谈判话语权，不要只向内挖潜为他人降本

■ ……

当然我们会用更结构化的逻辑，把方法论、行动步骤、工具和案例等更为实用和具体的内容呈现给大家。

供应链数字化转型的行动指南

我们希望本书可以作为实体企业供应链数字化转型推动者的案头参考。你们可能是老板或总经理，也可能是负责运营管理、协同计划（S&OP）管理和数字化转型项目的中高层管理者。对于百亿以上的大型实体企业，如果以事业部、产品家族或供应链矩阵为单位推进数字化转型，那么本书也会很有参考意义。

本书的主要内容：

第1章关于供应链和供应链数字化的基础，帮助大家理解数字化供应链的背景和基本框架，包括供应链的历史与发展、基本供应链理论、权威知识体系以及与传统供应链相比，数字化供应链的一些特点。如果您已经系统学习过供应链管理的理论，或是有过多年供应链管理经验，甚至拥有APICS的SCOR、CPIM、CSCP认证，可以跳过这一章。

第2章具体介绍数字化供应链战略管理的方法、步骤、工具与相关案例，包括供应链运营和数字化是如何支撑经营战略和指导管理战略的。

第3章从数据架构、IT架构和组织架构三个维度展开，并重点介绍了3个架构相互匹配和协同的方法、工具和案例。

第4章从实体企业核心的8大端到端业务流程切入，具体介绍基于关键竞争力配置个性化流程的方法、工具和案例。端到端的整体流程贯通是数字化供应链的前提，也是组织能力的核心，也是本书的重点之一。

第5章是关于供应链数字化转型项目实践与方法论，规划和实施项目是绝大多数企业导入和推行供应链数字化转型的唯一手段，必须有效融合供应链改善、数字化软硬件部署和变革管理才能确保转型项目的成功。想要快速动手尝试数字化转型的读者最好先从这一章开始。

第6章以清单和举例的方式介绍了数字化供应链评估，包括从成熟度维度评价一个企业的供应链数字化程度以及从效益角度评价数字化供应链转型的投资回报。除了定性和定量的标准，我们还推荐对照最佳实践以及运用基于最佳实践的萃取、对标和推广的方法和工具来评估。如果您想先评估企业的数字化供应链成熟度，建议先从这一章入手。

第 7 章介绍了与数字化转型相关的变革管理和组织赋能的工具与案例。数字化转型的基础是员工数字化意识觉醒和能力养成，是团队与组织领导力从"经验人"到"数字人"的切换，还需要文化基因的蜕变。数字化转型企业中的人力资源工作者建议先读这一章。

供应链数字化涉及战略、架构、流程、绩效、组织、IT 技术和变革管理等多个要素的协同。我们力求给实体企业管理团队展现一个供应链数字化转型的多要素"协奏"（Orchestrate）的蓝图，限于篇幅，并没有在每一个要素方面展开更多的理论、方法和工具介绍。

在广阔的市场上，有千万条道路，阡陌纵横，会有平行，会有交叉，甚至部分重合，但没有两条路会是完全一样的。我们相信，随着大家对供应链数字化转型有更为深入的理解和实践，每一家企业都能够谱写自己的"供应链数字化协奏曲"，用实践把中国企业供应链数字化转型之路描述得更全面、更具体、更深入！

过去，我们做到了；未来，我们同样能一起做到！

第 1 章　供应链的数字化之路

1.1　供应链：从传统到数字化

1.1.1　供应链概念的形成背景

中国文化博大精深，我们的祖先已经告知我们什么是供应链了。《孙子兵法》中说道："兵马未动，粮草先行。"粮草补给的效率和流畅程度在很大程度上决定着古代战争的成败，我们把一个企业的市场看成是战场，而供应链是能保证企业触及市场、赢得市场的后勤保障。所以在一定程度上，供应链的成功是企业成功的前提与基础。

从西方现代管理科学历史来说，供应链管理起源于"后勤学管理"。后勤学源于法语动词"loger"（拘留），并首先使用在军事方面。二战中，后勤学受到高度重视，得到广泛研究并且应用在军需物品采购和运输等方面。二战以后，美国公司为了高效地管理材料采购、储藏、交通和设施地点规划，首先将后勤学引进工业领域。最流行的 7R 组成的后勤学定义为：正确的产品，正确的数量，正确的状况，正确的地方，在正确的时间，为正确的顾客和正确的价格。

后勤学管理委员会（CLM）将后勤学定义为有效计划、实现和控制商品、服务和信息流的过程。它包括从起源点到消费点，满足顾客要求的全部过程。1999年，CLM将后勤学定义为供应链管理的一部分。

1985年竞争战略之父迈克尔·波特在其所著的《竞争优势》一书中提出了价值供应链的概念。基于制造业的观点，波特视供应链为一系列连续完成的活动，是原材料转换成一系列最终产品并不断实现价值增值的过程。从拓扑结构来看，供应链是一个由自主或半自主的企业实体构成的网络，这些实体包括一些子公司、制造厂、仓库、外部供应商、运输公司、配送中心、零售商和用户。一个完整的供应链始于原材料的供应商，止于最终用户。

供应链（Supply Chain）的概念在20世纪80年代提出后，随着全球化制造的出现，供应链在制造业管理中得到普遍重视，其逐步形成了完整的管理理论与方法体系。信息技术的发展大大减少了各国之间的地理距离和文化差异带来的合作困难，各国的工商组织能够在全球范围之内获取资源并销售产品，加上产品更新与迭代的生命周期不断缩短，范围更加广泛的全球性供应链也迫切需要更加有效的管理理念和协调技术，而电子数据交换、产品数据交换、互联网及各种信息系统应用的发展，极大地促进了现代供应链管理理念的实现以及组织结构转变，使信息技术的飞速发展成为推动供应链管理的关键因素之一。

在供应链管理最佳实践不断突破和取得成就的同时，供应链的理论、方法与工具持续丰富，涉及的范畴也在不断扩展，从原来的物料与运输到整个生产和制造，再到企业整体业务运营，甚至是跨企业的平台生态运营的范畴。

1.1.2　供应链管理知识体系

讨论供应链管理，我们就绕不开美国运营管理协会（Association for Supply Chain Management，ASCM，原APICS）——全球最大，也是在运营管理（包括生产、库存、供应链、物料管理、采购和物流）领域最具专业权威性的非营利性组织。

APICS 成立于 1957 年，最终的名称为 American Production and Inventory Control Society 首字母缩写词，后来协会几度整合而且名称几经变化，但是由于构建了运营管理领域最权威知识体系，因此 APICS 的缩写一直被沿用。

APICS 知识体系由一整套教育、研究成果和标准构成（如图 1-1 所示）。

教育与研究解决方案	Top 10 供应链趋势	供应链可持续发展企业标准与最佳实践解决方案		面授认证资源	企业会员方案
	供应链网络 数字能力模型	供应链运营参考模型（SCOR）数字化标准认证与方案			
	学院数字化 能力模型	供应链运营参考模型（SCOR）专业标准认证方案			
	Rapid Item Development	CSCP 供应链职业经理人认证	CTSC 供应链转型认证		
	The Supply Chain Profession	CPIM 供应链规划与库存管理认证	CLTD 物流规划师认证	在线学习认证资源	个人会员方案
	The Supply Chain Stability Index	供应链计划证书	供应链采购证书		
	Transportation Journal	供应链仓储证书	供应链技术证书		
	Journal of Operations Management	PMO POP PIM PMM PDL 供应链管理基础系列			

图 1-1　APCIS 知识体系概览，基于 ascm.org 网站公开内容整理

APICS 知识体系中包括了供应链管理中最重要的一个环节——计划是如何通过考虑订单（需求）和工单（供应）并对在这个杠杆中起到调节作用的库存进行整体运算的逻辑。因此，在早期供应链管理中，Excel 是大家常用的基础数字化工具。后来，随着依赖物料需求计划（Material Requirement Plan，MRP）系统软件的诞生与进化，系统

软件开始逐步取代表格,成为APICS供应链管理中计划部分的计算逻辑抓手,奠定了整个数字化供应链的基础:物料需求计划和产能计划。到目前为止,APICS的MRP与MRP2逻辑,仍然是SAP等主流ERP的底层核心逻辑,同时也是工业4.0运营管理的底层逻辑。因此,从另一个角度来看,基于供应链的运营管理框架从其最开始诞生就带着数字化的基因。而数字技术的突破则为供应链管理的理论和实践带来了质的飞跃。

APICS字典中,提供了供应链管理的定义:

供应链管理是一个管理过程,它包括对供应链中的物流、信息流和资金流进行系统的设计、规划与控制,将供应链上下游不同环节有效整合以实现供应链整体效率的最优化,从而以最低的系统成本来快速满足顾客需要。

供应链管理的定义与实践也是欧美企业在面临日本等东亚企业在国际市场竞争力日益强大情况下提出和发展的。他们看到东亚企业,尤其是日本企业,取得成功的一个主要原因在于将供应链中的各环节进行协调、集成。比如,在企业内部,采用全面质量管理(TQM)、准时制(JIT),强调各部门合作来降低成本、提高质量。在企业外部,采用外包制并减少零部件供应商数目,并与它们建立合作伙伴关系以达到共同提高质量、降低成本;另外,将顾客需求纳入企业管理系统内部,采用柔性制造系统(FMS),提高企业应变能力和服务水平。

所以,供应链管理的最终目的是"业务之声"(Voice of Business,VOB)与"客户之声"(Voice of Customer, VOC)的整体最优。供应链最大的价值在于如何在激烈竞争的大环境下赢得更多的市场份额和客户,并且同时为企业创造业务利润。

作为供应链数字化转型的基础,管理者至少要掌握供应链的基础知识,理解供应链运营的逻辑以及能够为经营战略提供增值的价值点。这是供应链数字化转型的前提与基础。如果企业不具备供应链视角,很难让数字化转型服务于企业自身的供应链定位,更难以获得相应的财务收益。

1.1.3 制造业供应链的"四流"

"从田间到餐桌"是中粮的一句广告词，也形象地诠释了什么是供应链——如果把供应链定义为从田间到餐桌整个过程所涉及的种植户、养殖户、收购者、生产商、中间商、超市、电商、消费者的联合体的话，不难发现，供应链一直存在于我们身边。

一早，家里的孩子喝着从超市买来的产自牧场的牛奶；中午，用从老家带的土豆加上菜场买的肉做了土豆丝炒肉，用的是网上买的食用油；晚餐之后，品尝了朋友从广州寄来的新鲜荔枝。所有这一切的实现，都依赖于稳定的供应链。而过去几年疫情中大家经历的不便，则很多都是供应链波动与中断对我们生活的负面影响。

而信息化和数字化把原本时空隔离的链条各环信息化、集成化之后，让供应链变得更长、可视且可控。我们打开手机，用京东、淘宝不仅仅能够看到我们的订单，还能够清楚看到订单目前在什么位置、什么时候能够送到我们手中；或者要退还的商品什么时候会上门取件。而这一切，都是数字化给供应链带来的提升。

我们能看到在制造业供应链管理中，共有三个关键对象：物、现金和信息。这三个关键对象与逆向物流共同组成了制造业供应链的"四流"（如图1-2所示）。

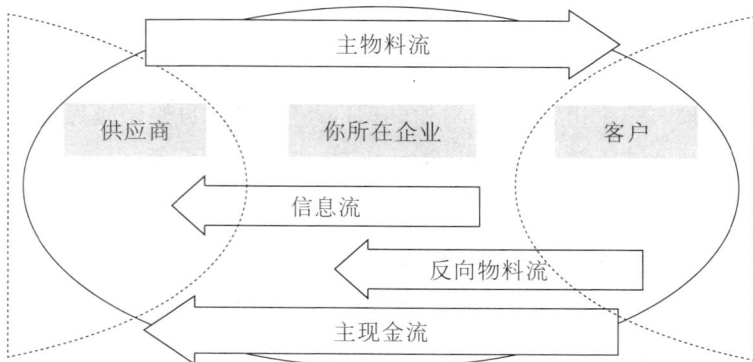

图1-2 供应链的"四流"

"物"是供应链需要管理的一个关键对象，供应链中物料的流动有三个阶段：

■ 物料从供应商处被购买，进入你的企业

■ 物料在你的企业中进行生产、加工，或被分包、转运后成为可以售卖的产品

■ 产品经由配送系统流出你的企业，流向客户

供应链中以自己企业为主体的每一个环节由三个实体组成：供应商、本企业（制造商或分销商）、客户。在整个供应链上可能存在许多个有供需关系的组织。以代表硅流动的供应链为例，硅首先用于制作硅晶芯片，晶硅芯片用于生产不同处理器，处理器用于电脑装配，最后电脑被销售并交付给客户使用。

在供应链上除了"物"的流动，还有"信息"与"现金"的流动。不过与物从供应商经过本企业流向客户不同，信息与现金都是从客户经过本企业流向供应商的：

■ 客户的订单信息和购买商品的现金，进入你的企业

■ 你的企业将客户订单转化为成内部的生产指令，现金用来支付内部成本与费用

■ 将客户订单信息转化为原材料需求订单，并支付现金向供应商购买

对环境和社会责任的重视使越来越多企业开始关注可持续供应链管理，因此在规划供应链时不仅要考虑从供应商到客户的"正向物料流"，还需要将物料的回收、拆解、修复、再利用及无害化处理等一并纳入供应链管理范畴，这就是"反向物料流"。

总结一下，供应链的要素包括：

■ 供应链包括从原材料到提供产品/服务至最终客户的所有活动

■ 可以将任意数量的企业联结在供应链上

■ 客户可以是另一个客户的供应商，整个链上可以有许多的供/需关系

■ 尽管配送系统可以直接从供应商流向客户，它也可以包含若干中间环节，如批发商、分销商和零售商

■ 产品和服务是从供应商流向客户，但产品的设计和需求信息、现金是由客户流向供应商

这就形成了端到端的供应链全链条。典型的制造供应链整体价值流是由计划、采购、生产、交付、退返和供应链赋能管理组成的（如图1-3所示）。

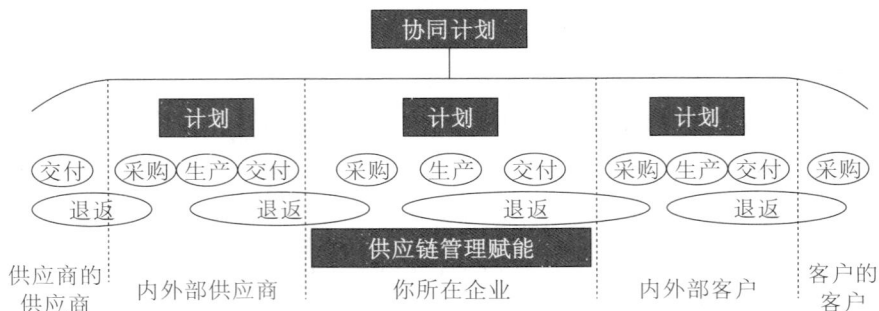

图1-3 制造供应链全景图

所以，我们拆开供应链这个词，可以理解供应链其实关注的是"供应"。当客户提出需求的时候，企业如何通过各种方式进行供应。那么供应链中的"链"是指什么呢？供应链运营参考标准SCOR（Supply Chain Operation Reference）提供了专业参考：整体供应链由计划、采购、生产、交付、退返和赋能六个主要链条构成。

我们也可称之为供应链管理驱动力串起的供应链整体价值流——供应链由前5个持续进行的流程功能组成，而供应链管理驱动力是支持每一个供应链流程功能的基础和保障。通过这个形象的链条，我们不难发现供应链管理框架中每个链条紧紧相扣，息息相关。只要其中有一个链条没做好，整个供应链就会脱节甚至断开。

1.1.4 四种制造模式

制造业供应链管理中，客户最关注的是产品以及交付。但同样的生产制造，也可能会有4种制造模式（如图1-4所示）：

（1）按订单设计模式，简称ETO（Engineer to Order），根据顾客的特殊需求设计产品的生产模式，如工程设计独特、个性化显著或者新采购的材料。每个顾客订单都会产生一系列独特的零部件号、物料清单和

工艺路线。

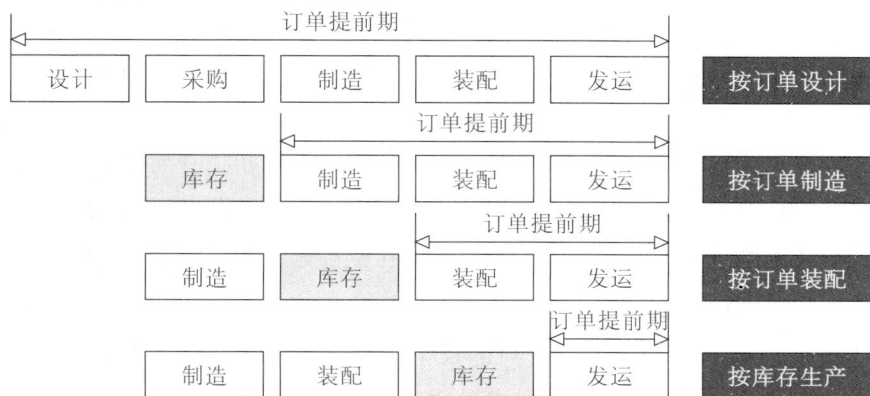

图1-4 四种制造模式与提前期

（2）按订单制造模式，简称MTO（Make to Order），在客户订单到达后开始生产产品或提供服务的生产模式。最终产品通常是标准件和满足客户特殊要求定制件的组合。

（3）按订单装配模式，简称ATO（Assemble to Order），对用于装配最终产品的关键部件（半成品、中间产品、组件、采购件、包装等）根据预测生产并备库，接到订单后开始生产最终产品的生产模式。

（4）按库存生产模式，简称MTS（Make to Stock），按销售预测和工厂自己的计划生产最终产品，产品可以而且经常在收到客户订单之前就已完成的生产模式。客户订单一般用已有库存来提供，而生产订单则用于补充那些库存。

通过这张图可以发现，四种不同制造模式从客户下订单到交货周期是不同的。这个周期，标准的供应链术语为订单提前期（Lead Time，缩写LT），也称之为订单交付提前期。

ETO模式交期最长，从头到尾，设计、采购、制造、装配与发运的全过程均需要客户参与和确认，因此从接到设计需求到交货也需要经历上述过程的全部时间周期。MTO模式下，企业则往往会提前准备原材料订单需求甚至安全库存，当客户下订单后马上安排送货或生产。这种模式下订单交付就只要经历制造、装配和发运的时间周期。因此比ETO模式订单周期要短。ATO模式下，企业会进一步提前制造半成品或最终成品部件，当客户下订单时只需要进行按订单装配，省去了等待制造的周期，比前两种模式的订单提交期都要短。MTS模式下，企业将成品全部制作完成并存放到仓库，客户下订单时只需要等待发运周期了，是四种生产模式中订单交货期最短的。

仔细分析我们会发现，上述四种制造模式虽然从设计到发运的流程顺序相同，但客户对制造过程的参与程度不同，制造计划的依据不同，而最终的结果是库存结构不同与订单交付提前期长短不同。采用哪一种模式对公司最有利就取决于产品市场的竞争要素与状态。如果客户市场愿意等，那么企业最好选择ETO或者MTO的模式降低库存成本；但客户市场期望尽快交货，ATO甚至MTS模式才能有助于赢得订单。

企业必须根据对产品进行科学分类，并针对不同市场区隔的偏好特点选择最能满足并超越客户期望的制造策略。每一种策略都将影响到客户对产品设计的参与程度、配送周期，以及企业库存，进而影响企业的盈利能力。此外，一个实体企业也可以采取多种制造模式。以生活中的餐厅为例，冷菜基本为MTS模式，但热菜就会有ATO或MTO的模式了。

1.1.5　数字化供应链

我们在前面提到，供应链管理从诞生起就与数字和计算有着天生的联系。军事活动中，将帅需要精确计算行军路线、速度、作战周期，并根据兵种人均每天消耗确定军械和粮草的供应数量。

在传统制造业供应链中，企业资源，如物料、现金等，在不同的所有者之间加工、交易，价值在不断发生变化，而且地点、数量、形式、所有者权益均在持续变化，不要说供需上下游协同，即使在企业内部管理难度都很高。在MRP诞生之前，主要依靠手工表格。管理软件，特别是大型ERP的出现，一定程度上提升了企业资源管理的效率，但由于不同作业发生在不同时空，信息流难以打通，没有从根本上解决协同的难点与痛点，同时还可能会增加大量的数据和票据处理的工作量。而移动互联网与数字化技术的突破，包括物联网（Internet of Things，IoT）、云计算、人工智能（AI）、大数据分析和自动化等，一方面实现了数据的无缝与实时传输，另一方面也将非结构和半结构化信息变成了结构化的数据，从而给供应链数字化打开了全新的局面。

数字化供应链是指将数字技术和数据驱动系统全方位地整合到供应链管理中，改变传统供应链运营管理方式，以期提升供应链全流程与跨组织的业务效率、可视化程度、协同和决策水平，并实现端到端的数字联结。

数字化供应链的目的是精简和优化整个供应链网络中的信息、物料、现金和服务等资源要素的流动，从采购寻源到生产制造、物流运输和客户服务。数字化供应链包括将人工流程自动化和数据化，获取并分析实时数据，实现高级的数字统计解析和运用预测模型洞察市场并形成有效决策。

供应链数字化包括以下几个主要方面：

■ 信息数字化：以计算机数码形式，获取并存储与供应商、库存、需求、运输和其他供应链活动相关的数据与资料，并可以实时查看和分析。

■ 联结与集成：建立无缝的数字联结与集成系统、平台，供应链的不同相关方可以有效地进行数据分享、协同和观察。

■ 高级数据分析：充分利用数据分析技术，如描述性分析、预测性分析和规范化分析，从中获取洞察、优化运营、识别模式、预测需求并做出数据驱动的决策。

■ 自动化与机器人技术：应用自动化技术，如机器人流程自动化（RPA）和无人车，以精简流程，减少人工对效率的影响，提升速度、精确度和强化运营效率。

■ 供应链可视化：实现供应链活动的端到端可视化，包括库存水平、订单状态、物流运输追踪和供应商绩效，以主动识别风险，优化工作流，提升供应链的响应速度。

■ 以客户为中心：运用数字化强化客户体验，实现个性化服务，实时跟进和实现供应链全过程的透明沟通。

供应链数字化的终极目标是打造一个敏捷、数据驱动和快速响应的供应链生态，以响应动态的市场变化，优化资源利用，减少风险并为客户提升价值。比如数字化技术可以让市场和客户便利地参与到产品个性化设计中，把原本MTS的大批量成品备库变成定制化体验，如可口可乐的定制瓶和恒宝的个性信用卡；而京东等营销平台的众筹则是把原来ToB的ETO模式，变成了ToC的MTO模式。由此可见，数字化供应链打破单链条结构，而变成以客户为中心的环状链条结构，并通过企业和客户在订单交付过程中的不断循环迭代形成供应链闭环协同。当然，在实体经济，特别是制造业中，这个闭环需要通过企业的日常运营去实现，而不能只停留在理念或书面文档上。

1.1.6 新零售与制造供应链

无论是何种实体经济，供应链的最终C端还是会指向零售——服务于人类社会。与以往实体企业往往只面对经销商和批发商的ToB不同，如上面所说，数字化技术改变了这一局面，几大营销平台都有产品体验、评价和试用等专门通道，并通过高级数据分析实现了原来需要通过专门市场调研公司去做的客户调研、市场反应、客户画像等工作。

在中国，数字化技术在零售平台上的发展和应用在全球都是远远领先的。数字化零售突破了传统零售的空间与时间局限，从而让C端用户可以更直接地接触商品，从而给很多处在深巷里的好酒打开了营销爆发式增长的局面。

以京东的"京东京造"品牌为例。2020年，京东一方面向定制扶持合作的中小制造业开放了京东平台的数据、工具、物流、服务和渠道，帮助这些企业缩短供需响应时间；另一方面依托自身的供应链能力，在2022年发布了"Z·DNA系列""Light系列""守护系列"三大产品矩阵，让京东不仅仅只是一个营销平台，更是一个供应链整合平台。而这一系列做法与多年占据《财富》世界500强前列位置的沃尔玛旗下的"MM"自营品牌是类似的。而与此同时，阿里和拼多多也都在制造供应链上做相应的延伸和布局。

在这种背景下，实体企业必须建立以消费者为中心的完整"数字化供应链版图"，并根据自身在供应链上的定位进行数字化转型，才有可能具备或掌握供应链的话语权与定价权。实体企业也需要深入理解数字化零售，以更积极主动地响应市场的变化。

零售行业的数字化转型也是从数字资产开始，比如产品、客户、客户喜好等。C端数据的驱动产品和研发，没有数据谈何企业转型？谈何供应链转型？脱胎于传统零售的新零售，先进的不仅仅是技术，而是用户思维、产品思维、供应链运营方法、组织架构和企业文化。沃尔玛中国电子商务及科技高级副总裁霍斯博也曾谈到，在数字化转型过程中，沃尔玛推行"70/20/10"法则——10%是算法，20%是供应链框架和流程构建，70%是人。这些同样也适用于制造业数字化供应链的转型。

1.2　供应链数字化转型的变革

经常会有一些企业的CIO和IT总监们提出他们的困扰，不少老板都认为数字化就是信息技术的运用。其实这个理解有点片面——数字化的确离不开信息技术，但信息技术并不是数字化的全部，而仅仅是抓手或驱动因素之一。通过信息技术可以推动流程固化；通过多个流程输入输出信息和数字交互，可以推动多部门协同，最终整个公司能够做到流程网络化、业务平台化和基础作业标准化，同时实现运营管理和执行目视化、可监控化；最终基于大量准确数字以及模型的决策实现快速响应，举一反三。

所以任何的数字化，必须满足企业的商务需求，因此都需要以核心业务流程与规则为主逻辑，并结合业务战略框架而设计。如果企业希望成功实现数字化转型。首先要把这一点非常明确地放到企业经营、运营或管理战略中，明确这是公司业务流程变革的明确方向。在建立数字化转型的初期，核心管理团队就应该思考整个企业的战略迭代或创新，然后再将数字化这一元素纳入其中。

1.2.1　流程化

当前，很多企业的运营管理还是以部门为单位进行计划、组织、实施和考核。而绝大多数通过ISO体系认证的企业，内部的整体流程体系标准以及流程图也基本是以部门为单位的。在这种背景下，大部分实体企业的端到端流程是有断点与盲点的，离集成式业务流程差距就更大了。

数字化转型就需要有效打破"部门视角"的传统方式，贯彻"全公司流程化管理"这一理念。以"端到端流程"为主，公司内外以业务流贯通为驱动力；在流程逻辑的基础上，重新梳理各单位与部门职责，强调协作化分工，形成流程型组织，这样才能"政通人和"，实现数字化效益。

众多的项目成功经验和失败教训都提醒我们，在流程优化和再造的同时，部门与职能也需要同步优化，以确保不同层级的团队最终都以保障流程畅通为目的运作。

企业在流程化建设的过程中也应开始转变数字化系统建设思路，从"各系统小而全"变为"完整流程下的组件化、专业化"，企业运营系统应该做到全流程打通，信息的颗粒度和功能做到完整但不用太过精细；支撑系统的信息系统功能聚焦至某一专业管理领域、业务领域，做专做精。各系统间通过集成技术有效衔接，组合成完整方案，支撑端到端业务流程。

1.2.2　平台化

"一点看全、统一抓手"是实体经济数字化转型的关键效益之一。而要实现这一点，就需要由同一平台集中承载信息化系统的运作，按权限区分不同业态的功能及数据；同时平台化的信息打通和各管理领域平台的打通也可以让通用功能下沉至应用平台，有利于信息系统跟随管理要求变化快速调整，也有利于避免系统重复建设、降低维护的复杂性。

我们在项目实施的过程中，看到很多企业买了众多最新的系统软件，但也发现这些系统的结构和数据的规范是不统一的，这让系统无法直接产生"共鸣"——数据只能在某一个系统内交换应用，但没有办法在整个企业甚至是供应商的上下游真正"流动"起来。而整体数字框架平台的建立可以在同类功能统一系统平台的基础上，进一步实现流程及功能的标准化、统一化，形成标准功能供调用，并根据管理思路，在关键节点固化管控要求。

这里强调关键节点。正如前面所提到的数据的颗粒度和企业每个层次所要的信息粗细层度不一样，整体信息系统数据关注关键点。对于非关键节点，允许实现差异化流程、功能，支持不同业务场景的管理需要。

数字化转型需要萃取业务规则中应当标准化、统一化的部分，以及组织职能中一致性的任务，将通用资源与数据集中起来，全局贯通的数据池，充分发挥集约效应，降低成本与费用；同时又要建立快速响应、快速决策和快速调配的端到端流程机制，以快速响应市场的变化。这样才能做到"稳坐中军帐"，但却能"运筹帷幄之中，决胜千里之外"。

1.2.3　目视化

目视化的概念是在精益生产当中提出来的。目视化是指在运营操作的过程中能实时看到流程的情况。目视化管理是指如何管理这些能看到的信息。通过数字化转型将原本处在灰箱中的业务过程与结果呈现出来，通过目视化方法更直观地进行管理，也是数字化转型的重要价值和目的。

通过数据的目视化是指员工可以通过系统反映出来的情况关注到接下来要做什么。例如，生产现场的MES系统实时采集机台设备的投入产出情况，让员工通过电子看板比较实际产出和计划产出的差异，可以看到机台设备的利用率和效率，通过自动化质量检测系统了解产出的质量达成情况。实时生产现场状态的更新可以让生产车间的管理者及时进行干预，解决问题。

另外，由于整个系统已经流程化了，关键点的数据的采集和数据输出的结果，可以让管理层看到流程的状态，这带来了目视化管理当中相当重要的一个环节——监控和检视。

在精益管理中还会提到目视管理"热点"这个概念。"热点"是指流程中哪些地方出问题了，哪些地方是需要改进。用过ERP软件的朋友应该知道，系统运行MRP或APS后就会产生异常信息或例外信息，我们可以把这些异常和例外看成目视化管理中的"热点"。通过这些异常信息和例外信息，让计划员了解物料采购、生产工单出现了什么样的问题，从而指引计划员进行计划干预和事先的问题解决，而不是等现场领料或排产时才发现问题，到处救火。

同时，目视化也是企业管理和决策层的需求。曾有 CEO 在项目"吐槽阶段"和我们说，他希望知道截至当周的成品库、原材料库的库存情况怎么样，但各部门需要 3~5 天的时间去收集，且每个部门提交的数据都有差异，也不太清楚哪个数据是"准确的"。这些困惑造成的结果就是量化决策的困难。如果企业信息不打通，或者是数字化的框架没有建立，数据的及时性、可行性和灵活性就不能得到保障。如果没有目视化管理的理念与需求，数字化转型也很难实现效益。

1.2.4　计量化

计量化是指将管理活动和业务绩效转化为可度量的指标和数据，以便进行量化分析和评估。它涉及将主观的管理概念和目标转化为具体的、可量化的指标和度量方法，通过数据和分析来衡量和评估管理绩效。

数字化转型可以支持从战略决策到落地执行全过程的管理，并记录决策过程中相关的意见及投资方案的变更，并可以进行前后历史的追溯。不同时间段的数据可以支持投资方案的设定，包括预计投资时间、投资方式、投资金额、收益/成本估测、投资条件、合作方等。计量化就需要确保数字化的范围包含从经营和管理指标与目标的设定，过程数据的收集、记录、分析、解读，到绩效评估，以及结果的反馈和改进。

此外，数字化转型本身会带来不少新的计量管理需求，如新的指标与目标设定；数字化渗透率、在线销售比例；过程数据的数据质量管理与完整性；数据分析、建模与辅助决策；整合等等。

另外，大家耳熟能详的 OA 系统，为数字系统建立在线审核、在线投票及在线决策带来了很好的实践。HR 系统的数据更新和 OA 的系统串联，可以让企业灵活设定审核人及决策者，并根据不同类别，执行差异化的审批流程。

这些方面的变革需要企业建立数字化转型的测量和评估体系，确保管理的计量化能够全面覆盖数字化转型的关键领域，并提供准确和及时的信息支持。它们有助于企业在数字化转型过程中实现战略目标、优化业务绩效和持续创新。

1.2.5 监控化

数字化转型能够让企业实现全程监控和实时管理，更好地了解业务状况、追踪关键指标、预测趋势、识别风险，并采取适当的行动。这为企业管理提供了更高效、准确和智能的监控和决策支持。

但是全程与实时监管也会给管理带来很多挑战，比如：管理层需要根据实时监控数据，及时识别异常，发现问题，分析根源并及时决策和调整策略；对于反复发生或有一定模式的异常通过建模和建立预案，授权现场快速处置；跨部门团队成员需要即时共享信息、交流意见，并实时协同解决问题；组织和管理层要学会运用数据发现趋势、模式，评估和优化业绩，识别潜在机会等等。

有些项目型实体企业或有在建项目的企业通过集成工程及资金系统，实现对投资项目的监控和ROI分析。同时可以触发有条件的监控，启动储备项目、对现有投资进行调整、对不良资产进行处置，并更新资金、计划、项目等信息。

ERP系统的集成可以支持对经营监控以及财务系统进行集成，做到财务AP、AR、资产管理的信息，也能进行成本数据的采集、还原和来年成本框架的设定。

S&OP产销协同系统支持历史数据的采集、绩效分析、未来预测的展望；根据历史产销的达成情况和各关键流程绩效分析，调整未来的预期。

组织的不同层级重新分配管理资源和精力，提高数字化素养，才能适应监控化环境下信息快速实时获取及快速处理的要求，否则只会让企业运营越来越混乱。

供应链数字化转型带来的变革点可能远远不止上面说的这么多。总体来说，供应链数字化转型并不是简单的"供应链+信息化工具"，而是一个企业管理变革升级的过程。特别是很多企业的供应链运营基本流程都没打通，这时候的数字化转型一定要以"细线拉重物"的心态与方法——围绕核心业务最有投资收益的领域，以点带线，以线辅面，逐步推动整个组织的变革管理，植入数字化基因，这样才能真正获得成功。

1.3　数字化供应链转型动因

"世界上最有价值的资源不再是石油，而是数据。"这句话指的是社交媒体上的个人数据和用户偏好的商业化，这些大数据分析行业已经创造了以"亿美元"为单位估价的资产。同样的道理也适用于供应链数据。与石油不同，一堆随机数据本质上是没有价值的。然而，如果利用得当，供应链数据可以像任何公司资产一样真实且有价值。特别是通过数据获取的对市场、客户、内部运营、供应商、竞争对手的深入洞察，可以极大地改善供应链管理的各个方面。在过去的 10 年中，供应链数字化对企业和行业造成了不小的冲击，以及造成数据爆炸的创新技术的兴起和应用。如今，供应链的每一个环节都越来越多地使用数据采集、传递和运算的软硬件技术，由此产生的数据规模不断增长，而范围更是到了"万物皆可数"的程度。

数据流进行适当的整理和集成可以推动供应链巨大的变化和改进。虽然当下很多国内企业并不十分清楚如何利用这些数据，但很多企业走前一步的做法，已经能够体会到数据给企业带来的价值，这些行业的头部企业已经开始展望未来，开始着手培育数据资产评估和"变现"的专业能力。

1.3.1　第一驱动因素：客户价值

与客户群体保持基于战略和价值观且持久的深厚关系，可以使得企业在市场竞争中一直立于不败之地。双向可见性和透明性是创建和维护这种战略性客户生态的基础因素。实体经济中，无论是制造还是服务都需要通过对客户和市场的洞察捕捉终端用户的需求，并将用户需求转化为客户需求，并最终形成可以下达的需求计划。不管处在供应链的上中下游哪一个环节，更快更准确地预测到客户的需求和兴趣都是企业重要的竞争力之一。这种基于供应链的数据透明，还能让企业在相对较短的时间内满足市场和客户需求、提升交付速度，同时避免被供应链上下游卡脖子，或因为局部原因提高整个供应链的成本。这是实现供应链上下游客户价值的全局最优解决方案。

供应链数字化带来的集成实时可视化工具和预测分析能力，可以帮助企业及利益相关者提升供应链透明度。例如：如果我们可以将供应商和采购地点的信息随时提供给制造部门，制造部门就可以分析生产订单的齐套性，以便提前调整生产订单的排产；如果每一笔交易，从订单到现金，都透明可见，客户就可以在整个交付过程中随时得到信息，有时客户还可以更改他们的订单（包括可以更改交付时的首选交付窗口）。此外，对于交付过程中的异常情况，以及交付完成的状态更新，客户也将收到实时的提醒。国内外很多领先的公司都使用全新的数字化能力来加深他们对客户和市场的理解，以产生和维持营收的增长。这些企业能够识别并专注于最有价值的客户关系，优化客户对产品和服务的需求，并通过现有渠道和新渠道实现盈利增长。

这里我们用一个案例来更具体了解数字化带来的客户需求把握和优化预测带来的好处。

案例：某整车制造和售后企业通过数据分析有效提升预测能力及准确率

背景： 该企业生产很多整车型号，在售后管理中面临很多挑战，例如零件种类繁多，将近10多个；客户需求多变且很难预测每个零件需求；根据国家法规当一个车型进入淘汰期后，整车配件必须保障10年的维修，且整车竞争和外部环境复杂导致库存的增加；零件需求量受自然环境（如温度）的影响；经销商下达的订单受预算限制，每期订单金额必须控制在预算内。

行动方案： 该企业和4S店都期望盘活资金，降低库存成本。降低库存的第一要素就是要提升预测的准确率。该企业根据第一步整理的历史销售数据，预测下一周期会产生需求的零件，以及该零件的需求数量。历史数据提供了零件的预测方法，包括简单平均法、简单移动平均法、加权移动平均法、指数平滑法、时间序列&季节性等各种预测方法及最佳模型建立，并针对整车产品生命周期不同保养计划的预判，进行常规零件的低成本品牌开发。

成果： 该公司在预测数据准确性方面显著改善，并对产品生命周期中不同的维护保养等数据进行挖掘，了解不同年龄客户、不同车型的零件的需求模式，后续又将经销商库存信息直接拉动补货模式及区域间库存共享模式进行推广，盘活了分销体系中的库存。

收益： 通过对客户习惯和整车生命周期不同需求的分析，减少客户流失，赢得客户口碑，从而促使客户再次消费，提升销量；盘活库存资金，提高盈利效益；数字化需求预测系统能系统性指导总仓和经销商库存管理。

1.3.2　第二驱动因素：降本增值

说到降本增值，国内大部分管理者首先想到的会是精益。而在供应链管理框架中，更推荐在更具体的五级流程（环节、步骤）应用精益工具与技术，供应链全局的降本增值的动因则更多体现在通过数字化转型更好地打通端到端的流程，准确了解客户的价值期望，并确定满足这些期望所需的供应链网络功能，创建一系列供应链运行模式进行持续性管理，从而让整个企业从专业分工升级为协同分工。

运营价值的供应链数字化驱动至少有5个方面：

（1）供应链网络优化。

（2）不同制造策略和渠道下的供应链细分。

（3）供应链总成本分析和降低。

（4）产品生命周期管理。

（5）供应链全局包括采购、存货和交易优化。

供应链运营可以通过对供应链活动、供应链风险、供应链总成本和价值的分析来优化运营流程和资源。比如：确定供应链中哪些节点可以降低成本；确定如何更有效地组织物流运输；检测哪些效率低下的流程造成的影响最大；确定库存的存货成本和订购成本之间的平衡；确定不同生命周期的产品的库存成本和获利能力等。

同样，让我们用案例来理解供应链数字化在降本增值方面的动因。

案例一：某制药企业优化库存可视化项目

背景：某制药企业主要生产基地位于中国香港，制造的药品90%在中国内地销售。公司高层发现整个供应链中的库存存在不透明、不协同决策的痛点。一方面财务发现现金流一直较为紧张，但另外一方面生产部门经常反映由于原材料的短缺造成生产停机或成品供货不及时。负责进口的订单管理人员也经常由于成品短缺而造成紧急发货运费增加，另一方面，分销仓库的库存由于临近保质期而发生产品销售折扣提高、利润减少或由于呆滞成品造成报废成本居高不下。

行动方案：公司决定诊断整个供应链中的库存存在不透明、不协同决策的痛点，后经端到端流程诊断，结合企业各个流程，进行优化和标准化，涉及销售预测、销售和成品存货的协同、产销协同流程建立，并打通对SAP的原材料主数据、成品从中国香港成品仓至内地分销中心及主要经销商的数据透明，以决策整体库存策略和实时库存信息，拉动生产和原材料补料。

成果：该公司在数据准确性方面取得了显著改善，并将端到端库存进行统一分析，原材料、半成品、成本、分销端库存现金流进行统一分配。在整个运营流程中实现库存透明化，销售人员能及时知道不同产品SKU的库存情况，并能通过经销商的库存分析确定是否需要进行紧急订单的下达。

收益：提高了流程中库存数据的可靠性，减少整体库存20%；提高了成品数据质量和准确性，挽回了由于保质期原因导致的报废，损耗从15%降至5%，增加了现金流的速度。

案例二：某国际能源公司数据管理自动化提效提质项目

背景：某国际头部能源公司拥有2万多名员工，主要业务包括石油和天然气生产以及低碳能源生产。对于能源企业来说，油价的波动最为头痛。该公司希望通过企业数字化，以提高产品的竞争力以及控制油价成本。公司计划从采购流程入手，从MRP系统或部门生成请购单到付款的周期内提高数据的准确性，用自动化流程取代烦琐、容易犯错的人工流程。这样可以使战略采购部门能够专注于更有价值的工作，如重新谈判合同、核查合同定价和供应商筛选、培养及优化工作。公司的数字化解决方案能够让企业更加灵活地来应对需求的波动，而不必在每次油价变化时增加生产排次及生产人员进而支付更多的加班费。

行动方案：该公司决定实施机器人过程自动化（RPA）解决方案。RPA软件"机器人"通过用户界面模拟员工与计算机应用程序交互的方式，执行例行的、简单的业务流程，并遵循简单的规则进行决策。当然这样的方案对于流程的标准化和规范化要求较高，所以公司在实施RPA前对流程和标准化决策做了大量的规范工作。解决方案实施后公司不仅能解决数据完整性和灵活性的问题，而且该公司成立了一个小团队来设计、试验并推出解决方案，这种小而美的过程自动化解决方案比那些大型技术项目更易实施。

成果：该公司在数据准确性方面取得了不小的改善，并将端到端流程中的人工数据输入任务减少了65%至80%。这样员工能够在更具战略性的任务上多花大约1 700个工时，从而为客户体验带来更多价值。此外，自动化方案将请购到付款流程周期所用的时间从改善前的3天降至5分钟以下。该公司也在不到12个月的时间里就收回了RPA投资成本。

收益：提高了流程可靠性和一致性；减少人工简单、例行性的工作；将宝贵的工作时间重新分配到战略采购任务上；加快了从请购申请提交至付款流程的周期；增加了资源规划带来的企业价值。

1.3.3　第三驱动因素：人效优化

数字科技在企业中的最初应用就是要解决效率低、手工作业量大、用户体验差的问题。随着国内企业劳动保障与福利水平的持续提升，经济因素带来的生活成本上升以及人才稀缺与管理难度加大，人效优化也成为了数字化供应链的关键动因之一。

公司可通过供应链数字化转型显著降低岗位用人门槛，缩短培训上岗周期，减少员工工作负荷，避免工作失误，从而提升人效，同时还能稳定核心人才队伍。数字化技术在人效提升方面的应用范围非常广泛，可以说几乎影响每一位员工。比如，在生产作业中，能够协助优化排班换班模式、平衡计划资源需求并识别和分析高绩效车间班组的指标表现；在办公室管理领域，如财务可以改善员工报销、发票核验、财务共享、服务中心派工与收付款方式；在订单管理方面可以通过数字化在不增加人力成本的基础上提升订单交付流程的准确性并提升客户满意度。在流程稳定固化的领域，甚至可以运用低代码平台、RPA甚至是日渐成熟的AI工具，实现工作自动化、少人化，直至无人化。

　　领先企业已经在数字化进程中获取"人效"的最大价值：通过大数据工具、认知分析和机器学习，将实时传递的数据转化为决策者们可被执行的想法；应用结合真实和虚拟世界的混合现实，将"工程师"转变为远程超级专家团队，并可使用手机、平板电脑或AI眼镜从任何地方通过视频访问到专家团队们；通过无线多状态传感器收集和学习设备的重要信号，从而能够让维护团队在机台设备发生故障前进行预测和工作准备；跟踪、监控并保持产品和库存的实时更新让人从繁琐的计数状态中解放出来而放更多的精力在库存策略和优化上；通过智能产品扩展服务和支持，从而深化客户关系。

　　物联网是智能化的、设备相互连接的世界，这些设备所产生的数据可以帮助企业进行业务转型。传感器网络提供数据存储库，通过分析这些数据可以获取公司决策和行动所需的有效信息（如图1-5所示）。

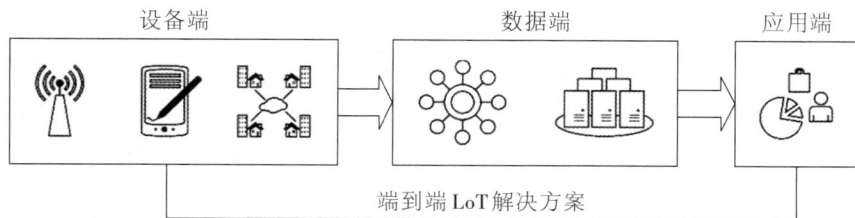

图1-5　物联网解决方案示意图

案例：物联网（LoT）技术，从数据中获取价值追踪物品信息而带来人工效率提升

　　背景：某美国公司的产品为小型、高价值组件，该公司面临分销中心高库存水平、不准确的人工记录库存流程，分销中心拣选、仓配、发

运流程效率非常低下，并且和客户确认交货的流程基本靠人手操作，缺乏系统化和信息化。库存进、销、存的库存流程过于繁琐，仓配流程低效并且需要大量劳动力。公司发现，以每天的工作流程为例：一名存货员要沿着配送中心的每条通道走一遍，读出每个地点上每一件商品的信息，而在通道末端的另一名存货员则手动将这些信息记录在笔记本上。在一天结束的时候，记录员再加班加点把信息输入电子表格。同时，客户开始抱怨他们的订单和交货不匹配，并投诉他们无法获得这些订单和交货的状态信息。美国的人工成本上涨和招聘员工也面临很大的挑战，繁琐和效率低下的工作也导致公司在留住员工从事库存管理的工作方面举步维艰。该公司意识到，如果不解决这些问题，就无法执行他们的西海岸扩张计划来提高营收。

行动方案：数据物流系统公司设计了一个利用移动、可穿戴设备和物联网技术的分销信息化系统。该解决方案的一个核心组件是 Data Logic 的 Memor10 移动和可穿戴设备，它在配送中心中作为条形码扫描器使用，用于入站接收，收存、库存循环计数，以及出站订单提取。此外，送货司机还使用该设备扫描送到客户手中的商品，同步扣减库存并提供送货证明。扫描仪数据通过 5G 蜂窝技术实时捕获，并存储在数据库中。Memor10 设备在送货时记录新增的客户订单，拍摄照片作为货品送达证明，并使用 GPS 提供客户订单实时的跟踪和提醒，这些实时的库存和移动信息为高级分析和商业智能提供基础。

成果：数字物流系统整体方案让公司针对客户订单履约错误得到了减少，实时的库存信息让库存数量的准确得以保障，并通过高级分析师对数据的分析对安全库存进行了明显的削减。在人事管理方面，提高了填补公司空缺职位的能力。在该美国公司东海岸的工厂里，这项技术帮助公司填补了各种工作岗位的空缺——从华盛顿特区的底层工人到卡车司机——它给工作场所的员工提供了一种与他们在工作之外使用智能手机体验感类似的技术。

收益：分销体系的生产力提高、产品的 GPS 跟踪和追溯能力、电子交付证明（包括照片记录），以及提高员工满意度和业务上的士气。

1.4 数字化供应链转型的挑战

数据科技可以应用在供应链的多个环节，从客户的行为描述分析到精准营销，到产品研发及设计，到生产制造，到质量溯源，到需求预测、物流配送等决策优化，企业可以通过数字技术的应用来提高运营效率和提升客户体验，从而给客户创造价值。同时企业必须在数字化的大趋势下，做好商业模式创新，促进企业的转型升级，然后我们才可以通过数字科技的应用来建立端到端供应链，并通过流程再造来打通线上线下的供应链流程，进行全渠道的决策优化。

供应链数字化转型并不是一个成果，而是一个持续进步的历程。类似学习型组织一样，数字化会成为企业的基因，持续改善。

1.4.1 避免供应链数字化转型误区

在开始数字化转型这个旅程之前，企业管理者首先需要综观全局，紧盯业务目标，守住投资回报这一底线，遵循转型变革的规律，把握重点，避免一些常见的误区。

第一，参照事后分析、事前分析、提炼规律这三阶段，逐步强化数据分析能力而非期望一蹴而就建成大数据平台。

第一阶段，先对历史数据进行汇总统计分析，看过去，明白过去都发生了什么，总结经验教训，形成事后分析。

第二阶段，随着数据量的增加建立和培养基于历史数据的预测能力，预见未来将要发生什么，看未来，形成事前分析，并综合事后分析持续提升事先分析的质量。

第三阶段，结合数据分析结果与自身行业特点，进行深层次的数字分析，甚至是非结构化数字分析，从而通过数字洞察行业、市场等业务规则，从中提炼规律，形成数据模型。

通过这三个阶段，企业就能够建立贯穿业务流程全程的数字化管理和智能决策模型，从而让数字化给企业带来实际的商业价值。

第二，问题重于模型，模型重于算法，算法支持决策，不要一味追求算法的高大上而忽视了业务问题的针对性。

供应链的实际问题是数字化转型的起点和动力。了解和解决业务问题是数字化转型的核心目标之一。通过深入了解供应链的痛点、瓶颈和挑战，企业才能确定数字化转型的方向和重点，以及数据模型和算法的应用领域。因此，业务问题的定义和对其的理解指导数据模型的设计和建立，数据模型应该与实际业务问题紧密相关，以确保数据的采集、整合和分析能够满足业务需求。

数据模型是将现实世界的供应链过程抽象为数学模型的表现形式。它可以基于供应链的特点和需求，建立供应链的数据结构和关系模型，以支持数据的整合、存储和分析。数据模型提供了一个框架，用于处理和解释供应链数据，并帮助揭示数据中的潜在洞察和关联。所以，基于数据模型的数据结构化表示和整合，数据算法才能更有效地应用于供应链数据。数据模型为数据算法提供了所需的输入和上下文，以进行准确的分析和预测。

数据算法是用于从数据中提取有用信息、发现模式、进行预测和优化的方法和技术。数据算法可以应用于供应链数据模型，以实现更精确、实时的数据分析和决策支持。它们可以帮助企业识别供应链的优化机会、预测需求、优化库存管理、提高交付准时性等。数据算法的应用结果可以为供应链管理者提供决策支持。通过数据算法的分析和预测，管理者可以更准确地了解供应链的状态和趋势，从而做出基于数据的决策。

综上所述，业务问题驱动数据模型，数据模型支持数据算法，数据算法驱动业务决策。在数字化转型中，正确理解业务问题、设计合适的数据模型，并应用适当的数据算法，是实现供应链的优化和创新的关键要素。它们共同构建了一个数据驱动的供应链管理体系，实现了业务问题的解决和业务价值的提升。

第三，流程先于系统，能力先于技术，不要盲目引进系统或技术，却不重视企业内部流程与能力建设。

流程指的是供应链各个环节的流程规范化程度、标准化程度和优化程度。在数字化转型中，流程成熟度是确保数字化解决方案顺利实施和应用的关键因素。很多公司都是因为流程成熟度不足，导致系统上线不成功，甚至是能够上线，但是却无法产生效益，反而需要投入大量人力物力去手工处理单据，造成效率下降和成本提升。在流程成熟度达到一定程度的基础上，合适（而非先进）的软件系统可以帮助企业将已经规范的流程进行固化和电子化，并支持实现流程的自动化和优化。

能力包括技术能力、数字化技能、数据分析能力等。在数字化转型中，内部人员需要具备适应新技术和工具的能力，能够理解和应用数字化解决方案。他们需要掌握数据分析和解释、数据驱动决策等能力，以便有效地应用数字化工具和技术来支持供应链管理。当员工和团队具备一定的能力基础时，数字化技术和工具才能在企业内落地生效。同样，合适的（而非先进的）技术可以帮助员工减轻部分工作负荷，从而进一步提升供应链的管理能力，形成良性循环。

面向未来的实体企业数字化转型的成功企业，最终能够通过人工智能以及相关的数字技术使用构建创新流程，这不仅将许多流程模块化，而且将不同的模块组织起来，使不同的模块能基于客户的需求做出快速准确的反应，最后给客户提供卓越的体验。这类企业往往在商业模式、流程再造上做文章，不仅仅使用技术，而是把技术和供应链的流程和商业模式结合起来。

1.4.2 数字化转型中的挑战

企业的数字化转型过程一般可以分为三个阶段：

第一阶段是通过数字化自动化设备的应用，来提高生产流程效率。但由于缺少与用户的连接，无法进一步提升客户体验，即从传统的孤岛型企业向用户体验型企业转变。

第二阶段是通过数字技术数据分析，不断寻求提升客户体验的机会，但运营成本居高不下，只是从传统的孤岛型企业向工业化型企业转变。

第三阶段是通过各类数字技术的结合，不仅提供良好的用户体验，还能控制运营成本，即从传统的孤岛型企业向联结的未来企业进行转变。

我们发现，数字化转型是制造业的必经之路，但是很多传统的实体企业在推行供应链数字化转型中也面临了巨大的挑战，这些挑战包括：

1）领导缺位

供应链数字化转型和任何的企业战略规划一样，是关乎企业发展战略落地的关键之举。但我们在做项目的过程中经常发现，这个工程被IT部门或其他部门领导担任。很多企业家本人觉得只要花钱就可以进行转型，或者觉得只要有系统投入就能带来成功。麦肯锡2018年对企业供应链数字化转型进行调研后指出，只有14%的企业认为他们在转型方面的努力实现绩效的改善，只有3%的企业表示自己在转型之中取得了全面的成功。

在领导缺位的数字化转型过程中，企业常常会面临以下更具体的问题：

推进困难：领导力缺失可能导致数字化转型项目的推进困难。如果领导层缺乏对数字化转型的理解和支持，就无法提供所需的资源、决策和指导，从而影响项目的推进和进展。例如，某环保制造企业，老板在数字化项目启动前非常重视，高薪聘请了IT负责人，并给予充分预算购买SAP、新建机房等进行软硬件建设，还聘请了第三方顾问协助系统实施团队优化业务方案。但项目启动过后，老板后续就不再出席重要关键节点的汇报、总结和决策，说已经花了钱了，充分授权项目团队。最终，项目团队没有得到领导层的明确支持和承诺，导致项目推进缓慢，一再延期，前后投入一千多万，勉强部分上线，最终运行效率还不如原来的老系统。

解决这一问题需要明确数字化领导力角色定位来实现。举个例子，比如我们曾参加某零售企业面临数字化转型的项目。项目启动初期，就组织专门面向高管层的内部培训和研讨会，介绍数字化转型的重要性和潜在益处；组织现场参观和案例分享活动，让领导层亲身了解数字化转型的成功案例，并且明确了高管在数字化转型过程中的角色与任务。这些举措帮助领导层更好地理解数字化转型的价值，并在关键环节和时机，参与决策，提供支持。项目取得了明显的经济效益。

目标不清晰：领导力缺失可能导致数字化转型项目的目标不清晰或

不一致。如果领导层没有明确的数字化转型目标，并无法将其与企业战略对接，可能会导致项目的方向偏离或无法取得预期的业务效果。例如，某物流公司在数字化转型中遇到领导层目标不清晰的问题。不同分管副总对于数字化目标表述不一致，导致项目团队在实施过程中缺乏明确的指导和优先级。

解决这一问题的关键是建立清晰的数字化转型目标，并确保领导层对这些目标达成共识并做出承诺。在麦当劳的数字化转型项目中，他们明确将数字化转型与提高顾客体验和增强营收能力相结合，并将其作为战略优先事项来推动。领导层对数字化转型目标的明确表述和支持，确保了项目团队有清晰的方向和目标，从而推动数字化转型的成功实施。

资源协调：领导力缺失可能导致资源难以协调重新分配，从而影响数字化转型项目的进展和成果。如果领导层没有正确地评估和分配所需的人力、财力和技术资源，可能会导致项目的执行力不足，无法实现预期的结果。例如，某铝合金企业在数字化转型与业务拓展产生都需要公司增加财务与人力资源的投入，但是领导层事先并没有增加充足的资源预算，事中也没有积极主动及时协调资源，利用业务淡旺季来错峰调配资源，最后不仅数字化项目进度推迟，还影响了当年业务。

领导层的资源承诺和合理的资源调配是解决这一问题的有效举措。领导层应该事先充分了解数字化转型所需的资源投入，并确保适当的预算和人力资源的分配；事中及时根据业务与数字化项目的不同进度与状态，灵活调配资源，这样不但可以保障数字化转型，同时还能及时体现转型带来的效益，根据转型效果重新配置公司内部的资源。英国电信（BT）的数字化转型过程中，领导层承诺了充足的资源，包括技术、人才和培训，并清晰规划了优先级，为数字化转型项目的顺利实施提供了坚实的基础。

这些部分成功和不成功的关键在于企业的一把手或企业的高层管理者，是否对数字化转型有清晰明确的战略。而这要求一把手及高层管理者在企业整体战略框架下，向下属和企业团队传达一个明确的非常连贯的企业数字化转型战略，才能让具体的数字化转型工作得以实施。

综上所述，解决领导力缺失的关键是培养领导层的数字化转型意识和能力，并确保他们对项目的明确目标和资源分配达成共识并做出承诺。通过教育、沟通和资源规划等举措，可以有效地解决领导力缺失问题，并推动数字化转型的成功实施。

数字化转型并非一朝一夕之功，需要持续不断地改进优化，一把手和高层管理者同时也需要有坚持的韧性，持续推动全体人员的投入，让数字化转型和创新延续下去。

2）共识不足

供应链数字化转型是企业从专业分工合作，转向逐步全面集成协同的过程，需要各个部门先做到各司其职，充分支持，进而协同合作。我们参与一些企业项目时，可能公司从上到下都认同要数字化转型，但却未达成充分共识。在项目前期访谈的时候经常听到的是，"供应链数字化转型我们支持，但具体如何做，就听供应链运营部门和信息化部门的就行了，我们这些部门就是配合"。

其实，任何的供应链数字化转型的最终目的还是为了赢得市场和客户。所以企业的营销官CMO则更关注如何利用数字提升客户参与度和获得更多的市场及盈利能力。财务总监CFO是管"钱袋子"的，他应关注转型之后的实际绩效和财务的ROI，所以真正的数字化转型都需要兼顾这三个方面。所以供应链数字化的共识并不是简单的大家支持，而是要明确大家的角色、贡献与价值。这种贡献至少应该在管理团队内形成，最好是全员共识。

而共识不足同样会给供应链数字化转型带来一系列的问题。

进度缓慢：如果管理层与员工对数字化转型的目标、方法和价值没有共同的理解和认同，他们可能缺乏主动参与和推动项目的积极性，从而影响项目的进展。这时候就需要通过有效的沟通和培训，以及一些角色演练来帮助大家建立共同的理解，以及对数字化理论与方法的内心认同。比如施耐德供应链中国区在推行数字化时，并没有仓促推行，而是先建立了数字化的社区和专家网络，一方面组织内部培训和沟通会议，向团队成员传达数字化转型的意义、目标和重要性；另一方面，邀请内部专家和外部顾问分享成功的数字化转型案例，并与团队成员进行讨论和互动，最终产生了数字化落地加速度。

难以决策：如果团队成员对数字化转型的关键决策存在分歧或意见不合，决策过程可能被延迟或出现僵局，这不仅会影响项目的推进和效果的实现，还会增加项目决策错误的概率，甚至导致项目失败。

解决这一问题的关键是建立一个明确的决策机制和沟通渠道，以促进信息共享和协商。比如在某汽车配件供应商的数字化转型项目中，我们推动该公司建立了一个跨部门的临时数字化转型委员会。委员会由不同部门的代表组成，定期开会，讨论关键决策和问题，并就数字化转型的方向和优先级达成共识。这个跨部门的临时委员会的决策流程与模式与公司通常采用的不同，但恰恰数字化转型中公司需要面对一些不同寻常的决策，并非原来某个部门牵头或是分管副总提供决策建议就能够解决的。跨部门的临时委员会提供的决策有效地加快了决策过程，提高了决策质量。而公司原有决策机制和流程则仍在资源投入等事项上使用。

合作壁垒：团队成员在数字化转型目标、任务和角色方面存在分歧或不清晰，他们就无法形成高效团队、有效地协同工作，从而影响项目的整体效果，甚至会破坏原有的部门间协作与信息共享。

除了进行团队建设和提升人际技能外，解决数字化转型过程中的合作壁垒最关键的有效举措是建立角色责任分工并将项目目标按照角色RACI清晰地分解下去，很多时候甚至需要将流程细分到任务、动作甚至是具体的步骤，帮助团队成员逐步理解并适应在数字化环境下的协同化、集成化的工作状态。在百事饮品的数字化学习项目中，我们通过广泛地走访明确了区域前中台不同的具体角色，并分组萃取他们的成功工作经验，运用师傅通过不同业务场景下具体的业务动作标准、话术与具体步骤。此外，在后续落地中，他们组织定期的团队会议和沟通活动，以促进团队成员之间的信息共享和协同工作。这些举措有效地提升了区域对数字化学习平台的使用，并积极提供最新的经验与反馈；同时，后台还会及时整合萃取并更新学习内容。良好的合作不仅能促进数字化学习平台的落地，更能让学习成为特殊通路业务提升的制胜法宝。

此外，持续培养团队成员的数字化转型意识和能力，并明确项目目标、角色责任，加强团队间的沟通和合作，可以有效地解决共识不足问题，并推动数字化转型的成功实施。

3）眼高手低

数字技术对整个产业和社会基础设施的影响巨大，企业原本立身商业模式一定会面临全面颠覆的威胁，例如多年前的全球化和目前的去全球化趋势；数字化产品的更新迭代对传统产业链的打击。因此企业供应链数字化转型的速度尤为重要，如果没有更快的反应速度、推动力和执行力，企业转型的优势可能瞬间消失，而成为行业的落伍者，甚至面临吞并和淘汰。如果不想被人颠覆，最好是先发制人。

但不少企业在数字化转型时，往往会对标互联网大厂和超大型企业，过于关注宏大的目标和愿景，而忽视了具体的实施步骤和落地举措，也没有关联当前和下一步的业务需求与收益，眼高手低，同样会带来一系列问题。

见效缓慢：如果按数字化转型硬件、软件、流程、人才等全要素规划，范围非常庞大，而供应链又非常关注端到端流程打通，常常从牵一发而动全身的角度去考虑问题。以施耐德电气为例，从2013年宣布数字化供应链到登上 Gartner 供应链排名第一花了整整10年时间。如果中小企业参考这种做法，见效就太慢了。

因此，企业必须制定切实可行的行动计划和里程碑，针对具体的业务需求，明确短中期的收益指标，并确保团队对具体任务和时间要求有清晰的认识。虽然有可能这些收益指标并非财务指标，但却能帮助大家更为清晰地理解和评估数字化给供应链能力带来的改变。这种做法符合敏捷项目管理的原则，同时也帮助管理层和员工认知数字化转型带来的收益。

资源不足：过于关注于宏大的目标，但在具体实施过程中无法充分考虑到实际的资源、能力和限制因素，往往会导致项目过程中资源不足。曾有一家日化类零售企业邀请我们参加数字化转型项目的招投标，但在方案设计和议标沟通中，我们发现他们的销售预测与渠道管理的方案过于复杂，公司的组织资源与技术限制难以支持。在建议他们要么降低目标，要么缩小项目范围无果的情况下，我们选择了退出。最后这个项目因资源不足而在半年后夭折。

根据实际情况设定可实现的目标，并确保团队在实施过程中充分考虑到资源和能力的限制，整体规划，分步实施，保留应变弹性在这方面是非常重要的。在数字化转型过程中，我们一般都会建议客户要有备用资源意识，类似于打仗时候预备队的概念，做最坏的计划，但往最好处努力。因为数字化转型项目至少在实施成功之前，业务不会停顿下来，只有预备充分才能保证转型成功。

打击士气：团队在数字化转型中面临过高的目标压力和实施困难，但没有明确的实施路径和支持措施，他们可能感到挫折和失望，从而影响工作动力和团队合作。这时候建立支持和激励机制，并为团队提供适当的培训和资源支持就非常必要。因为数字化转型对于所有企业来说都是一种创新型变革和探索，不断地积小胜为大胜，才能鼓舞士气和保持信心。

很多企业在转型思想萌芽的时候，经常犹豫不决，做了很多的分析、方案甚至失败的预案。在起步上纠结太久，是很多传统实体企业无法快速执行供应链数字化转型战略和步骤的一个重要原因。特别是在大多数公司财务状况不佳，销售市场萎缩的时候，高层领导就会缓慢决策，这种优柔寡断的作风是可能产生惯性的，或者更糟糕的会带来错误的决定。时代淘汰我们时不会提前说再见，我们希望更多的企业家能审时度势，在数字化的大趋势和背景下快速决策，这样才能确保企业的长期发展。

4）变革阻力

我们在前面就提到过，供应链数字化转型对企业来说不是人人欢迎的升级，而是一次会改变企业内外游戏规则的重大变革。大部分人都有一些习惯性甚至是惰性，维持现状容易，要打破舒适圈，甚至是维持每天接受挑战的状态是很难的。但数字化技术的进步日新月异，创新与稳定之间天生的矛盾就会给数字化转型项目带来大量的变革阻力。

在做项目的时候，我们非常能理解那些发展阶段在成长期、稳定期和停滞期的企业。对于他们来说，要做出改变比其他企业更难。而进行供应链数字化转型的实体企业绝大多数都在这几个阶段。对原有工作模式的习惯和对变革的抗拒可能会在不经意间流露出来，更何况任何变革都会触及一部分利益，如何平衡这些利益，以化解阻力，这是企业的供应链数字化转型都很难迈过但必须要迈过的"一道坎"。

在数字化转型中，常见的变革阻力包括文化阻力、抵触心理、技术难题、变革管理等。

文化阻力：组织文化阻力是数字化转型中最常见的障碍，这一点在实体经济企业内尤其明显。目前有一定规模的实体经济企业大多有十几年以上的历史，公司的创业团队结构、传统价值观、行为模式和工作方式往往与数字化转型的要求不一致，导致产生阻力。比如，我们曾辅导过一家有40年历史的大规模印刷企业。他们的文化强调传统的层级体系，不少部门管理者非常在意自己的权力范围，领导层习惯多人讨论共识稳健低风险的决策方式；而数字化转型需要贴近流程的管理授权，促进跨部门协同合作和基于事实与数字的快速决策的文化。因此转型过程中，很多具体建议无法落地或是走样，企业付出的代价就是项目极为缓慢的进度、效益长期无法体现和高昂的内外部实施人力成本。

应对组织文化阻力需要培养积极的变革文化和建立支持转型的价值观。这一方面需要通过领导层的积极示范和承诺，另一方面需要人力资源等组织文化的管理部门的积极配合来实现。但在现实项目实施过程中，人力资源由于自身数字化素养不足，非但没有有效推动，反而成为阻力的情况并不少见。而成功的企业，往往会由老板和人力资源部门带头学习和推动，很多外企，如施耐德电气、西门子等，还会专门设立数字化的高管职位，带领专门的团队来培养数字化组织文化。

抵触心理：对新技术和工作方式的不确定性、担忧自身能力是否适应变化，甚至对未来的工作安全感到担忧，是管理层和员工抵触数字化转型的主要原因。有些公司管理层和员工会通过不接受、抵抗甚至是冲突的方式明确地表现出来，但我们遇到更多的会是态度配合，但行动上以"应用效果不好""不适合我们公司的实际情况""不符合业务需求"等方式表达，培训的知识接受度和掌握效率也都会非常低。

通过积极的心理疏导沟通、员工绩效支持和积极案例宣导等方式来减轻员工的不安和担忧是缓解抵触心理的常用方式。一方面，领导层应与员工进行及时的沟通，解释变革的目标和意义，并提供培训和支持来帮助员工适应变化；同时，管理者和人力资源等部门则需要安排详尽且有针对性的行动计划。例如，在某工程类电子产品公司的订单自动化项目中，我们帮助企业设计了完整的组织赋能与沟通计划，除了分层沟通以外，还指导HR提前评估分析现有与未来业务流程对员工能力的需求差异，设计新的订单管理岗位任职要求并形成上岗辅导和绩效提升计划，对可能的富余人员则设计了分流和转岗培训计划。同时，还辅导HR提出了不同阶段的实施与应变预案，过渡期间的薪酬或补贴方案。这一系列举措的提前明确，让管理层和营销中心负责人与员工的沟通宣导不是讲配合、讲大局，而是拿出了公司实实在在的举措，完全消除了员工的后顾之忧。最终不仅项目提前交付，而且没有造成任何公司内部的动荡。

技术难题：新的技术和系统导入并应用到业务中的技术难题是变革的重要阻力之一。技术的复杂性、集成难度、数据安全等问题可能使得数字化转型变得困难——因为管理层、内部专家和员工对这些技术缺乏经验，在使用中出现问题，很难判定是技术不适用，还是应用者的能力不足。

应对技术难题的有效举措是进行充分的规划和准备，并寻求专业的技术支持。在数字化转型之前，组织应该进行全面的技术评估和规划，确定合适的技术解决方案，尽量寻求有类似和接近经验可参考的同行或业内专家进行指导，并确保其与现有系统的兼容性。在内外部专家指导下进行沙盘演练，提前建立 Help Desk 团队，特别是在新技术、新系统刚投入应用的前 3 个月内提供及时的技术指导和支持是非常重要的。

变革管理：数字化转型往往需要改变组织的结构、流程和工作方式，而变革管理挑战可能成为一个阻力因素。如果没有恰当的变革管理策略和方法，把数字化转型当成一个简单的 IT 系统实施项目，或是技术引进项目，很难实现顺利的变革过程。

建立完善的变革管理计划，包括明确的目标、详细的行动计划和沟通策略；借助内外部变革管理专家，特别是有数字化经验或素养的变革管理专家，是解决变革管理阻力的基础；变革管理团队应与关键利益相关者进行密切合作，解释变革的必要性和价值，并提供培训和支持来帮助他们适应变化。

常用的变革管理方法论或流程包括 Kotter 的八个步骤变革模型、ADKAR 模型、Lewin 的变革管理模型等。这些方法论都有各自的特点和步骤，但总体目标是帮助组织顺利实现变革。

案例：某公司供应链数字化转型项目

背景： 该公司是一家摩托配件公司，随着国内摩托市场缩小，公司除了在国内保留总部、研发和部分产能外，近年来在东南亚和东欧有效地开拓了市场并投资建设了制造基地、分销网络和部分仓配设施。但国际化后，公司面临着供应链效率低下、信息不透明等问题。为了提升供应链管理的效率和响应能力，他们决定进行供应链数字化转型，并同步采用了 Kotter 的八个步骤变革模型匹配变革管理。

阶段一： 准备阶段（对应 Kotter 模型中的第一步"建立紧迫感"）

在准备阶段，公司制定了数字化转型的愿景和目标，并组建专门的项目团队，包括项目委员会、数字化项目组与变革管理组。在变革管理组的组织下，项目委员会与数字化项目组和高层管理层进行了沟通并达成共识，明确数字化转型的重要性和益处，并向下宣导。此外，他们还进行了供应链现状评估，分析了现有的痛点和改进机会，让大家知道数字化转型的必要性和紧迫感。

阶段二： 规划阶段（对应 Kotter 模型中的第二步"创建变革愿景"和第三步"制定变革路线"）

在规划阶段，公司制定了详细的数字化转型计划，并将其与供应链战略和业务目标相对齐，并与团队和个人绩效联结。他们明确了项目的范围、时间表和预期的业务价值。同时，他们还识别了关键的利益相关者，编制了分层沟通方案，以获取支持和合作。

阶段三： 实施阶段（对应 Kotter 模型中的第四步"传播变革愿景"和第五步"启动行动"）

在实施阶段，公司采取了一系列措施来推进数字化转型。首先，他们投资并部署了新的供应链管理系统，包括物流管理、订单管理和库存管理等模块。其次，他们组织了培训和教育活动，以提升员工的数字化技能和意识。此外，他们与供应商和合作伙伴进行紧密的合作，以确保数字化转型的顺利进行。

阶段四：监控与调整阶段（对应 Kotter 模型中的第六步"产生短期胜利"和第七步"巩固获得的胜利"）

在数字化转型过程中，公司持续实施了有效的监控和评估机制，包括建立关键绩效指标（KPI）来衡量供应链效率和业务结果，并定期进行评估和报告。基于评估结果，他们及时调整项目计划和措施，以确保项目能够按预期达到目标。

现在公司正在向第八步"使新的变革成为组织文化"努力。

解决数字化转型中的变革阻力需要建立变革文化、积极管理员工的抵触心理、充分规划和准备技术，以及实施有效的变革管理策略。通过领导层的积极推动、良好的沟通和支持，以及与专业合作伙伴的合作，可以有效地应对这些挑战，并推动数字化转型的成功实施。

5）系统陷阱

除了对变革的意愿和技术的开放态度以外，选择哪种系统和实施路径，也是影响企业数字化转型取得成功的关键因素。我们发现很多企业在数字化转型中总是要找市场上最知名的、最高端的系统或技术进行供应链数字化框架搭建的工具。虽然数字化转型的技术发展速度很快，但CIO不能只关注某个品牌的系统技术，而忽略了该系统是否适用自身企业或者其他技术对业务变革带来的重大影响。事实上数字化生产和工作模式的影响是多种技术相互应用的融合，而企业级的应用是不断尝试的过程，只有对相应的技术路线运用和不断尝试，企业才能摸索到供应链数字化转型的出路。

常见的系统陷阱带来的问题，以及应对包括以下这些：

盲目追求新技术：盲目地追求最优的系统和新的技术，而忽视了与业务需求和战略目标的匹配。这可能导致投入大量资源和时间，但无法实现预期的业务价值。曾经有一个客户购买了 SAPHANA 准备替代原来的金蝶，邀请我们去配合系统实施公司优化业务方案。可是当我们完成需求调研后发现，该公司的ERP主要用于物料计划和财务结转，销售和生产计划已经另有系统，且不准备切换，而且原金蝶刚上线3年进入稳定期。最后实施的结果是上线后，系统运维人员增加了100%，运维人工成本增加了230%（有SAP操作经验），增加银税对接的预算，业务优化带来的收益远远低于数字化投入。

因此，选择和应用技术时，企业需要始终将业务需求和战略目标放在首位，应该进行充分的需求分析和技术评估，确保所选技术能够与现有系统和流程进行集成，与企业的流程与组织能力相匹配，并为业务带来实际的价值。

过度定制化和复杂化：相当一部分的企业会过度定制和复杂化系统和技术，以迎合各种特定的业务需求，甚至是用户要求。然而，过度定制和复杂化会增加实施和维护的成本，并增加系统的风险和复杂性。例如，有一家制造企业在上线Infor的CSI产品时，做了大量的定制化的表单与功能开发，投入了大量客制化人天并导致项目延期。上线6个月后，查看系统日志发现开发表单与功能的有90%的使用记录低于每月1次，甚至为零。更为痛苦的是，每次产品升级部署时，都需要针对这次定制开始重新进行测试，成本高昂。

因此，企业在做系统和技术选择时，寻求平衡；评估现有的商业解决方案和平台是否能够满足大部分业务需求，尽量避免过度定制化。同时，应关注系统的可扩展性和可维护性，避免引入过多的复杂性，以降低实施和运维的风险。

忽视用户体验和培训：系统和技术的成功应用需要用户的接受和参与，而缺乏良好的用户体验和充分的培训可能导致用户抵触和应用障碍。培训与训练不足则会导致上线后有相当长的一个阶段人效低于原有作业模式，极大地影响数量质量，甚至导致线上线下流程分离，大量的数据和表单补录。

因此，在系统和技术的选择和实施过程中，一方面需要平衡考虑用户的需求和使用习惯，并设计简洁易用的界面和功能；另一方面，也应提供充足的培训和支持，以及测试环境与用例，帮助用户快速熟悉和掌握系统的使用技巧。对于流程成熟度低，原有业务手工作业多的企业，则需要通过细致的工作指引和标准用户手册以及强化训练，严格考核，提供更多的人手资源，从一开始就养成良好的数字化工作习惯，以帮助员工和企业度过上线后的阵痛期。

6）不可持续

我们在开展项目的过程中，体会到企业战略和技术路线的持续推进，战略与组织稳定是供应链数字化转型目标达成的关键因素。有时在推进项目的过程中发现，当一个项目经理更换或部门的领导离任等临阵换将会严重影响项目的顺利进行。而有一些公司高管甚至是部门级的继任者喜欢新领导新风格、新路线、新策略，不愿意延续原有的规划路线，甚至全盘否定前期所有的工作，另起炉灶。特别在国内的企业，这种现象尤为突出。供应链数字化转型也是希望通过系统化和数字化的建立，让企业不是"人治"而是"法治"。

导致供应链数字化转型不可持续推进的问题有很多。比如：

缺乏长期战略规划：一方面供应链生态的形成需要企业与上游供应商与下游客户以及外部协作单位形成深入的协作关系，需要基于长期主义和战略共识；另一方面数字化转型是一个持续演进的过程，如果没有长期规划和愿景，供应链与数字化很可能会失去方向和动力。有些企业只注重短期效益，或是做运动式的变革管理，缺乏长期战略规划，就很难建立核心的数字化能力。因此，企业需要建立中长期的经营愿景及战略规划，并将数字化与人力资源等一起作为战略要求进行中长期规划，比如硬件与软件基础的分阶段投入与产出的目标。同时，要建立有效的绩效评估机制，定期检视数字化转型的进展和成果，及时调整战略和计划。

人员赋能不足：供应链数字化转型需要员工具备数字化技能和知识，但不少企业都会过度重视数字化，而忽视人员技能升级和培训赋能资源匹配的重要性。如果员工缺乏必要的数字化技能，他们无法充分利用数字化工具和系统，不但影响数字化行动的落实和人效提升，还会导致缺乏相应的经验与诀窍，技能无法推广或在人员流动的过程中持续损失。因此，提供充分的培训和绩效支持，帮助员工熟练掌握数字化工具和系统的使用是数字化转型持续深入的关键之一。此外，企业还可以通过招聘拥有数字化专业知识和经验的人员，与外部专业人士合作，或预先储备和交流等方式，补充内部团队的技能不足。

技术和业务更新：数字化技术与供应链状况都是持续动态变化的。有的企业可能在一开始就选择了过时的技术或者技术与业务需求不完全匹配；而更多的企业只考虑了当下的部分业务需求，甚至是为了操作简便，做了大量个性化的开发，把解决方案"锁死"在当前状态。随着时间推移，原来适配的技术就可能无法满足不断变化的业务需求，导致供应链数字化的不可持续性。因此在进行整体数字化方案规划和技术选择时，要充分考虑技术的开放性、灵活性以及对业务模式变化的匹配性，以及供应商或服务商持续跟进和升级的能力。同时，数字化团队里要有业务分析与系统和技术分析的角色，基于技术与业务的匹配性，定期进行技术更新与升级。

7）人才缺失

人才结构性缺失一直是国内企业面临的关键挑战。而在大批企业需要推进供应链数字化转型的背景下，同时具备供应链与数字化素养的人才供应不足的矛盾会更为突出。对于本身就在人才吸引和保留上处于劣势的实体经济来说，这无疑是雪上加霜的难题。

供应链数字化转型中的人才缺失问题更加集中体现在两个方面：

技术人才与技能缺失：供应链数字化转型通常普及性应用新的技术和工具，这不是引进几个人或一个团队就可以实现的，而是需要大量员工甚至全员掌握，并改变自己原有的工作方法和工具，将人与新技术和新业务场景匹配起来，并适应定期性的更新与磨合。这也是前面我们提到变革管理原因。

数字化思维不足：数字化思维是一种积极开放的思考方式。这种思维模式除了需要持续坚持以客户为中心以外，还包括数据驱动决策、智能应用、创新意识、数字安全、快速适应变化和全链跨界协同等，与传统的思维习惯，特别是实体企业强调专业化分工是有显著差异的。

供应链数字化转型带来了全新的人才需求，企业首先要打好人才管理与开发的组合拳——在人才引进方面，积极吸纳有数字化专业知识与经验的人才，特别是中高级管理人才岗位的加盟，可以加速能力的提高；在人才发展方面，通过人才盘点，识别和评估现有员工在数字化技能与思维上的差异，通过"训战合一"的方式，帮助员工快速适应数字化工作，提高人员绩效；在人才激励方面，一方面要考虑如何保留数字化领域的人才，实现一定的稳定性，同时也要评估数字化能力的权重，优化薪酬待遇、晋升机遇与相关福利，增加员工的忠诚度。这些针对性举措，可以帮助企业快速形成数字能力，打造企业的人才供应链，以适应数字化转型的挑战。

其次也要拓宽人才管理的思路，通过一些新方向、新渠道来进行智力引进。如：

建立合作关系：与高校、研究机构和数字化专业领域的专业人士和团队建立"产学研实"一体的合作关系。通过与外部合作伙伴合作，不求所有，但为所用，共享智力与人才资源，企业可以更容易地获取数字化领域的专业人才支持。

数字化人才交流：在内部可以建立数字化人才交流计划，允许员工在不同部门之间进行短期或长期的岗位轮换，让员工有机会接触不同领域的数字化项目和工作。这种交流可以促进知识共享，增加员工的数字化技能和经验，提高组织整体的数字化能力。

数字化人才共享：规模较小的企业与其他企业建立类似数字化项目交流合作机制，允许员工参与其他企业的数字化项目，也欢迎其他企业的数字化人才来本企业进行交流。这种交流可以开阔员工的视野，了解行业最新的数字化趋势和实践，推动数字化转型的交流和合作。如果有政府或专业机构参与到组织和交流中，效果会更好。

数字化项目交流平台：建立数字化转型项目交流平台，在关键商业机密保密和数字脱敏的情况下，允许数字化领域的专业机构人士与企业、学校和政府共享项目信息，包括项目需求、工具、成功案例与失败教训等。企业可以在这个平台上发布数字化项目需求，吸引符合条件的数字化人才参与，从而满足企业数字化转型的人才需求。

企业领导者必须掌握新技术的进展以及其在企业应用的前景，从而确定合适的人才招募使用和储备策略，并通过数字化转型项目的实施，帮助人才队伍继续成长，提供对供应链领域内晋升机会的洞察，明确定义角色和责任，以及培养促进学习和个人发展的企业文化，才能长期推动企业进步。

第2章　供应链数字化的战略管理

2.1　供应链数字化战略定位

2.1.1　企业战略框架

企业战略管理是一个系统化的框架，供应链数字化战略是其中一个重要的组成部分。大家熟知的企业战略框架通常会包括以下几个部分：

■ 使命与愿景：使命是企业存在的目的和核心价值，愿景是对未来的长远期望和目标。明确使命和愿景是制定战略的基础，它们定义了企业的目标和方向。

■ 经营战略：经营战略是企业在长期内实现其使命和愿景的规划和路线图。它涵盖了企业的市场定位、竞争优势、业务范围、产品和服务策略等方面，是企业整体发展的指导。

■ 功能战略：功能战略涉及企业各个职能部门的战略规划，包括市场营销战略、销售战略、供应链战略、研发创新战略、人力资源战略等。这些战略需要与经营战略相一致，确保各个职能部门的工作协同和目标一致。

■ 竞争策略：竞争策略是企业在市场竞争中获取竞争优势的规划和决策。它包括如何与竞争对手区分开来、差异化竞争、低成本策略等，以保持或提高企业的市场地位。

■ 创新战略：创新战略是企业在技术、产品、服务等方面的创新规划。它涵盖了企业的研发投入、新产品开发、技术转型等，以保持企业的竞争力和适应市场变化。

■ 国际化战略：国际化战略是企业在国际市场拓展的规划和决策。它包括进入国际市场的时间、方式，国际业务合作等方面，以实现企业的国际化发展目标。

■ 风险管理战略：风险管理战略是企业在面对各种不确定性和风险时的规划和应对策略。它涵盖了市场风险、供应链风险、政策风险等，以确保企业在不确定的环境中稳健发展。

■ 绩效评估与调整：战略管理还包括对战略执行情况的持续评估和调整。企业需要建立绩效评估体系，定期监测战略的实施情况，并根据实际情况进行战略调整和优化。

管理理论与实践中，还有理解或呈现战略管理框架的很多不同逻辑和呈现方式。

2.1.2 战略管理九宫格

我们在做涉及战略管理的辅导时，通常会用经营战略、运营策略和管理策略这种简单逻辑来解构战略的内容框架：

■ 经营战略（Business Strategy）是指企业长期目标的规划和实现路径，涉及企业的使命、愿景、市场定位、竞争优势和核心价值等方面。它是企业的总体发展方向和战略规划的基础，为整个企业提供战略性指导。

■ 运营策略（Operational Strategy）是在经营战略的基础上，关注如何优化资源利用和实现经营目标的具体行动计划。它涉及企业日常的运营活动，包括生产、供应链管理、市场营销、客户服务等方面，旨在提高效率和质量，实现经营目标。

■ 管理策略（Management Strategy）是企业在实施经营战略和运营策略过程中，考虑运用何种具体的管理理念、方法、工具与技术；如何优化组织结构、激励机制、团队管理、提升组织效能等方面的决策和规划。它关注人员、资源和文化的整合，以确保战略的有效执行。

总结来说，经营战略回答有限的资源用什么商业模式投入什么领域可以获得最多附加值；运营策略回答有限的资源如何提高利用效率来获取附加值；管理策略回答有限的资源（包括附加值）如何合理"公平"地分配。因此，战略框架中的不同关注点，以及不同周期的关注点是一定会有冲突的。但所有的策略都应当服务于经营战略，下一层战略基于上一层战略的内容或方向规划不同多套方案以供战略选择。

供应链战略在三层战略中处于承上启下的腰部——对上，供应链战略必须有效支撑经营战略；对下，供应链战略水平则取决于不同模块以及职能的管理水平。

由于市场的动态变化和竞争对手的动态措施，三层战略的优先度并不是一成不变的。相对来说，经营战略的调整最迅速，但运营策略与管理策略的调整则会比较慢，特别是管理策略有相当强的惯性或者说响应滞后性。所以企业需要做出不同的三层战略组合的定位选择——是选择支撑型、重构型、替代型，还是在某2种形态中转换（如图2-1所示）。

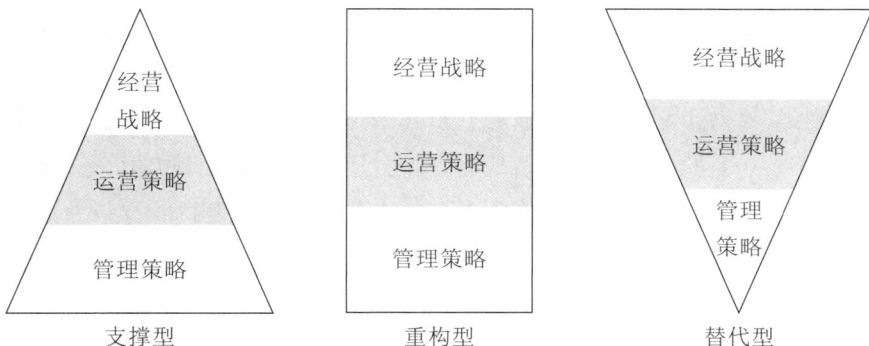

图 2-1　三层战略组合的 3 种形态

支撑型

支撑型是最经典也是最稳定的三层战略定位关系，即管理策略支撑运营策略，运营策略支持经营战略。整个企业战略框架像一把尖刀，力出一孔。运营策略与管理策略均围绕着企业的经营战略而规划并构建。在这种情况下，企业需要有较高的经营战略定力，并围绕经营战略持续构建运营与管理策略优势。当必须调整经营战略时，需要考虑运营与管理策略是否能够支撑新的经营战略，或是提前进行管理与运营策略的变革，否则无法形成有力支撑而造成战略错位，从而导致经营失败。

支撑型战略最适用于行业或市场的头部企业，有利于巩固自己的竞争优势。但缺点是战略调整的灵活性不够，往往会与创新需求形成冲突——创新往往需要首先打破并建立新的管理策略框架。因此支撑型战略需要战略管理有相当的前瞻性，有规划地进行渐进性的持续改进和持续创新，才能确保战略管理的稳定性。必要时，需要进行重构，也就是将三层战略定位形态转为重构型。

重构型

重构型定位是适应企业多元化经营战略需要或是配合经营战略切换而产生的。在这个过程中，企业一方面需要维持原有经营战略以确保附加值产出，同时需要部分变革经营与管理策略以适应并支撑新的经营战略。重构型定位下，企业需要确保每一个经营战略下有相应有效而精准的运营与管理策略的匹配，并维持和减少资源投入。

重构型定位的关键成功要素是在三层资源支撑的共性前提下实现资源和方法的集约性匹配——不会过于强调运营和管理基础，而是确保"刚刚好"。对于某一个具体业务，重构型定位通常并不是一种长期稳定的形态，一旦验证了最优经营战略，就会逐步转向支撑型定位——除非持续变化本身就是该业务所在的市场与商业模式的首要核心竞争力。但这时，其实企业就需要考虑替代型定位了。

替代型

替代型是一种敏捷式定位模式，强调经营战略的丰富多样性，并用尽量简化的运营和管理策略以及最少的运营管理资源投入来支撑经营战略的实现。这时候，经营战略几乎就是企业整体战略的全部，大家更关注经营战略是否能够实现，快速地抢占市场，实现商业模式，而不是把资源和精力花在运营和管理提升上。

替代型战略组织定位对新兴市场和技术快速进步的行业非常重要，可以帮助企业快速跑马圈地抢占市场，通过灵活多变的经营战略积小胜为大胜，从而建立市场、业务规模或是技术"护城河"，从而掌握定价话语权，获得超额利润附加值，从而弥补运营与管理粗放带来的浪费和不可持续风险。同样，任何市场和行业都会进入稳定期，那时候替代型定位就一定要作出改变。

很多情况下，企业三层战略之间的组合定位动态变化，而非处于上述三种典型形态下。管理者更需要基于决策场景明确经营、运营与管理这三层战略的优先度，并平衡实现这三层战略聚焦或是多元带来的风险或收益，并着眼于现实的可行性与未来的可能性来进行决策。比如，有的企业追求系统完整的管理策略与能力建议，为运营与经营战略提供稳健支撑，但这种管理策略有很强的惯性，经营与运营战略转变一旦需要新的管理策略，难度与风险都非常高。而有些企业则会在管理策略与能力方面选择简化或是"偏科"，只重视个别核心管理策略，经营与运营战略转变可能不受限，但同时也缺乏管理策略和能力的支撑。这时候，我们就需要熟练使用"战略九宫格"来进行更细致具体的战略定位设计。

战略九宫格

在供应链数字化转型实践与辅导中，我们发现，不管何种定位，都需要进行三层战略与策略的瞄准——横向确保每一层级的战略意图明确、战略举措清晰、战略成果具体可衡量；纵向确保下一层级策略对齐并支持上一层级。基于这一目的，我们设计了"战略九宫格"作为运营战略梳理的工具，以确保规划的战略管理内容成为一个完整的体系（如图2-2所示）。

战略九宫格的横向按照以"Why、How、What"为主要递进逻辑的"黄金圈"法则设计的。"黄金圈"法则是一种被广泛应用的战略性思考模式。

"为什么"层面帮助明确组织在经营、运营和管理这三个层面不同的策略的意义，有助于建立共鸣和动力，提高战略意识和自我驱动力。

战略层次	WHY 战略意图	HOW 战略举措	WHAT 战略成果
经营战略 Business Strategy			
运营策略 Operation Strategy			
管理策略 Management Strategy			

图 2-2　战略九宫格

"如何"层面有助于制定更有效的计划、方法和实际需要做的事情，以实现有意义的战略目标。这可能包括创新的方法，使组织或个人在竞争中脱颖而出。

"什么"层面明确了要达到的成果。这有助于确保战略目标变为实际可衡量价值的成果，通过明确"什么"，可以更容易地衡量战略的成功。

黄金圈法则通过从内而外的战略思考，从"为什么"开始，然后逐步深入到"如何"和"什么"。这种方法有助于战略更有深度和连贯性，并能够更好地传达战略，导向行动与成果。

2.1.3　供应链数字化战略

1）供应链战略

供应链战略是企业为了实现其使命和愿景，通过对供应链网络、资源和运营的整体规划和决策，以增加企业竞争优势，提高供应链效率和灵活性，满足客户需求，降低成本并实现可持续发展的长期规划。

在这个定义中，供应链战略被看作是企业整体战略的一部分，旨在通过有效管理供应链的各个环节和组成部分来支持企业的使命和愿景实现。供应链战略强调将客户需求置于中心位置，并在供应链的设计和决策中考虑各种因素，如供应商合作、物流管理、库存控制、生产规划等，以最大程度地满足客户需求和提高市场竞争力。

简单来说，供应链战略包括以下部分：

■ 供应链定位：明确供应链在企业整体战略中的定位，确定供应链在企业竞争优势中的作用和地位。

■ 合作伙伴选择：确定供应链中的合作伙伴，包括供应商、分销商、物流服务商等，以建立稳固的合作关系，确保供应链的高效运作。

■ 供应链网络设计：设计供应链的物流网络和分布中心，以最优化物流成本和服务水平。

■ 库存管理策略：确定合理的库存管理策略，平衡库存成本和服务水平，提高供应链的灵活性和响应能力。

■ 供应链技术应用：考虑如何运用信息技术和数字化工具来优化供应链管理，提高运营效率和透明度。

■ 风险管理与应对策略：制定供应链风险管理策略，应对潜在的风险和不确定性，确保供应链的稳健运行。

■ 可持续发展：考虑供应链的可持续性，包括环境保护、社会责任和经济效益的平衡。

在上一章我们已经谈到，供应链的核心有物、信息、现金和逆向物流的"四流"。而从波特整体的价值链视角来看，供应链管理实践的范围要远远不止这四流，至少还要包括产品家族与组合管理、市场营销管理、工艺与技术管理等范围。

基于第1章的"制造供应链全景图"，我们可以描绘出更为完整覆盖全价值链的"供应链全景图"，涵盖了4大链和1个集成协同计划（如图2-3所示）。

■ 产品族链：产品组合与生命周期计划、产品创意、产品开发管理、产品上市、产品改型、产品召回或退市，及相关的业务规则与赋能流程。

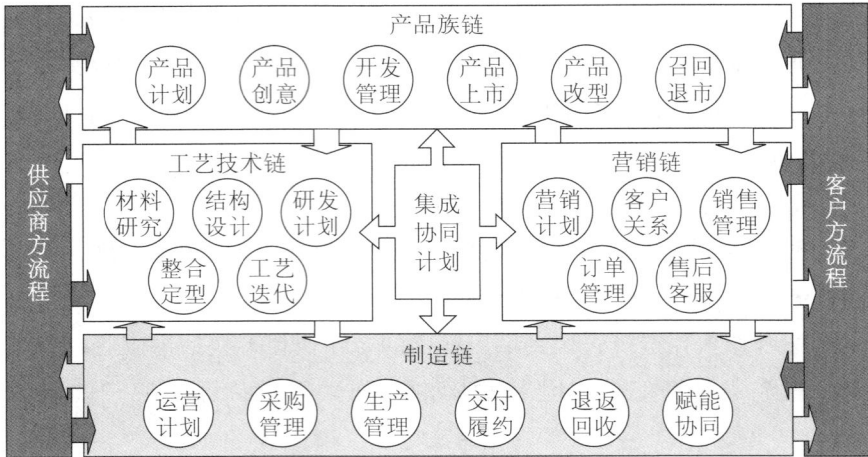

图2-3　供应链全景图

■ 工艺技术链：新工艺与新技术研发升级计划、新材料研究、新工艺研究、新结构设计、工艺技术集成、组件整合与产品定型、工艺技术迭代等相关流程。

■ 营销链：市场（客户）与营销计划、客户关系管理、营销管理、合同与订单管理、售后支持与服务等相关流程。

■ 制造链：整体运营需求与供应计划、采购、生产、交付、回收（逆向）以及相应的赋能计划。

■ 集成协同计划：产品族管理计划、工艺技术管理计划、市场与营销计划以及需求与供应计划的整体集成与协同，如产供销库协同计划（Sales Inventory and Operations Planning，SIOP）。

从上面的描述大家不难理解，对于大多数实体经济的企业来说，狭义的运营管理指的是制造链的运营管理，而广义的则是包括了四大链和集成计划的企业全面运营管理。

供应链战略，体现了企业运营管理的具体内容以及核心竞争力。在第1章中，我们提到了企业有不同的制造策略。如以实现快速组装（按单装配ATO）策略，根据客户订单装配定制化的个人电脑。正是由于这一供应链目标和企业的战略高度匹配，可以让戴尔能找到通用件的合作供应商伙伴，进行数量级的采购，而供应商也愿意和戴尔进行VMI

的采购模式，这样的协同合作让戴尔的库存维持在较低水平上生产定制化的产品。戴尔的供应商和承运商也同样具备较高的响应能力以实现企业的战略。

供应链战略决定了原材料的采购方式，物流网络的设计和产品如何制造并提供何种服务，产品如何配送，并且决定了企业根据自身的产能情况是由企业自行负责产品和服务，还是采取外包或外协的形式。

不同的客户和市场渠道供应链战略可能不同，供应链战略帮助企业找到适合的经营战略或商业模式，实现经营目标。正如供应链管理中经常提到的"折中"一词，代表了供应链是协同企业运营发展的中心，也是平衡点的中心。客户永远关注对自己有利的东西，他们总希望在获得最优惠的价格的同时获得最好的产品、最准时的交付时间和最准确的交付地点，而供应链不可能做到最大化其中任何一个，而是恰到好处地最佳组合。因为供应链在满足客户要求的同时，永远保持它的限定条件让企业要盈利才能继续经营。

假设在一个企业同时存在不同的产品，甲为功能性产品，是产品生命周期内的成熟产品，那么它的利润率往往较低，所以供应链管理中我们需要通过相对准确的预测避免"牛鞭效应"。因为当利润率较低时，降低成本至关重要。那么甲产品的供应链策略就应遵循以下指标：库存的周转率高，这意味着资金成本的有效利用。库存周转率高意味着稳定的销售和较低的安全库存水位，这同时需要供应商用很少的时间即可将产品或组件运送到企业的制造车间，因为供应商和制造车间的交付时间缩短也可降低库存。降本也可以影响选择供应商的策略，虽然低成本供应商受到青睐，但低利润导致的质量问题偏多，所以长期稳定的采购也会受到供应商的欢迎。

假设该企业的乙产品为创新产品，创新产品在几乎所有方面都是相反的：高利润率有可能意味着不稳定性。那么该产品的供应链策略重点是响应能力而不是降本。乙产品应遵守的指标就是缓冲时间和安全库存：成品或组件可能因产能过剩而增加或减少；否则，将保留一些安全库存作为缓冲。积极缩短交货时间：需求迅速达到顶峰，需要快速赚取利润。上市时间至关重要。选择供应商的速度、灵活性和质量：由于需求是不可预测的，如果可以足够快地完成，按订单生产是一个很好的解决方案。或者选用按模块化设计，通过延迟交期等方式让实际订单保持高利润率。

在供应链中没有完美的方案，只有协同的方案，数字化可以让协同更加透明，也可以让供应链中的不确定性降低。以纸尿布为例，尽管二孩政策和生育鼓励政策让尿布的需求上升，但父母对尿布需求各不相同（例如，在不同的商店或线上平台购买）。零售商希望避免缺货的痛苦，因此他们增加了安全库存。但零售商的安全库存过多，那么会造成他们对于分销商下达订单频率的降低。分销商往往根据零售商给到的每次订单的数量进行预测。但由于零售商每次下达订单的量较多，这导致了分销商增加了安全库存。安全库存水位的高点和低点在链条上被放大。供应商面临着最大的不确定性：盛宴和饥荒。而在另一端，家庭对纸尿布的使用量每天是相对均衡的。数字化战略中的需求驱动中提到的合作伙伴信任和协作、共享信息和实际需求数据，让每个供应链中的节点透明替换不准确的预测，以便让需求被"敏捷"响应，这种用终端用户购买信息拉动式的响应让整个供应链上的库存变得更少。

数字化供应链的大趋势推动下需求管理与营销管理的融合，在全渠道体验环境下消费者将更多参与线上交互信息让需求链和消费者进行融合。供应链中制造、库存、分销等信息系统的分享，又将消费者和渠道进行融合。企业围绕着消费者而服务创新，以客户的视角进行技术研发、新品和新服务开发，将新技术互补协同的新模式进行融合。供应链金融中提出的金融服务又把供应链中的财务计划管理提到一个新的高度。这些链条无法避免地会产生缠绕和融合，让供应链被赋予更多的价值。

2）数字化战略

数字化战略是企业为了应对日益复杂和多变的市场环境，充分利用数字技术和信息化手段，以推动业务创新、提升运营效率和增强竞争优势为目标的战略规划和决策。

这个定义是由麦肯锡提出的，它强调了数字技术在业务增长、运营优化和客户体验方面的重要作用，同时也明确了数字化其实是一种"手段"，只是在信息技术高度发展的今天，其重要性上升到战略层面。

而且从这个定义描述中也能清晰地看到，数字化战略不仅仅作用于供应链运营策略层面——提升运营效率，增强竞争优势，而是同时作用于经营战略层面——推动业务创新，甚至以数字化作为新的商业模式，也作用于管理战略层面——通过数字化提升管理过程的可视化、计量化与监控化。由此可见，数字化战略赋能的供应链会对三层战略组合定位形成整体影响。

如果我们把数字化战略加入上面提到的三层战略组合定位中，就会形成一组新的图形（如图2-4所示）。

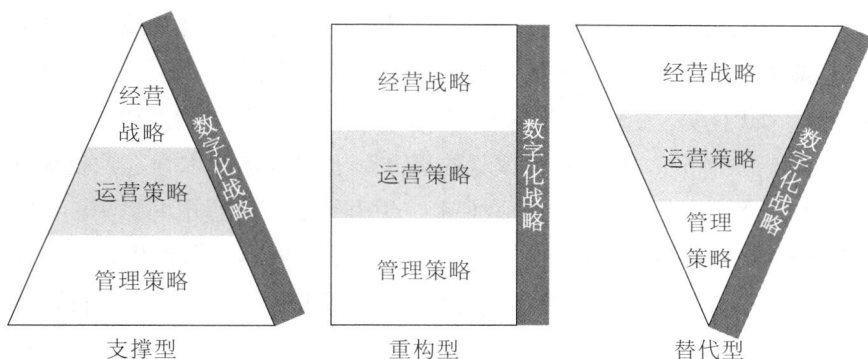

图2-4　数字化赋能企业三层战略

与之对应，战略九宫格也可以升级成为"数字化战略九宫格"（如图2-5所示）。

战略层次	WHY 战略意图	HOW 数字化战略举措	WHAT 战略成果
经营战略 Business Strategy			
运营策略 Operation Strategy			
管理策略 Management Strategy			

图2-5　数字化战略九宫格

　　数字化战略九宫格能够很好地呈现数字化赋能三层战略的逻辑，是供应链数字化转型中非常实用的核心战略规划工具之一。根据需要，企业可以根据现有的战略九宫格，在战略不变的情况下进行数字化举措的升级；也可以将数字化举措填在中间，思考和审视数字化技术与方法导入后会对战略意图和战略成果产生什么影响。

　　基于我们的认知与经验，数字化战略有一些关键特点：

■ 业务创新：强调通过数字技术创新，开发新的业务模式和增值服务，以满足不断变化的市场需求。

■ 运营效率：致力于优化全供应链不同层级的业务与管理流程，通过自动化和智能化手段提高流程与流程管理的效率并降低成本。

■ 数据驱动决策：注重数据的收集、分析和应用，在数据的基础上建模和优化算法，通过数据驱动决策，提高决策的准确性和效果。

■ 客户体验：关注客户体验的提升，通过数字技术为客户提供体验更好的服务，容易触及，获取便利，并强调交互过程中的体验。

■ 协同合作：强调在供应链中各个环节之间建立组织内，甚至是跨组织的协同合作的网络生态，以实现供应链的高效运作和灵活响应。

■ 可持续发展：将持续发展作为一个要素，关注与经济性相平衡的环境保护和社会责任与合规，以实现企业的可持续发展目标。

　　3）供应链数字化战略

　　供应链数字化战略是企业为了创新供应链业务与增值模式，优化和提高供应链运作效率和灵活性，以及增强在供应链的竞争力和掌控力，充分利用数字技术和信息化手段，对供应链进行整体规划、优化、再造和转型的战略性行动和决策。

　　我们给出的这个定义中，强调数字技术在供应链中的应用——包括了对供应链各个环节和过程的数字化转型，以及对供应链中的数据和信息进行集成和分析，以实现更加智能和高效的供应链运作和业务创新。

　　供应链数字化战略的关键特点包括：

■ 数字化：强调数据在供应链中的重要性，通过数字化手段收集、分析和利用供应链数据，实现全程的可视、可控、可计量，支持更加准确和实时的决策。

■ 智能化：追求供应链运作的智能化，通过引入人工智能、物联网等技术，实现供应链的自动化和智能化，提升效率的同时减少人员负荷，提高运营效率和灵活性。

■ 协同化：强调供应链各个环节之间的协同合作。数字化转型可以实现供应链各个环节的信息共享和实时沟通，促进协同决策和协作。

■ 可持续化：供应链数字化战略考虑供应链的可持续性。通过数字化转型，企业可以更好地监控供应链中的环境和社会影响，推动可持续发展目标的实现。

数字化战略还是供应链数字化战略的特点，让很多企业理解到数字化转型带来的巨大商业利益，供应链战略制定和转型也时不我待。在数字化时代大背景下，很多国外的五百强纷纷进行了数字化战略的规划与实施。

例如通用电气，制定了三个转型战略，第一个转型战略是供应链中涉及的制造链，通用电气进行了数字化改造生产线，以提高自身制造业的生产效率，具体措施是在全球150个工厂导入工业互联网。第二个转型战略是关注供应链的交付链，将制造业交付策略转向数字化服务业交付策略。具体而言，就是从传统的单纯销售工业机械转向提供含工业机械和配套软件的整体配套服务方案。第三个转型战略是关注那些没有合作关系的客户，提供可触及实现数字化转型的各种软件。期待通用电气战略转型能够带来逆袭。

而另一家企业IBM在2020年宣布了分拆计划，IT基础设施部门将分拆为一个新的单独上市公司，IBM将专注于包括红帽在内的混合云平台和人工智能。

对于大部分中国企业而言，规模和管理基础都比较有限，那我们企业的供应链数字化转型应当如何构建呢？越早越好，先提升后构建，还是在整个经济大环境困难的时候或当企业面临天花板时，再构思企业的整体战略包括供应链数字化战略呢？

2.2 供应链数字化战略选择

2.2.1 经营战略选择逻辑

企业在制定战略时，往往要首先考虑自身在整个竞争环境中的地位，从而做出最优的经营战略选择。其中"差异性"和"成本"是大家最经常考量的两个维度。基于这两个维度，可以形成5种重点不同的经营战略：

（1）最佳成本性战略：成本和质量是竞争的基础，也就是我们平时常说的"性价比高"，虽然从价格上可能不是最低的，但是综合技术能力、服务能力和价格则可以在竞争环境中脱颖而出。

（2）最低成本性战略：成本和质量是竞争的基础，换句话说，低成本是企业竞争的基础。电商之所以在这十年蓬勃发展，就是规避了中间商和商超的成本，亚马逊在美国的成功就是一个很好的例子，它的商品价格始终低于竞争对手。

（3）广泛的差异化战略：该企业战略提供了以客户体验和质量作为竞争基础的例子。为了获得客户体验，著名的山特维克采矿业提供高科技采矿设备，以其可靠性和优质服务而闻名，让矿山的开采可以有很长的持续性，较其他竞争对手的停机时间短。在质量方面，利乐包装在奶制品和饮品运输和保鲜的过程中起到关键作用。

（4）集中差异化战略：列举营销和创新是竞争基础的例子，就会谈到Zara时装，它专注于那些追逐最新秀场时尚的消费者，作为一家中端品牌的服装创新公司，它强化"快时尚"理念与实践，以"周"为单位计算的设计加成衣制作并上柜时间，在仿冒和竞争之前就将这些新款式送到商店。

（5）专注低成本战略：响应能力是竞争的基础之一。以快餐为例，麦当劳的冰淇淋筒价格非常亲民并伴随着"标准化的产品和快速交付"表明，即使在响应客户对快速服务需求的市场中，也有人可以找到一种更快的方法。

企业无法同时实施上述 5 种经营战略，因此必须进行经营战略选择——根据企业所处行业和市场等外部条件进行 PEST 分析，再对企业内部环境进行 SWOT 分析后，选择最适合的经营战略来实施战略管理。

企业经营战略与商业模式非常丰富，远远不止上述 5 种，内外部环境分析也还有更丰富的方法与工具，大家可以进一步阅读专门的书籍来丰富了解。而对于供应链数字化转型来说，企业同样需要进行选择，用合适的运营策略匹配企业的经营战略。

2.2.2 设计链优先数字化战略

价值链始于新产品和新技术研发——研发部门的主要价值有 2 个：

■ 新的产品和服务研发，以及相应的新材料、新结构和新工艺技术应用；

■ 现有产品和服务改进，以及优化材料、结构和工艺技术，以改善性能，降低成本。

设计链的输入有 3 个：

■ 产品族链（战略企划或是产品经理部门）基于产品或服务生命周期管理的新产品新服务创意、开发、上市的规划，以及旧产品与服务即将淘汰的预期；

■ 营销链（市场营销部门）基于市场调研或（潜在）客户需求与反馈提出的对产品和服务的满意度评价以及改进的期望；

■ 制造链（生产计划与运营管理部门）基于采购、制造、交付等过程降本增效而提出的对产品材料、结构和生产工艺的改进反馈。

设计链的关键输出是 BOM——物料清单或配料表以及对应的工艺工序路线，用于描述产品的组成部分以及它们之间的关系。基于使用场景和 BOM 中内容的颗粒度，BOM 通常还可以分为：

■ 工程 BOM（Engineering BOM）：一般产生或用于产品设计和工程阶段，主要用于描述产品的技术规格和组成。工程 BOM 通常由工程师和设计团队创建和维护，它包含了产品的所有设计细节，包括零部件、组装件、技术规格、尺寸、材料等信息。这种 BOM 主要用于产品开发和设计验证，帮助团队了解产品的构成和性能特征。有一部分企业也将工程BOM称为设计BOM。

■ 制造BOM（Manufacturing BOM）：用于生产阶段，是基于工程BOM进行扩展和详细化的。制造BOM不仅包含产品的物料清单，还包括生产所需的工序、工艺路线、生产数量、供应商信息等。制造BOM用于指导生产车间的操作和生产计划，确保产品能够按照设计要求进行组装和生产。制造BOM是ERP中的核心主数据，用于物料计划和齐套以及生产计划与排产，是跑通MRP的基础与前提。

■ 销售BOM（Sales BOM）：用于销售和市场营销阶段，通常是工程BOM或制造BOM的简化版本。销售BOM主要用于向客户展示产品的特性和配置选项，以满足客户的需求。它可能只包含一些关键的零部件和功能，用于演示产品的基本特性，而不涉及详细的工艺和生产信息。在一些需要清单明细报价的行业，部分公司会编制报价BOM。

■ 服务BOM（Service BOM）：用于售后服务和维修阶段，包含产品的维护、保养和维修所需的零部件和工具清单。服务BOM帮助售后服务团队快速识别和提供所需的备件，以便及时维修和保养客户的产品；也能够帮助企业在生产时综合考虑维修、保养与备件的生产与采购，提升维保质量与效果。

数字化战略中的设计链优先就是先重点将数字化技术和手段用于设计链，实现研发成果的大规模增长，优化研发设计的效率，提高研发对客户体验的适配性等。设计链优化的数字化战略一般会关注以下战略举措与成果。

1）材料与结构研发

■ 建立材料基因库或数字化材料数据库，收集和整理各类材料的性能、结构和用途信息。这样的数据库可以为研发团队提供宝贵的参考和借鉴，促进材料的跨行业和跨领域应用。

■ 利用大数据分析和人工智能技术，可以挖掘材料相关的海量数据，从中发现潜在的规律和关联性，有助于优化材料配方、提高材料性能，并快速响应客户需求。

■ 通过数字化建模和仿真技术，可以对材料的性能进行预测和优化。通过模拟不同材料组成和配方，在虚拟环境中进行试验和分析，从而降低新材料开发成本和周期，加速材料研发过程。

■ 应用3D打印技术制造不同形态和复杂结构的样品和原型，加速新材料的验证和测试。

■ 建立虚拟实验室，结合数字化技术，可以实现材料测试和评估的虚拟化。提高测试效率，降低实验成本，同时减少对环境的影响。

2）产品设计与整合

■ 应用CAD（Computer-Aided Design）软件帮助工程师在数字化环境中创建和优化产品的结构和外观。通过CAD软件，工程师可以快速绘制不同版本的产品原型，并进行实时模拟和分析，从而快速优化产品结构，提高设计效率。

■ 应用CAE（Computer-Aided Engineering）软件进行产品工程分析和仿真，能够模拟产品在不同工况下的性能和行为。通过CAE软件，可以进行结构强度分析、热仿真、流体动力学模拟等，从而优化产品结构和性能，提高产品质量。

■ 应用虚拟样机，可以在数字化环境中进行产品验证和测试。虚拟样机能够模拟产品的组装和使用过程，帮助工程师发现潜在问题并进行改进，从而减少实物样机的制作成本和时间。

■ 应用数字化协作平台，促进不同专题团队和部门之间的协作与沟通，甚至可以让用户直接参与到开发与体验过程中。在产品结构研发和改进过程中，不同团队可以实时共享和讨论产品信息，提高团队合作效率和响应速度。

3）研发管理

■ 用户体验设计工具：采用用户体验设计工具可以模拟用户使用产品的场景和体验，帮助团队更好地理解用户需求和反馈。通过用户体验设计，可以优化产品界面和功能，提升客户体验。

■ 部署研发项目管理系统：通过研发项目管理系统，企业可以实现对产品研发从创意立项，到过程研发、实验、配方到研发成果的全过程进度、成本与质量管控，同时实现对产品结构和变更的全面管理，确保产品信息的准确传递和共享。不少企业也会使用PLM系统进行研发管理，当然PLM系统并不仅仅是用于产品研发，而是一个全面的产品生命周期管理平台，涵盖产品设计、工程分析、生产制造、售后服务等各个阶段。

■ 搭建虚拟BOM（Virtual BOM）：通过BOM的数字化表示，用于模拟产品的组成和特性，以及在虚拟环境中进行产品开发和优化。

设计链数字化不仅仅可以在组织内部实现，还可以跨企业实现。比如在某大型国产飞机的研发过程中，就运用数字化技术，同步将飞机的整体造型、外壳材料、舱内结构、线路走向等分层分发给不同的合作伙伴，分别进行气动仿真、材料强度分析、维修仿真和内装协调的设计。这不但确保整体技术资料的保密，同时也确保不同合作伙伴之间研发设计的协同。比如不会因为舱内结构或内装的改变，而导致线路维修保养的不便。总装厂作为甲方也能够实时看到不同合作伙伴的研发进度，以及成果之间的匹配性。

4）合同研发的商业模式

设计链数字化战略本身还催生了新的商业模式。如近几年来，医疗医药行业产生了大量的合同研发机构（Contract Research Organization，CRO），他们通过合同的形式为医药企业和医药科研机构在研发过程中提供专业外包服务。医疗行业，包括医药和器械，研发是行业的关键竞争力，但实际上由于监管的要求，新药和新器械的研发投入时间漫长，投入金额高，且成功率低。以医药为例，目前传统药企研发周期平均时间为10年，且时间越来越长，研发周期过长会导致专利保护期时间缩短，原研厂家的市场独占期也会减少，直接影响公司收益。根据PWC统计，在美国，药品研发企业的融资需求越来越高，2019年一款新药资本化成本接近18亿美元，较1970年上涨了13倍。而在成功率方面，仅有不超过12%的进入临床1期的药物最终能够在FDA批准上市，且新药研发流程也越来越复杂。

而CRO公司的出现，本质上即是为了降低药企的研发成本并提高药企的研发效率，提供的服务包括但不限于靶点发现服务、化学服务、安全性评价等；相对于传统药企而言，CRO从某种程度由于其外包属性，规避了新药未上市，或者研发投入过高的问题，只要传统药企愿意持续投入某种新药，均会在过程中转化为CRO的收益。

除了医疗行业业务需求外，研发链数字化是众多 CRO 公司兴起和成功的重要原因：

■ 数据集成与分析：通过建立数字化研发平台，实现受体试验和临床数据的集成和实时分析。所有数据都集中在一个系统中，研发团队可以快速获取和分析试验数据，帮助更好地了解试验进展和结果，及时发现问题和改进措施，从而提高试验效率和质量。

■ 自动化与流程优化：自动化试验结果和文档的审核流程，提高试验管理和执行效率。减少人工干预，降低错误率，同时缩短审核时间，加快试验进度，降低试验成本。

■ 实时可视化与透明度：数字化技术实现试验进展和结果的实时可视化和客户透明度。客户可以随时访问项目进度和试验结果，及时反馈意见，增强与 CRO 企业的沟通和合作，提升客户满意度。

■ 数据安全与合规性：数字化转型可加强数据安全和合规性管理。试验数据和文档都存储在安全的云平台中，确保数据的保密性和完整性，同时满足临床研究行业的监管与合规要求。

2.2.3 营销链优先数字化战略

营销链的价值链功能是价值传递与实现——将研发创造的价值传递给客户，并实现营业收入。营销链主要包括市场与营销计划、全面客户关系管理、营销管理、订单履约管理、售后服务支持几个主要业务流程。

■ 市场与营销计划：主要通过市场调研数据、客户需求分析、竞争对手信息、公司战略目标等输入，建立市场定位策略、营销目标与计划、目标客户分析、推广活动方案等。其核心价值是明确公司在市场中的定位和目标客户群体，制定有效的营销策略和推广活动，增加市场份额和品牌知名度。

■ 客户关系管理：采集并建立客户信息数据库、交互记录、市场活动反馈等，设计并构建客户分类和分群、客户关系维护策略、客户满意度调查结果。良好的客户关系管理能够有效管理客户信息，建立良好的客户关系，提升客户满意度和忠诚度，增加客户重复购买率。

■ 销售活动管理：进行销售预测，开展销售活动，制订并达成具体的销售目标和管理销售渠道或团队绩效等。销售管理能力是营销链的核心环节之一，是确保销售目标达成和销售资源不断增加的关键。

■ 订单履约管理：主要负责管理客户订单，沟通产品信息，沟通生产和供应链计划和库存情况，进行订单处理和跟踪，影响或负责交货计划、库存管理、物流配送等。保证订单准时交付和满足客户需求，优化物流和库存管理，提高交货准确率和客户满意度。

■ 售后支持服务：处理售后服务请求、产品质量问题反馈、客户投诉等。及时响应客户的售后服务需求，解决产品质量问题，增强客户满意度和忠诚度。

营销链优先数字化战略重点将数字化技术和手段用于上述业务环节，实现销售业绩与客户群的大规模增长，优化市场与营销各类活动与流程效率，提升营销全过程的客户体验。营销链5大主要业务环节分别可以采用的数字化策略和举措包括：

1）市场与营销计划

■ 数字化市场调研：利用数据采集、分析和人工智能技术，快速收集和处理市场信息，深入了解客户需求和行为，从而制定更精准的营销计划和目标客户分析。

■ 数字化推广：通过社交媒体营销、搜索引擎优化、内容营销等数字化手段，将营销活动推送到目标客户，提高品牌曝光度和客户参与度。

2）客户关系管理

■ CRM系统：采用客户关系管理系统，建立完整的客户信息数据库，记录客户交互历史和需求，实现对客户关系的全面管理和个性化服务。

■ 客户数据分析：利用大数据分析和数据挖掘技术，对客户数据进行深入分析，识别客户需求和行为模式，为客户提供个性化的产品和服务。

3）销售活动管理

■ 销售管理软件：采用销售管理软件，对销售目标、销售预测、销售业绩等进行实时监控和分析，帮助销售团队提高工作效率和销售效果。

■ 销售培训平台：通过数字化培训平台，为销售人员提供在线培训和学习资源，不断提升销售技能和知识。

4）订单履约管理

■ 自动化订单系统：建立数字化订单系统，实现对订单接收确认、订单处理和交货计划的实时监控和跟踪，提高交货准确率和客户满意度。

■ 物流跟踪技术：采用物联网和GPS技术，实现对物流配送过程的实时监控，提供准确的交货时间和物流信息给客户。

5）售后支持服务

■ 在线客服与自助服务：提供在线客服平台和自助服务系统，帮助客户快速解决问题，增强客户满意度和便捷体验，移动互联网服务可以实现服务延伸，甚至是无死角服务。

■ 用户反馈平台：建立用户反馈平台，收集客户反馈和意见，及时回应客户需求，改进产品和服务。

在移动互联网大潮中，众多企业都采取了销售活动数字化优先的战略，但是效果理想的并不多，部分原因就是战略选择失误——一方面，只有当市场营销是企业发展短板或是行业关键竞争要素时，优选营销链数字化才会有最高的运营收益回报；另一方面营销链数字化优先需要进行整体的数字化规划与实施，但大部分企业只重视营销环节的数字化"变现"，并没有打通整体市场和营销的流程，形成整体的营销链。

6）电商与合同销售商业模式

国内电商的蓬勃发展就是基于移动互联网带来的数字化红利。近几年，直播、短视频、社交媒体营销等各种新的合同销售商业模式也层出不穷。国内在这个领域的发达程度和市场接受度已经远远领先于国际水平。

归根结底，营销链是价值传递与实现的关键环节。实体企业也需要把握电商或合同销售在营销链数字化方面的不足与风险。

■ 数据质量：电商与各类平台的数据库数量庞大，但这些数据是客户自发创建，且平台无法根除刷单刷数据的问题。数据来源不确定和质量参差不齐是一个顽疾，部分数据可能缺乏可靠性，会影响数据分析和营销决策的准确性。

■ 跨平台整合：一个企业或品牌往往会同时与多家数字营销平台合作，虽然今年国家已经出手打击平台间不互通的问题，但这些平台之间出于竞争需要，仍不可能实现完全整合。企业在使用不同平台开展数字营销活动时，需要注意避免数据分散和信息孤岛问题。

■ 数据安全与隐私：国家已经先后出台相关政策与法规，严格监管用户数据的采集、保管、使用环节。企业在使用电商和合同销售平台时，一方面需要确保合规，规避风险；另一方面需要保证企业自身客户数据的完整性与安全性。

■ 细分市场："海量+精准"是数字化营销的基础与前提。但是相当一部分电商与平台过于强调基于线上行为分析，基于历史数据进行分析和预测，因此对于细分市场个性化需求和喜好了解不深，导致广告和营销信息的精准度有待提高。

■ 差异化营销：出于成本和商业模式的原因，平台与合同销售无法对同一行业或市场上的类似产品提供创新和差异化的营销策略和行动，过度依赖曝光、日活等客户吸引数据，只能提供标准化的售后服务流程与政策，无法带来独特的客户体验，塑造个性化的品牌形象，进而造成品牌的同质化，甚至是去品牌化。

■ 效果评估：尽管数字化营销可以实现更精准的投放和数据分析，但缺乏整个营销链过程线下触点等其他相关数据，销售退单退货量高，实际销售额难以统计。目前还缺乏科学的评估指标和方法，以全面准确地评估数字营销活动的效果。

2.2.4   制造链优先数字化战略

制造链的价值链功能是价值增加环节——通过计划、采购、生产、交付和回收等业务环节，通过加工和组合原材料，转化成为新的产品和服务，从而实现价值增加。

制造链是实体经济的核心链，是以实物从原材料到可交货的成品和服务的一个链条。基于这一特点，制造链数字化转型的复杂程度最高，也最为关键。因此，从几十年前的信息化开始，就已经有大量的管理信息化软件出现了。

■ 企业资源管理系统（Enterprise Resource Planning）：ERP系统是一种高集成的管理软件，涵盖制造链的所有业务和部分职能流程，包括财务、采购、销售、库存、生产等。它提供了全面的企业管理解决方案，帮助企业实现资源的有效利用和业务流程的协调。

■ 制造执行系统（Manufacturing Execution System）：MES系统用于监控和控制生产过程中的实时数据和运营活动。它与生产设备、工序和工人的交互，提供实时的生产信息和生产计划的执行情况，帮助企业优化生产过程，提高生产效率和质量。

■ 产品生命周期管理系统（Product Lifecycle Management）：PLM系统用于管理产品的整个生命周期，包括设计、开发、制造、销售和维护等阶段。它帮助企业加强产品数据的共享和协作，提高产品开发速度和质量。

■ 高级计划与排产系统（Advanced Planning and Scheduling）：APS系统是一种高级的计划和调度系统，用于优化生产计划和资源调度，以满足客户需求，同时最大程度地利用生产资源。

■ 仓库管理系统（Warehouse Management System）：WMS系统用于管理仓库的运作，包括入库、出库、库存管理和货物追踪等。它能够提高仓库的运作效率和准确性，降低库存成本。

■ 供应链管理系统（Supply Chain Management）：SCM系统用于管理供应链中的物流、采购、供应商协作等环节。它可以帮助企业实现供应链的协调和优化，提高交付准确性和客户满意度。

■ 供应商关系管理系统（Supplier Relationship Management System）：SRM系统是一种用于管理企业与供应商之间关系的信息化系统。帮助企业建立更加紧密和合作的供应链合作关系，优化供应商选择、采购流程、交付和合作，从而实现采购成本的降低、质量的提高以及供应链的稳定性。

■ 质量管理信息化系统（Quality Management Information System）：

QMIS是一种用于管理和控制企业质量管理过程的信息化系统。该系统包括质量数据采集与监控、质量检验与测试、不良品管理、质量审批流程等，旨在帮助企业实现质量管理全过程的标准化、自动化和数字化，以提高产品和服务的质量，降低质量风险，增强客户满意度。

除了上述主流的制造全过程管理信息化软件系统外，还有更多专门的管理信息化的软件与工具。在所有的系统中，ERP功能最全，完整的系统几乎包括其他主要专业管理软件的功能模块，同时集成程度也最高，当然缺点也是由于集成程度高，因此灵活性、使用功能性以及适应行业和企业特性就略显不足。相对来说，其他专业软件工具的功能性、针对性和易用性则会好很多，而带来的不足就是集成难，数据打通难。

信息化是数字化的基础，而实现数字化的前提就是数据质量的治理与信息流的打通。这也是很多企业信息化程度高，但难以实现数字化的原因。制造链数字化需要更深入地应用数字技术，实现生产过程的全面数字化、自动化和智能化。它不仅关注数据的收集和处理，还强调利用数字技术进行生产过程的优化、创新和改进。

具体来说，制造链数字化还包括：

1）运营与生产计划

■ 人工智能（AI）预测：通过AI技术分析历史销售数据和市场趋势，预测未来需求，帮助企业更好地进行生产计划和资源调度。

■ 数字化可视化工具：实时监控生产进度和资源使用情况，及时调整计划。

■ 协同计划（预测与补货）（Collaborative Planning，Forecasting，and Replenishment，CPFR）是一种通过协同预测、计划和补货来优化供应链效率的跨组织合作框架。通过数字化技术实现数据共享与整合、基于模型和算法的大数据预测、自动化响应需求信号、自动补货和供应链绩效自动数据监控和预警。数字化技术在CPFR的实现中发挥了关键作用，帮助不同合作伙伴共享信息、协同工作，以实现更精准的需求预测和更高效的补货流程。

2）生产制造（智能工厂）

■ 自动化生产：引入自动化设备和机器人，降低人员的劳动负荷，控制产量与质量的波动，实现 24 小时不间断运行生产等。

■ 物联网连接设备：广泛使用物联网和传感器，实时监测设备状态，增强预防性维护，减少停机时间，整体提升产能利用率。

■ 数字化作业指导：运用 AR 和 VR 等技术，为操作员提供"身临其境式"的作业指导，使作业指导与真实环境高度接近甚至完全一样，以缩短员工的上岗周期，降低培训成本，提升人员效率。特别在一些非重复性、高风险的作业，数字化作业指导的作用是不可替代的。

■ 虚拟工厂（Virtual Factory）是一种基于数字化技术的制造模型。虚拟工厂通过数字化建模、仿真和数据分析，将实际的生产环境数字化呈现，使企业能够在虚拟环境中进行生产规划、优化和决策，从而实现更高效、灵活和智能的制造。

■ 数字孪生（Digital Twin）是一种基于数字化技术的概念。数字孪生技术利用传感器数据、物联网（IoT）技术、数据分析和人工智能，将实体与虚拟模型紧密联系起来，以实现更精确、可靠和智能的监控、优化和决策。

■ 产能共享平台（Capacity Sharing Platform），不同企业通过数字化工具实时共享各自的超负荷订单和剩余产能，以实现更加高效的资源利用和产能匹配。这种模式可以帮助企业更好地应对市场变化，降低生产成本，提高产能利用率，同时也促进了合作和资源共享。

3）物料与成品交付

■ 物流管理系统：利用 RFID、GPS、视频识别监控和物联网等技术，跟踪物流全流程，监测物品与物流状态，优化运输和配送，提高交付效率。数字化技术对于冷链、生鲜、医药、食品等物流要求高和追溯性强的行业尤其重要。

■ 自动发货或配送：运用低代码平台与 RAP 技术，自动化处理发货计划，提高物料发运和配送的及时性和准确性。

■ 客户自助服务平台：客户可以自动追踪订单和交付进度，并在一定限制条件下自动订制，或更改订单，提升客户体验。

4）回收（逆向物流）

■ 逆向物流系统：利用 RFID、GPS、视频识别监控和物联网等技术，全程跟踪需要循环使用或回收的物料，管理产品的回收和再利用流程，降低环境影响。

■ 数字化回收流程：记录和跟踪回收过程，确保合规和效率。

2.2.5 产品族链优先数字化战略

从供应链的角度看，产品族链与设计链是两个不同的流程链。

产品族链：产品族是指一系列相关或相似的产品，它们在技术、市场定位、功能等方面具有一定的相似性，通常由一个共同的核心技术组合或平台支持，或是由一个流程型制造布局生产。产品族根据企业需要还会分层，按颗粒度划分成不同的产品家族、产品类别、产品分类等。产品族链管理侧重于协调企业不同产品之间的关系，优化资源的利用，以实现更好的市场覆盖和产品组合。产品族链的质量影响公司在设计技术链、制造链和营销链方面的资源布局和投入，是所有链条中最核心的一个链条。同样，企业的设计技术、制造与市场营销能力，也决定了产品族的宽度和复杂度。

研发技术链：研发技术链是指在产品开发过程中所涉及的不同技术和研发活动，从产品概念到实际产品的设计、制造和推出。研发技术链管理强调优化研发过程的进度与质量管理，确保不同技术领域的协同和顺畅，以实现高效的创新和开发。它关注的是技术创新、设计流程、资源分配和项目管理。研发技术链的输出需要为制造链的批量化制造提供基础和保障，具体保障程度，不同企业用小试、中试、量产等不同阶段来明确双方的合作与责任划分。

产品族链包括产品创意管理、产品开发管理、产品上市管理、产品迭代与退市管理和产品生命周期管理五个主要环节。与制造链通过物料流增值不同，产品族链的价值链定位则是信息流管理、评估与协同。

1）产品创意管理

产品创意管理数字化有两个重要输入：一是营销链数字化，营销链对市场和客户的洞察程度是产品创意满足外部市场需求的前提；二是研发技术链数字化，研发技术链对研发与技术能力的分析与沉淀是产品创意开发成功的前提。因此，产品创意管理数字化首先要能够建立对营销链和研发技术链数字化程度以及输入数据的质量的评估方法，进而确保产品创意的有效性和成功率。

此外，还有一些可以帮助产品创意管理创新、增效和提升客户体验的数字化方法与工具：

■ 数字化创意平台：提供一个在线平台，让员工和合作伙伴，甚至是客户共享和提出创意，从中选择最有潜力的创新项目。

■ 虚拟创意工作坊：使用虚拟会议工具和协作平台，促进团队远程协作，推动创意的生成和筛选。

2）产品开发管理

前面提到过产品研发项目管理系统是有效管理开发进度、成本与质量的关键工具。因此，产品开发管理与研发设计链的数字化程度与数据质量息息相关。如果研发与技术链数字化程度高、可控性强，产品开发管理的负荷就会低一些，只要按节点做好产品上市准备就好了，否则就需要协调其他链来确保产品族的整体最优。

一些行业，产品开发周期较长且进度不可控。因此产品开发管理并不是研发项目的进度与成果，而是开发管理对产品家族组合宽度与深度的影响，从整体上统筹指导研发资源的配置，根据市场节奏要求加快或减缓甚至雪藏开发项目，有时候甚至跳出研发建议通过并购等其他方式来确保产品族组合的优势地位。

一些行业的产品开发技术难度大，不确定性高。产品开发管理就需要协调营销链通过市场活动和服务努力保持产品的成熟期，或是协调制造链通过供应商材料降本和生产降本增效等措施延缓或拉长衰退期，为产品研发争取时间。

在产品开发管理中，数字化的主要应用包括：

■ 多平台工作协同：通过工作协同，提高沟通与决策效率，有效协调产品开发进度质量与其他业务之间的关系；

■ BI分析：通过BI可以分析各产品类别以及不同产品家族层级的

销售、利润绩效指标与变化趋势，为最优化决策提供数据支持；

■ 数据模型与算法：基于模型和算法计算研发的成功率与时间，为决策提供辅助。

3）产品上市管理

产品上市管理需要与设计技术链、营销链和产品链进行协同与配合。

产品上市前，要确保设计技术链提供的产品 BOM 已经完善，制造链已经进行试产能够批量提供产品和服务，营销链同时已经掌握了产品知识、销售技巧以及售后服务准备已经就绪。产品上市前还应该预测新品是否会对现有产品的市场定位和营销业务产生影响，以及影响的程度与对策预案。运用数字化工具可以帮助企业更容易、更直观地检查所有的工作已经同步准备好。

产品上市过程中，产品经理需要跟进首单到首 20 单或 500 件新品。从计划下达、产品制造到发运交付的制造链全过程，以及从推广销售、订单履约到售后支持的营销链全过程，以评估并确保制造链和营销链：一方面，确保研发技术链的产出符合产品研发设计的定义和期望；另一方面，建立新品上市时的效率与质量标准，为后续产品生命周期管理与迭代或退市评估提供数据支撑。

在产品上市管理过程中，主要需要制造链和营销链数字化的支持和推动，从而实现新产品的生产全程和销售全程可视化、可监控、可计量。

4）产品迭代与退市管理

产品迭代管理与新品上市管理环节紧密衔接。在从上市首单到上市管理完成的订单管理期间，企业就需要跟进客户体验，制订产品迭代计划，并根据研发技术链和营销链信息进行产品迭代管理。

产品迭代与退市的需求一般有以下 5 种不同的场景：

（1）为确保原材料供应保障的材料多样化而产生的产品迭代或是多版本产品共存，这时候企业可以用多版本 BOM 管理，也可以用多个 SKU 对应一个 BOM 进行管理；在某种原材料供应难以保障的情况下可能会导致特定产品的退市。

（2）供应商材料或技术更新推动的新材料或新结构而产生的产品迭代或 BOM 改变，大多数情况下发生在上游供应商实力较强或是联合创新的背景下，需要做生产验证和最终产品用户验证等；在供应商市场不再提供某类原材料时，会导致特定产品的退市。

（3）内部降本或生产工艺优化推动的新材料或新结构，或是新工艺路线而产生的产品迭代或 BOM 改变；出于制造成本或工艺制程的优化需求，也可能会导致特定产品退市。

（4）研发、优化或改善技术链的设计，以改进产品的质量稳定性、某一部分或全部的产品性能变更，而产生的产品迭代或 BOM 改变；为了保证产品线不过于复杂，会退市部分产品。

（5）基于市场或客户需求而进行的产品迭代，包括市场或政府监管合规要求的改变，相对竞品价格成本或性能参数竞争优势的需求等，需要对特定产品进行迭代或安排退市。

因此产品迭代和退市并不完全是基于市场或客户需求，或是按照产品生命周期的发展阶段进行管理的。企业需要全面跟踪并评估每个产品单品、类别与家族是否有特定的投入和占分摊投入的比重，以及对该产品族的营收和利润贡献进行动态管理，结合公司内外部环节的持续分析，做出最佳的产品迭代与退市的决策。

产品迭代与退市管理中也有一些专门的数字化方法与工具应用：

■ 数字孪生技术：创建虚拟的产品副本，用于模拟不同设计方案和改进的效果，加速迭代过程。

■ 数据分析工具：分析产品使用数据、市场反馈和用户行为，指导产品迭代和退市决策，并与供应商一起妥善处理物料库存。

■ 利用数字化营销渠道，清理成品库存，准备合理的 MRO 库存，并做好退市后的销售与售后服务。

5）产品生命周期管理

理论上看，产品生命周期的发展遵循着从起步、成长、成熟到衰退的规律（如图 2-6 所示）。根据 IDC、Forrester 等研究报告，大部分产品在不同阶段的销售贡献占比也有一定规律：

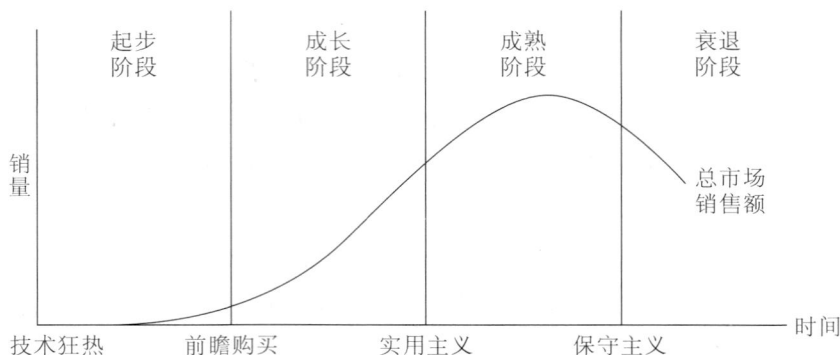

图2-6　产品生命周期图

■ 起步阶段（Introduction Phase）：产品刚刚进入市场，市场还在逐渐认识和接受产品。销售贡献占比可能在该产品总市场销售额5%以下。

■ 成长阶段（Growth Phase）：产品开始获得市场认可，销售快速增长。由于不同产品的成功程度和市场需求不同，销售贡献占比达到该产品总销售额30%到50%甚至更多。

■ 成熟阶段（Maturity Phase）：产品已经占据了相当大的市场份额，销售增速开始减缓，但基数仍然很大。在这个阶段，销售贡献占比可能在该产品总销售额50%到70%之间。

■ 衰退阶段（Decline Phase）：市场饱和，竞争加剧，销售开始逐步或是快速下降。销售贡献占比回到该产品总市场销售额30%以下甚至更低。

但实践中，能够完整走完这几个阶段的产品比例并不高。特别是在导入期到成长期之间有一个分水岭。这个分水岭指的是在产品刚刚进入市场，产品的销售开始进入缓慢增长时，如果被市场真正接受，会产生销售增速，但也可能只是吸引到少数尝试性购买，看上去销售量增加，但却没有后续。能够越过这个分水岭才标志着产品进入了成长期，"技术采纳曲线"或"技术采纳过程的关键点"。

识别和管理这个分水岭对于产品生命周期管理至关重要，因为在这个关键点上，企业需要做出决策，是否需要投入足够资源支持产品进一步地发展和市场占有率的增加。产品生命周期管理必须通过一些标志性数据或指标,敏锐识别这个分水岭。

■ 市场接受度的增加:在导入期,产品可能需要时间来被市场和客户接受和认知。最早期的消费者肯定是认可并接受产品的,他们提供的反馈可能是片面的。需要识别整体市场和潜在消费者或客户是否真正认可并采纳产品,才能判断是否会有后续的销售增长。这时候需要紧密地监测市场反应和客户与用户的反馈,以及观察销售增长率的变化,特别是在不同区域、不同类型客户群的销售变化,可以帮助识别这个分水岭。

■ 销售增长率的变化:当销售增长率开始明显加速,并且增长加速度逐渐超过导入期的阶段,这可能是分水岭的一个征兆。这需要企业获得真实可靠的销售数据,并理解销售政策和资源投入对销售增长率的影响。

■ 竞争压力:在导入期,竞争可能较少,但随着产品逐渐被市场认可,受到竞争对手的关注,以及针对性反制措施的出现,竞争压力会增加。如果销售增长率在竞争加剧之前开始加速,这可能是分水岭的标志。

■ 市场份额的增长:随着产品被更多的客户采用,市场份额会逐渐增加,细分市场和客户群体会更丰富,这可能是即将来到分水岭的表现。

一旦识别了这个分水岭,企业可以采取一系列措施来进一步推动产品的发展和市场份额的增长,例如加大市场营销投入、扩大生产规模、提升产品特性和功能等,将产品推入成长期和成熟期。

使用产品生命周期管理(PLM)系统,集成产品数据、文档和流程,确保信息共享和可追溯性,能够帮助企业更好地管理产品生命周期。但不管是产品生命周期模型还是 PLM 系统,都只能参考,要具体指出哪些特定数据的具体量化标准来提醒产品在各个阶段结束或进入某一生命周期阶段并不科学。因为这类数据可能会因不同的行业、地区、时间和数据采集方法而有所不同。而这恰恰是数字化可以大展身手的地方。

■ 大数据管理与统计分析:建立产品相关的数据湖,进行大数据管理,并基于大数据进行各种定量的统计与分析。

■ 数据建模与算法优化：企业建立自己的数据模型，并根据实践中产品周期管理的成功经验与失败教训，建立算法，并持续优化算法。

2.2.6 集成计划优先数字化战略

集成计划（Integrated Business Plan，IBP）是指产品族链、研发技术链、营销链与制造链的整体计划集成，其中最核心的就是产销协同计划（Sales & Operation Plan）S&OP——一端营销链代表市场和客户端形成需求计划，另一端以制造链为主协同产品族、研发技术一起形成供应计划，通过S&OP形成平衡企业级的供需。也有一些企业会更突出协同计划中的库存（Inventory）因素，从而称为SIOP。我们将在后面第4章中详细介绍产销协同流程的构建。

产销协同计划建立过程中，产品族链、研发技术链、营销链与制造链就需要相互协同运用各自的数字化工具进行内部协作。IBP保障的关键就是要打破部门壁垒，进而联结企业的全链，实现全局性的协同，从而达到整体最优的效率。

以产品族链为核心的四链计划协同和配合来说，需要相互协同的数据与信息就包括（如图2-7所示）：

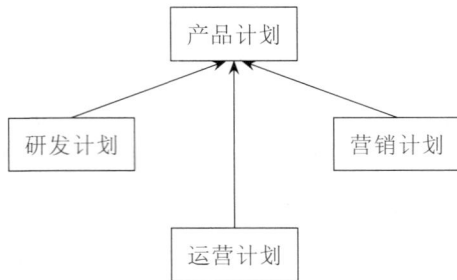

图2-7 以产品族链为核心的四链计划协同

其中以产品族链为核心的协同计划还需要考虑：

■ 研发技术链的材料或工艺改进与BOM形成的进度与成功率测算。

■ 营销链的渠道与组合策略是否能够满足需求计划。

■ 产品族链的生命周期计划与需求计划结果是否匹配，是调整需求计划，还是优化生命周期。

由此可见，集成计划优先供应链战略的关键在于关注计划层面各流程与职能的协同与贯通，从而让数字化驱动高质量的计划，提升战略落地与执行的效率。

财务计划也是供应链集成计划中的重要部分。一方面，财务业绩指标是一个企业活动的最终成果，并且财务的信息系统可以提供相应的定量数据。另一方面，财务绩效指标能综合反映公司的业绩，也就是说公司的企业价值，每个企业的性质存在差异，因此财务业绩指标也会存在不同。大部分企业的财务绩效指标就是关注利润以及和利润相关的指标，因为利润是企业经营收入和经营成本费用之间的差值，反映了经营活动中投入产出对比的结果，在一定程度上体现了企业的经济效益，因而追求利润最大化是大部分企业最应关注的。

基于利润和业绩的考核与评价指标，主要包括利润总额、经营利润率、成本、费用利润率、资产报酬率、净资产收益率和总资产报酬率。对于上市公司则经常采用每股收益、每股权益等指标，这些指标可以分别用来分析影响企业获利能力的不同因素，包括销售业绩、资产管理水平、成本控制水平，从财务的角度对企业的绩效进行评价。所以，财务指标往往是协同计划进行决策的重要依据。

财务计划管理贯穿了从原材料转变为成品的全过程，并赋予所有企业运营全部活动的生命力。从产品概念到设计阶段需要资金，类似很多知名的制药企业每年要投入总体销售额的 10%~20% 从事新药的研发。从产品的 BOM 设计到投产的过程需要资金，比如设备的投入、原材料的购买。从订单到出货的过程需要资金，比如半成品的投入、人工的投入、仓储物流的投入。

财务结果是公司所有业务流程的价值结果的终点，企业所有业务流程及其行为最终都将通过财务计划管理得到反映和总结。

以采购为例：每个采购人员只负责从询价到商务谈判到最终收货付款的全流程中的一个环节或几个环节，个人没有决策权或没法做最终的决定，只是为下一个流程节点提供信息基础，或者说是执行决策。流程中有职能分工，采购的执行和决策功能分离，执行者不做最终的决策、决策者不做执行的细节流程步骤。某些企业会将决策者和外部供应商隔离，避免决策过程中的一些猫腻产生，或是有些企业将供应商选择、合同签订和采购职能分开，亦是为了避免某个职能的独断。这些流程都会涉及资金的授权管理、预算的管理、成本的管理。资金从被授权到确定某个采购合同前的预算到采购物料进场后的成本管理都需要在财务计划管理中进行管理。因为采购流程诠释了一个企业资金"流出"的情况，如果采购流程做得不到位，那么资金"流出"就会失控，成本就会失控。

以销售为例：很多企业会分市场部和销售部门，市场部负责市场分析和广告投入、大客户分析、报价策略等工作；销售部门负责订单的获取和客户从接单到销售的过程，另外，当货物入成品仓后，物流部门的人员会进行货物的运输。合同的建立需要关注报价，报价与成本及报价策略相关，当收到客户的定金或当客户的订单发送后，就可以视为资金的"流入"，企业只有源源不断收到订单，发送货物给客户，才是实实在在创造了客户价值，源源不断地收到客户货款，企业才是实实在在最终实现了经济价值。

财务计划管理中不得不提的课题是库存计划。库存影响了整个公司的资金流。

众所周知，库存的高低决定了企业资金的占用度。如果库存太高，说明公司的资金占用比较大，因为库存需要通过贷款或者是通过企业的现金购买来存放。制造型企业的库存分为原材料、半成品、在制品和成品，还有维护件、维修件和运营用的备品备件（简称MRO）。

我们一直强调库存是一把双刃剑。因为库存在资产负债表中，既属于短期资产，也属于负债。在精益理论中提到的零库存，是不是适合所有的企业呢？答案是否定的。其实库存有其好的一面，库存的存放有时起了很大的作用，比如企业会被供电局告知在炎热夏天会计划让电给民用电，这个时候企业就必须先生产一些库存为让电时的停产做准备。再比如，企业会存放一些安全库存，为了规避供应商可能出现的供货质量问题，或者为了避免生产制造当中出现的波动，再或者为了应对市场的波动。比如，库存有保值的功能，那些粮油企业会存放农产品原材料作为价格杠杆，或是有些企业预见到某种原材料会涨价，策略性购买一些保值库存规避价格的波动带来的风险。

虽然库存有好的一方面，但它也有让企业头痛的方面。因为如果库存太高，对企业资金占用还是相当大的。企业的财务计划管理不能断，如果库存持有太高水位，就会造成现金流较差，那会导致整个公司的"血液"流转慢，企业的资金效率就比较低下了。所以我们希望库存能够做到一个平衡点。怎样才能够确保企业整体库存是比较合理的，资金相对占用是比较合理和平衡的呢？一句话：持有库存的成本要低于不持有库存的成本。所谓的这个库存成本，它由3个成本组成：

（1）物料成本

物料成本指采购件或自制件所含成本价值。如果是采购件，成本即包括采购的价格，加上从供应商发到企业工厂的运输费，如果是国外采购进来的原材料，就要加上海关的关税和保险费。如果是自制件的话，物料成本就包括制造该物料所需要的直接物料、直接人工和工厂管理费。

（2）持有成本

持有成本包括资金占用成本，储存成本和风险成本。

资金占用成本是指贷款利率，对于中国的企业来讲大部分的银行贷款是按照5%~6%来估算贷款利率。有些企业说我们企业的现金流非常好，不需要贷款，那资金占用成本就可视为存款利息。

储存成本是指存放库存需要投入的成本。如果是自建仓库，货架、叉车、自动化仓存设备的投入是成本，这些设备都需要每年进行折旧。另外，仓库还需要有仓库的管理人员进行管理，那么这些也是成本。

风险成本。大部分企业都会购买存货保险，有时仓库也会出现盘点差异，盘点差异中的盘亏是损失成本，再比如药企和食品企业，原材料和产品的保质期比较短，如果库存过期就会造成报废损失。或者有些库存会由于搬运、天气原因出现破损，有时开放式的仓库可能会出现一些偷盗，所有的这些风险会造成库存的损失成本。

上述这三个成本加总得到持有成本总额，将持有成本总额除以公司年度的平均库存成本得出一个百分比，就可以称之为持有成本率。企业的持有成本百分比往往是随着库存持有的数量和金额的增加而增加。

（3）订单成本

制造型企业的订单有两种类型：一种是采购订单；一种是生产订单。采购订单的下达需要采购人员执行，采购员工的工资、奖金、办公地点等都需要考虑成本，采购进口的原材料需要考虑理货海关申报的成本。如果是生产件，那么生产件就包括直接生产成本、生产的控制成本、产线换型、调机准备的成本和产能损失成本。

可以看到：物料成本、持有成本和订单成本随着库存数量变化而变化。库存数量增加，物料成本增加、持有成本增加，但是订单成本会下降。随着库存数量的减少，物料成本下降、持有成本也下降，但是订单成本就会上升。

如何才能够将整个库存的成本做到比较低的水平呢？

计算经济批量（EOQ）是其中一种有效的方法。计算经济批量的方法其实就是通过找到让总成本最低的那个点——随着一个订单量的批量增加，持有成本会增加、订单成本会减少；而持有成本和订单成本相交的那个点就是当物料成本不随着批量增加而有折扣的情况下总成本最低的点。

下面是 EOQ 的公式，告诉我们怎么样去计算总体成本最低的这个订货批量。

$$EOQ = \sqrt{\frac{2 \times D \times S}{H}}$$

其中：

■ D 是一段周期内需求量（例如 1 年、1 月或 1 周等）

■ S 是每次订货的固定成本

■ H 是单位持有成本（例如每年单位库存成本）

库存的重要性不言而喻，在整个供应链运营中，库存既是成本，也是财务计划管理中非常重要的一个节点。供应链中虽然我们一直在谈物流管理和库存管理，其实供应链人真正在管的都是"钱"，其也实际影响着企业的财务计划管理。供应链的绩效指标可以通过库存周转率、现金周转天数，还有库存天数去衡量财务计划管理的有效性。本书在后面的章节里面会具体阐述。

2.3 供应链数字化战略构建

2.3.1 供应链数字化战略构建四要素

正如我们了解到的供应链如果要快速响应，上下游的信息共享和协同十分重要。正如华为所奉行的垂直深度供应链架构，让上游和下游的供应链进行整合，也如"从田间到餐桌"的农业供应链和工业制造供应链及分销体系供应链的整合。

至此，我们会发现，多企业上下游整合才是供应链走向成熟度的一个方向。供应链在这一级别的成熟度体现为整个供应链的协同合作，以服务和财务目标为关键的内外协作，将供应链的结果和公司的整体战略及目标相结合，需要以下4个要素的协同落地：

1）端到端业务流程的贯通

流程是捕捉"现状业务"和设计"未来状态"的一个工具。企业要持续经营和正常运转靠的是机制和流程的保障。初创企业可能靠"老板"的魄力和决策就能生存，但成熟或有一定规则的企业不能靠"人治"，只有梳理并规范流程，特别是端到端贯通的流程，才能确保企业长治久安，避免天天救火式地疲于奔命。

很多企业在进行质量体系建设时，都做过流程建设与梳理。但是这些业务流程大都以部门为单位建立，与供应链管理中所要求的端到端流程有很大的差异，甚至有相当一部分企业形成了各种流程的盲点与断点。举一个简单的工作流例子，在不少企业出差管理是一个行政流程，而差旅费用报销则是一个财务流程。但从业务角度看，如果企业为了解决质量问题而去客户现场进行问题产品的处置是一个业务需求，企业可以将质量问题处理、差旅和报销三个流程端到端打通，就可以实现一次性申请和审批。相反就需要发起多个OA，浪费大量的内部管理资源。当然，供应链管理的端到端流程的范围要比这个事例更为广泛，比如说

"从商机到现金"（Lead to Cash）流程。

后面我们将用专门的章节来阐述端到端流程的构建。

2）绩效对标的适配性

如何衡量流程运作的情况，只能靠它的产出-绩效来衡量。绩效必须要量化，必须要确定量化数据的可靠采集来源。绩效是反映供应链是否有效的指标，也是用来描述供应链流程成熟度的工具。这里为何要突出绩效的适配性，是因为每个企业的战略不同，竞争优势也不同，如果用一个简单的指标进行对标，可能会造成偏颇。我们建议企业应该选取更适合本企业竞争优势的指标来诠释自己的供应链，而不是盲目地对标其他公司。

就拿全球知名电商前几年在中国的发展来说，天猫的特性是协同各个"小卖家"在平台上进行产品展示，很多天猫的卖家卖的产品可能是很多大商超看不到的产品，由此可见"种类的多样性"是客户能感受到的购物体验。京东则有很多消费品都是自营策略，而且京东的口号是快速交付给客户，购物者可以感受到早上在平台上下单的物品下午就能送到，而且59元包邮。这样快速的交付也是基于京东建造了很多亚一仓和前置仓库存的配备造就的。美国电商巨头亚马逊购物的体验是很多进口的产品，且如果出现产品的质量问题，退货非常及时。虽然亚马逊离开了中国，但曾经有过购物经验的客户也体会到了它的高质量售后服务的优势。所以，如果我们用一个供应链指标去衡量以上三家企业就可能造成误导，因为客户的需求不同，企业的竞争优势不同，市场的定位不同，决定了企业在某个供应绩效的卓越。不适配的绩效对标可能会削弱企业绩效的优势。

3）选用最佳实践

什么是实践？实践就是别的企业试用过或者适用的工具、流程、方法。数字化工具是实践中的一种，很多实践也不一定需要系统才能实现。

实践提供了一系列与行业具体专业作业无关的做法，是企业通过多年成功运营而被公认的价值。实践也是配置细部流程或一组工作步骤的独特方式。数字化实践可能与流程的自动化有关，这是一种应用于供应链流程的特殊技能，执行过程的独特顺序，或在组织之间分配和连接过程的独特方法。供应链实践可以帮助企业及其供应链标准化流程执行，并考虑可能解决绩效差距的方法。

我们平时所说的实践有被淘汰的实践、标准实践、最佳实践和创新实践四类。所谓被淘汰的实践是指经过时间的推移，不建议企业再运用的工作方式。标准实践一般都是类似于标准流程规范的内容。最佳实践是希望并推荐企业能多学习的做法，因为这些最佳实践是企业运用下来能体现企业成功价值的流程、工具、系统。比如那些好的 ERP 系统、CRM 系统、SRM 系统；再比如计划流程中常提到的 S&OP 流程、IBP 流程等。创新实践就因人而异了，虽然企业提倡创新，但创新可能成功，也可能失败，创新可能要付出较多的投入，如果企业愿意冒一定的风险，也可以进行尝试。

4）有效的组织能力

供应链是一门管理学科专业，供应链管理需要专业的团队和人员，建立有效的组织能力。供应链管理中，考量一个人的要求是，是否拥有供应链相关的知识和技能，并且能够以最少的时间和精力提供预定的结果。很多有经验的专家可以通过观察或短期参与获得的知识或技能，快速地给出供应链问题的解决方案和决策。很多企业也通过一系列培训，让刚从事供应链工作的人员在一段时间内通过指导学习特定技能。

有效的组织设计和人员选择可以让整个供应链流程或单个流程运转有效。当然，供应链流程的关键技能可能有不同的要求，供应链管理者和操作者对于不同流程所需要掌握的技能的成熟度也需要考量。

2.3.2 供应链数字化战略投资策略

众所周知，供应链数字化转型周期长、投资大、风险高，能够平稳转型的成功概率都不是很高，产生可评价的良好经济效益的就更少了。规模大利润高的企业可以用"十年磨一剑"的方式来实现全面数字化转型，甚至通过增加投资来用资源换周期。大部分普通企业就需要在策略上多下功夫了，一方面需要精选优先数字化转型的业务链与流程，另一方面需要灵活地在"借""买""建"这三个投资策略上做文章。

1）借（Borrow）

借是指企业"借船出海"，借用其他企业的供应链数字化解决方案，乃至平台资源来实现数字化转型。借的优势在于能够迅速获得所需的供应链数字化资源，能够借鉴甚至复制成功经验。但是借也会有不小的风险——别人的资源是否适配自身业务，是否影响核心竞争力甚至是业务掌握力等，都是需要考虑的因素。

运用"借"字策略，快速实现供应链数字化转型的企业并不在少数，其中又以为终端消费者服务的ToC消费品厂商为主。

比如说借用京东数字化供应链快速提升营销链的美的、李宁、得力和奥妙等；阿里的菜鸟平台则助力宝洁、达能、欧莱雅和百威等。之所以说这些厂商是"借"京东与阿里做数字化转型的原因是，他们之间的合作不再限于电商渠道的销售和库存管理以及最后一公里的配送，而是会从营销链全程，甚至部分产品链实现供应链数字化转型。

奥妙"洗衣凝珠"新品开发中"借"了京东基于C2M平台，协同围绕定人、定量、定价、定款四个环节参与新品设计。第一步，将目标人群锁定为职场白领的女性用户；第二步，根据人群特征测算增长空间：如果潜在用户全部转化，将达到15倍的销量增长；第三步，结合仿真试投进行定价分析，发现0.4元~0.9元/颗更容易被接受，61元~80元的定价潜力更大，从成本上考虑，需要将克重控制在配送费的首重范围内；第四步，定款方面分别设计了中高端款和低端款。通过设计链与营销链的数字化协同，奥妙"洗衣凝珠"产品上市获得了成功，首批上市的3款C2M新品奥妙洗衣凝珠，销量排名进入品类前10，在衣物清洁品类的销售占比由3%提升到8%，成为该品类下增速最快的细分品类。今年以来在京东卖出4 000多万颗，在西北下沉市场的销量占比高于洗涤用品整体市场平均水平40%。

除了营销链以外，还有一些企业借用平台实现了采购供应链的数字化转型。如鞍钢借用京东工业互联网的技术与团队力量，梳理出鞍钢集团采购完整面貌后，完成了编码映像，并为每一种商品标注了参数、材质、规格、型号等数字化标签。后续，鞍钢的标注标准商品库也将输入到京东工业品打造的墨卡托标准商品库中，推动整个钢铁行业的物料管理标准化，较好地解决了以前在设备 MRO 采购中"非标"现象突出，商品名称不直观、描述随意混乱、商品信息不够完整，以及多供应商体系下商品数据描述差异还带来一品多商、一品多价等问题。

通过上述案例介绍不难看出，通过"借"进行数字化转型投入小，见效快，从 ROI 的角度看几乎没有缺点。特别是对同行业还没有来得及完成转型，或是同行已经纷纷转型，但自身还没有起步的企业来说，"借"几乎是让自己不丢失先发优势的唯一选择。

但从企业战略或中长期看，"借"也存在很多不足。最核心的缺点有两个：

一是企业数字化能力建设的不足。在"借"的过程中，软硬件技术、行业数据甚至人才都源于平台或是资源提供方。企业自己并不拥有，而且在实现转型的过程中，往往知其然，不知其所以然，虽然"借"的合作过程能够帮助企业提升一些数字化能力，但整体能力建设不足，难以将能力变成核心竞争力。

二是数据控制力较弱。数字化转型的核心是数据，特别是基于数字的建模与算法。"借"的过程中，向平台方开放和共享企业业务逻辑与数据是一个基本前提。即使有保密条款防止数据外泄，但出借方显然在数据控制力方面占有绝对优势。在这种情况下，即使企业建立了自己的数据湖，独立进行数据应用，也是处于相对弱势的。

所以，经济效益和价值高的背后是战略价值的不足。有野心或是要防止数字化依赖的企业不能安于"借"来的眼前利益，而要考虑其他的投资选择。

2）买（Buy）

买指企业购买已有的产品化的供应链数字化解决方案、软件、系统、技术等各类资源，还可以扩展到人才与团队要素的挖掘。这种方式的优势在于可以立即获得现成的解决方案，加快数字化转型的进程。此外，购买解决方案可能还伴随着供应商的支持和培训，有助于快速实现目标。然而，购买解决方案可能需要较大的投资，而且可能需要进行定制和集成以适应企业的特定需求。

买是企业供应链数字化最常见的解决方案，在很多时候企业会沿用管理信息化时代的"上系统"理念与方法，通过考察并购买系统软件，然后通过系统实施的方法进行数字化转型。近年来，随着云技术的成熟，也有很多企业会购买基础设施即服务（IaaS）、平台即服务（PaaS）、软件即服务（SaaS）等实现数字化转型。

虽然供应链数字化转型中的买策略在某种程度上与以往的管理信息化中的软件选型和实施相似，但供应链数字化转型还是有一些明显的区别：

■ 目的和广度：供应链数字化转型的目标是在更大范围内实现数字化，涵盖供应链中的多个环节，而不仅仅是管理特定的业务功能。这需要综合性的解决方案，可能需要涵盖多个软件应用和模块。

■ 集成和生态系统：供应链数字化转型需要考虑不同系统和模块之间的集成，以及整个数字化生态系统的搭建。这需要选用具备强大集成能力的解决方案，以确保信息的流畅和数据的一致性。

■ 快速上线和迭代：供应链数字化转型通常要求快速上线，以迅速获得效益。因此，选用的解决方案需要具备快速实施的能力，并且支持后续的迭代和优化。

■ 支持服务和培训：与传统软件不同，供应链数字化解决方案需要提供更多的基于业务解决方案服务和培训，将系统和软件作为业务创新和提效的助力，确保用户能够充分利用解决方案的功能，并适应新的工作流程。

明确基于整体供应链数字化规划下，不同系统、软件和工具的定位，才能指导买什么、如何买，而不是和以往那样从每个系统软件的功能、技术先进性和性价比方面去进行比较。下面是我们基于多个供应链数字化选型项目经验与教训总结的两种背景下解决方案选型的决策点差异（见表2-1）。

国内不少管理信息化先行的企业，在供应链数字化转型方面的挑战比信息化基础差的公司面临的挑战更大。而一些企业仍未转变观念，期望通过购买和更换更先进更大牌的集成化ERP来实现数字化转型，往往就会让情况变得更糟糕。

表2-1　　　　　　**数字化转型与管理信息化差异对比表**

决策点	供应链数字化转型	供应链管理信息化
目标	全面改善供应链效率和协同	优化特定业务流程和功能
范围	综合性解决方案，涵盖多个供应链环节	特定功能领域软件产品
关注	解决方案扩展和集成性	特定系统实施和运行可靠性
周期	快速上线以实现迅速效益	实施周期可能较长
定制	需要定制以适应企业特定流程	在特定功能范围内定制
支持	与供应商建立合作框架以确保稳定运行	与软件提供商建立支持合作框架
数据	关注供应链数据的集成和分析	集中在特定业务领域数据管理和报表
风险	风险相对较高	风险较低

而要成为一个供应链数字化转型中的高明的"买家"需要综合考虑多个角度，从购买对象、购买内容、购买决策、购买选型等方面进行全面的分析和决策。

■ 明确转型目标：在购买数字化解决方案之前，企业需要明确自身的供应链数字化转型目标。这有助于确定购买的范围、方向和内容，避免盲目选择。

■ 识别痛点与需求：识别当前供应链中存在的痛点和需求，明确需要数字化改进的具体环节和问题，以便更有针对性地选择合适的解决方案，避免盲目追求先进性和性价比。

■ 伙伴型供应商：以寻找战略供应商的要求，通过市场调研和比较，找到具有丰富经验、信誉良好的供应商，确保其提供的解决方案符合企业的需求。除了产品供应商本身，更需要重视实施供应商的选择，确保他们不仅仅是以产品上线使用为目的，而是能够提供整体的技术和业务解决方案，使解决方案能够在企业发挥作用。

■ 购买内容：根据供应链数字化转型的具体需求，选择合适的软件、平台或服务。平衡集成性与灵活性需求，购买内容应该与企业的业务和流程高度契合。

■ 未来可扩展性：解决方案应具备良好的可扩展性，能够适应可预见的未来业务增长和商业模式变化的需求。

■ 分析综合成本：在购买过程中，不仅要关注购买费用，还要考虑实施、维护、培训等方面的成本。全面分析综合成本，避免只看购买费用而忽视后续投入，特别是不能忽视系统上线及应用的内部人力等资源投入。

■ 多方参与决策：在购买决策过程中，最好能够汇集供应链、IT、业务等多个部门的意见，确保选择的解决方案能够全面满足不同部门的需求。

■ 调研实际案例：如果可能，参观或调研已经成功实施数字化转型的企业，了解他们在购买和使用解决方案过程中的经验和教训，为购买决策提供有价值的参考。

■ 场景化测试：在正式购买前，企业准备好多个典型的业务场景，特别是高优先度的需求和痛点场景，要求供应商提供试用或演示版本，让企业能够实际体验解决方案的功能和效果，从而更好地评估其是否符合需求。Infor 等 ERP 厂商称这个环节为会议室测试（Conference Room Pilot）。

■ 合同与协议：在购买决策达成后，合理起草合同和协议，明确解决方案的交付、服务、维护等方面的条款，特别关注对实施成功的定义，必要时将实施应用后的成功绩效与付款或供应商激励挂钩，确保双方权益得到保障。

3）建（Build）

建是指企业自主开发数字化解决方案、软件或系统。建设的优势在于可以完全定制解决方案，以适应企业的特定需求和流程。此外，建设也可以在长期内实现更好的系统功能与数据管理控制和灵活性。然而，自主建设可能需要较长的时间和较大的资源投入，同时也需要确保拥有足够的技术能力和人才支持。

出于自主可控或数字案例考虑，同时也由于拥有雄厚的技术资源，众多行业领军企业、国有企业或部分特殊行业都会首选自建供应链数字化解决方案的策略。这一类企业一般有两种典型的自开发的组织形式。

一种是成立一个开发中心，集中公司所有的数字化开发资源与力量，接收、汇总、分析并集成企业全部的开发需求，按一定的指标评估优先度后，排出开发计划，经过决策流程后进行开发，并公示开发进度。作为补充，企业往往也会允许各部门自行开发一些不影响数字化框架的外挂或插件，兼顾灵活性。

另一种成立一个开发委员会，设定并检查和管理企业主数据、数据接口等相关标准，具体的开发工作则是由各业务或流程板块根据需求自己进行。委员会同时会进行项目公示、内部代码共享、数字化成本或标杆推广等，以避免重复开发。作为补充，委员会往往也会直接带领一个由技术大咖组成的专家组，进行项目指导和技术支持。

我们曾有幸参与过某大型装备制造企业的供应链数字化转型，并陪跑了3年多。该公司产品在国内某行业具备绝对性优势。公司技术实力雄厚，近几年伴随着信息技术进步，新型装备也不断更新并投入市场。但随之就出现了销售新品老品和型号版本冲突，生产中半成品与在制品库存管理混乱、产能效率持续降低和售后 MRO 料号杂乱导致维保客户投诉增多四个突出问题。在这个背景下，公司以"供应链协同"管理咨询项目加"智能供应链"系统自开发，两个项目组合的方式展开自建供应链数字化解决方案旅程。

项目调研形成的开发需求主要围绕产销研一体协同计划展开：

■ 实现硬件功能与操控系统变更协同，同时推动新品上市和老品升级增值。

■ 实现产销协同计划与决策辅助系统，严格确定新品与成熟产品的销售市场，规划需求计划。

■ 实现实时的生产数据和库存信息，确保现场的模块式生产，柔性组装的物料齐套。

■ 实现生产计划与实际生产的实时匹配，提升销售订单和MRO订单交付率。

■ 开发SRM模块升级CRM系统，提升开发供应商和客户协同的能力。

■ 开发预测和规划工具，配合MRO替换竞争对手产品。

■ 建立数据湖，并进行数据建模，提升数据分析和决策支持能力，控制产品上市节奏，有效管理产品生命周期。

该企业的智能供应链系统就在上面这些需求的框架内，基于原有的一些信息化系统基础进行开发。他们组建了一个70多人的数字化团队，包括软件开发人员、业务分析师、系统分析师和数据分析师，并邀请供应链咨询顾问作为外部业务专家，共同合作开发这个系统。

他们根据下列优先度逐步进行主要解决方案的开发：

（1）数据湖与数据集成：利用不同的数据可视化工具将不同部门和环节的数据进行集成，公司层面应用Tableau确保其功能可以满足各种复杂的需求，同时赋能各业务运用Power BI解决个性化的部门级需求。在这个过程中，我们同时梳理和发现了公司原有主数据定义不同、业务数据质量不高等问题，构建了公司的数据治理与管理规则。数据湖与数据集成实现了数据流通，同时也呈现了大量的数据问题，为数据驱动决策提供了前提和保障，同时也明确了下一步开发的优先度与方向。

（2）开发SRM与升级CRM：SRM系统物料和外协采购从采购员人工跟催，变成了供应商根据物料需求计划驱动，整体计划透明后，能够提供JIT物料服务的供应商增加了50%，说服2个瓶颈工序外协供应商协同技改，在3公里半径内合建了共享工厂，大大提升了物料齐套率。CRM的升级则提升了售后服务的响应速度，配合SRM上线占售后投诉多数的MRO缺货问题得到了明显解决。

（3）实现实时的生产数据和库存信息：通过看板、视频监控和传感系统以及AS/AR的综合部署，实现了低成本的小时级生产数据与库存信息更新，模块生产和成品装配计划可以及时优化，与实际生产情况匹配，减少生产偏差，现场产能得到了极大的提升，进一步从根本上解决了售后客户投诉问题，同时MRO供应能力的提升，也为销售替代竞争对手产品，进一步提高销售收入提供了保障。

（4）S&OP和PLM模块先后上线：S&OP提升销售对产品量产及供应能力的把控，能够根据进口竞品和客户需求推荐更合理的销售方案，避免新老品打架，提升了需求计划的可靠性；PLM模块上线也推动研发部门更关注在售在保产品操作系统的升级服务，提升软硬件的多版本相互兼容性，延长生命周期提高了MRO与耗材的收入，市场口碑和整体占用率稳步上升。

在3年过程中，他们还通过数据治理、构建内部低代码平台等方式，进行了很多小型开发，为业务部门提供了大量功能级的开发，帮助提升工作的便利性。目前他们正着重关注进一步梳理和优化数据湖，进行数据建模，建立算法，把原来需要通过频繁的高层与跨部门沟通讨论解决的产品规划和决策问题通过数字辅助决策的方法进行优化，一方面可以提出更多更高质量的方案建议，另一方面可以从多维度提供更多的数据依据提升决策的质量与速度，并配套决策后的监控与响应数据。

从他们的自开发经历中，我们还可以总结"建"这一策略成功的关键要素就是敏捷开发。正因为自建供应链数字化框架周期长，在整体规划的基础上，分步开发更需要重视敏捷原则，针对具体的业务需求，形成解决方案，快速验证效果，再迅速迭代优化。

■ 定制化：根据企业的特定需求进行定制开发，满足其独特的供应链管理要求。

■ 集成性：实现多个环节和部门的数据集成，消除信息孤岛。

■ 实时性：数据和信息的实时流通，使得企业能够更快速地做出反应。

■ 数据驱动：系统依赖大数据分析，使企业能够更好地了解供应链运作情况。

基于我们调研、跟进和参与国内外不同规模行业企业的数百个不同供应链数字化转型项目，我们分析并归纳了借、买、建这三种不同策略的一些特点（见表2-2）。

表2-2 **供应链数字化转型投资策略对比表**

策略		借	买	建
投入	人员	低	中	高
	技术	低	中	高
	软件	中	高	极高
	硬件	低	高	高
	年度	低	高	高
	总计	低	中	高
技术	能力	相对低	中	高
	风险	相对低	相对低	高
需求	适配	中	高	高
	响应	有限	低	高
	迭代	适用，平台服务	有限，产品升级	适用，持续优化
数据		少量控制	部分控制	完全控制
周期		短	短或中	中或长
成效		快速显现	相对快速	视情况
适用情况		紧急转型	一般情况	特定需求

2.3.3 数字化供应链集成策略

1）供应链流程基础

所有的企业均通过每个流程进行运营，对于流程管理的课题大家应该不会陌生。在所有的企业管理理论的教科书上都提到了流程管理的重要性和方法论。在很多持续改进的方法论中也提到了很多相关流程管理的理念和工具。例如：流程图、泳道图、价值流程图（VSM）等等。集成供应能力流程管理帮助企业做流程改进和重构的时候回答以下问题：

我们目前做了什么，在哪个层面？通过现有运营方式的记录或查找相关的流程文件，可以让供应链管理者对现有供应链的运营达成共识。

我们是通过流程做到了什么？通过现有流程演绎，可以文件化记录对现有供应链能力的共识。

如果改进了，可以测试什么不一样的情景？可以通过流程的调整、模拟来记录和提出改善供应链的多种可能和可行性分析。

我们将做什么且能做到什么程度？当供应链流程优化的方案达成后，可以记录当前架构供应链时的期望值。

我们将如何向前迈进并重构数字化供应链？可以通过团队创新思维和构建并记录对未来流程的设计。

可见，企业的供应链总体目标是经由一系列的业务流程才得以实现的。例如某些制造行业的目标是为了满足客户的提前交付的需求。但如果一个效率低下的供应链交付处理流程和错综复杂的制造物流流程存在，那么这个企业目标就很难达成。我们在过程中强调为了实现卓越的企业目标，企业需关注的主要变量就是流程效率。很多制造型企业运用精益的方法，通过小的、细微的、现场的流程步骤可以自下而上地发现流程改进的价值，这些改变不单凭借某个热情高涨的天才员工，让企业的绩效持续不断地产生效益，需要流程的效力维系。再例如传统的实体企业的生产计划员需要到仓库进行领料、填写完整的领料单，仓库数据录入员也可以准确无误地输入信息，发料的原材料仓库可以快速发料。但通过生产的精益改善，我们可以将领料的节点和发料的节点通过现场看板进行拉动，这样该流程绩效提升就会有所表现，速度就会加快。传统领料受制于整个流程当中的每一个逻辑，而新的物料拉动和配送流程也受限于每个流程。

流程管理、优化、重构的意义就在于实现和提升企业绩效。而流程的关键在于流程的3个变量：

（1）流程绩效

每一个主流程和它的子流程存在的意义在于有多个绩效目标贡献，因此每一个流程就应该按流程产出绩效来测评，流程绩效反映的是该流程对一个或多个供应链绩效的贡献度。流程总体目标和子目标必须要和企业的战略目标相关联，当然也必须和客户的需求相关联。流程的绩效和部门级的绩效不能相提并论，流程绩效往往反映的是与该流程相关的上下游部门的绩效。从需求管理到供应管理到最后的交付管理，端到端供应链流程的总体绩效来源于各个部门，并且让企业的愿景与经营战略得以实现。

流程绩效的设定有两个比较权威的逻辑框架，均是来自于美国。一个是来自于美国供应链运营协会（ASCM）的5个维度的端到端流程绩效指标框架；另一个则是美国生产力与质量中心（APQC）从每个流程的效率、成本、生产力等角度构建的框架。这两个机构均提供了较为完整的指标库供会员参考。

从我们实际应用和辅导效果来看，ASCM的绩效指标框架更适用于以客户为中心整体的供应链逻辑，特别是在数字化与跨组织生态发展的背景下。所以本书主要基于这个流程指标框架展开。

（2）流程设计

每一个流程及其子流程如何构建才能比较合理。集成供应链的设计战略是从企业的顶层设计开始，一层层构建大流程下的小流程。在前面的章节，我们曾向大家展示过一个供应链全景图，把这个图简化，我们可以看到整个供应链流程的总体框架（如图2-8所示）。

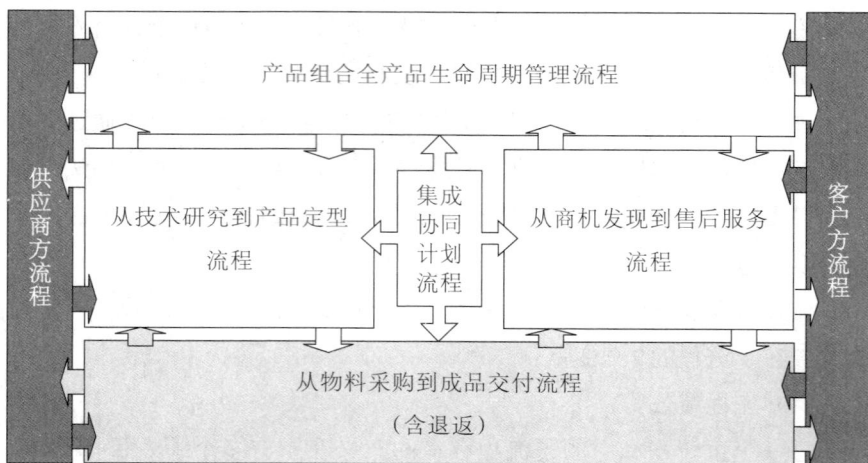

图2-8 供应链全景图流程框架图

虽然很多企业认为产品生命周期管理不属于供应链运营管理的范围，但是不同产品的组合会影响供应链的策略制定。例如供应链中"制造"流程就需要关注新老产品的数量和生产量对于产线切换及产能的控制；再例如供应链部门收到企划部门或市场部门的告知，某个产品如果要退出市场，那么供应链部门就应该要考虑这个产品是否要一次性做一点库存以备满足那些零星购买的客户需求，如果该产品在生产车间是专线生产，那么该生产线是否要淘汰或改造？

虽然产品和流程设计链不属于制造链，但制造链的生产和采购依赖于设计链 BOM 的产出。例如 BOM 中的原料如果发生采购或质量异常，是否可以用替代物料进行生产？如果工程部门同意用替代物料进行生产，就应该启动工程更改流程，一旦工程更改流程启动后就面临 BOM 版本的切换，生产计划就需要相应改动。

虽然销售支持和售后的服务流程常常不属于供应链部门的管辖范围，但是销售支持中的物流配送是制造链交付流程中的重要环节。例如汽车行业，当整车厂通过 4S 店将整车卖给客户后，每年的维修保养所需的零配件需要由整车厂的上游零配件供应商提供，虽然看似是一个售后服务流程，供应链部门需要考虑同样的零配件供整车装配的数量和计划，也要考虑售后配件的数量和计划。

这张图中的供应商和客户虽然是外部的流程，但它们不仅是制造业供应链的上下游两端，还与研发、产品和营销链及相关流程有联系与影响。供应链的流程上接供应商的采购流程，下接客户的交付流程。

集成供应链流程设计的战略需要指出的就是不仅仅看供应链所负责的流程本身，而且要考虑到企业内部上下游的流程和企业外部上下游流程。

（3）流程管理

即便是最合理流程，也不会自行运行或被执行，并确保流程绩效的百分百完美实现。所以流程的监控和管理就尤为重要了。

我们建议企业从 4 个方面加强监控。

流程管理中第一个关键方面是流程绩效的数字化管理。大流程绩效可以被分解到子流程，犹如一个输油管道网络，不仅仅要测量管道的两端的输入和输出，还要对所有的关键节点检测压力和浓度。同理，通过量化和数字化监控方式，可以确定关键步骤的数据收集节点，设定子目标，以确保面向客户的终极流程目标实现。在许多制造业中，可以看到在生产现场通过电子看板的方式，实时采集在线设备数据来统计和分析每个工作流到工序的响应，这种实时监控的方式就为了达成最终的产出。供应链的职能管理也是通过子流程的绩效目标设定让职能或岗位目标得以实现。

流程管理中第二个关键方面是资源管理。比如说部门经理通常认为资源分配是他们的主要职责，然而面向流程的资源分配不同于这种按职能分配资源的方法。职能型资源分配决定由级别较高的管理层以及其部门下级人员的谈判和指派得出。在这个过程中，每一个下级都为得到蛋糕最大的一块而竭尽全能。而流程驱动性资源分配是以流程目标实现所需的资金和人员等资源为逻辑。供应链中的组织职能框架也是在流程框架确定后，不同职能按其目标的贡献度来获取资源。

流程管理中第三个关键方面是流程接口管理。如果流程管理在组织中已经制度化，那么我们一定会看到每个流程都有接口，流程和流程之间有接口。正如供应链中的链条，每一个链条是环环相扣的，所以在每一个接口处往往是最大的绩效改进机会所在，密切监督这些接口，并消除任何影响流程效率的障碍接口是流程优化可以关注的地方。比如销售与生产控制之间的接口，生产控制和装配之间的接口，这些对整体订单交付流程极为重要。因为这就像家里的水管，往往漏水的地方大部分为水管的接口处。

流程管理中第四个关键方面就是要关注流程的盲点与交汇点，也就是流程设计或管理空白地带或流程节点过多的地方。管理流程的时候时常会发现有一些操作流程节点有反复操作的浪费，或者有些节点无职责人管理，一旦发现这种情况，我们可以通过一些持续改进的方式进行改善，或者完全可以推倒重来，重新构建整个流程。

2）开放的集成供应链框架

接下来，我们一起来探讨集成供应链核心的流程框架到底要考虑哪些。

我们再次强调供应链的流程框架不是从下到上进行建立的，它一定是按"从上至下"一层一层展开并贯通的逻辑来构建的。整个供应链的流程框架的思路，也是从战略的层面分解到战术的层面，再由战术的层面分解到执行层面，最后到怎么样具体通过执行层面的管控和管理监控，确保供应链的战略和战术落地。

集成供应链战略的模型是一个开放型的框架模型，所谓开放型的就是指企业可以根据自身的行业特点和供应链策略，搭建适合自己的供应链框架。

开放式的集成供应链流程框架能够有效地帮助大家构建企业业务流程的规律；搭建后的框架可以在企业内各个事业部进行对标，也可以和同行业其他企业进行流程绩效对标，通过标杆法（Benchmarking）提高企业管理水平。而开放式的供应链流程框架模型，可以让企业根据环境变化，与时俱进更新调整，促进特定竞争优势的建立与发展。一旦流程框架搭建后企业也需要持续改进，流程的绩效表现可以通过量化数据来呈现流程优化后带来的效益。在信息化和数字化的驱动下，流程框架可以帮助企业辨别最能适应特定业务流程需要的软件。另外，流程构建后的组织框架搭建和人员职能要求也可以帮助企业确定要找什么样的人执行和管理流程。

让我们以制造链为例来介绍开放式集成供应链的流程框架与逻辑。制造链主体，从流程级别（Level，简称L）来看为第一级，称L1流程，一般可以划分为6个：计划、订单、采购、生产（增值）、交付与退返。每一个一级流程下面根据企业实际情况可能会有若干个L2流程（如图2-9所示）。

L1流程	计划	订单	采购	生产	交付	退返
L2流程	运营计划	ToC订单	战略采购	制造产品	ToC交付	产品退返
	订单计划	ToB订单	直接物料采购	提供服务	ToB交付	服务退返
	采购计划	内部订单	间接物料采购	MRO增值	内部交付	MRO退返
	生产计划		采购退换货			
	交付计划					
	退返计划					

图2-9 制造链一二级流程框架

（1）计划

供应链的流程搭建从"计划"流程开始，企业的计划流程是最重要的供应链流程，可以涵盖整个供应链流程的开始至结束。计划的第二级流程分为运营计划、订单计划、采购计划、生产计划、交付计划和退返计划。

运营计划是指计划制造链的战略、业务规则和供应链网络等。

订单计划，就是要计划接单生产的流程，包括订单的接收、下达等步骤。

采购计划，就是针对不同的策略的计划模式，有些是补货式采购、有些是按单采购。采购计划就是考虑整个采购计划如何制定的流程。

生产计划是指比较粗的生产规划，也可以理解为 S&OP 产销协同规划的流程。

交付计划是指计划整个交付物流仓储的大的流程步骤，包括物流网络规划流程。

退返计划是指如果遇到客户退货，或者是再循环再利用的退返的流程设置。

（2）订单

订单流程是指企业接单，以及订单如何在内部转换下达的流程。从这个流程的 L2 流程可以看出为什么集成供应链是一个开放型的流程战略框架。假如企业目前的接单只是一个 ToB 模式，那么企业就只需要配置 ToB 订单流程。如果企业希望同时将产品和服务直接提供给消费者，那就可以把 ToC 订单的 L2 流程增加到 L1 订单流程下。再或者有些集团公司，或多元化企业，公司内部也会产生直接交易，需要建立内部订单流程。

（3）采购

采购有 4 个二级流程：首先是战略采购流程，所谓的战略采购其实就是针对企业的战略物资进行采购的过程，计划采购流程时应根据供应商分类和产品分类确定哪些物料属于战略性采购，一般企业会把重要的、价值高的、供应风险大的物料定义为战略采购物料。这样，我们就可以把另外两个采购流程定位为战术性购买物料品类。这些战术购买的物料可以分为直接物料采购，即那些由 BOM 计算出来的物料，而那些不在 BOM 中的物料可适用间接物料采购，间接采购可以包含 MRO 物料、行政用品、服务性采购等。采购退返流程是当采购的物料检验出质量问题后，企业可以退返给供应商，这也是采购流程中需要考虑的。

（4）生产

这里的生产是广义的，包含了服务在内的企业增值活动。因为即便是制造型企业也需要提供一定的服务。例如生产家电的企业，有时会需要提供安装服务，就需要建立提供服务的流程，通常家电企业还需建立 MRO 增值流程，以确保提供家电日常使用中的维护保养替换件的备品备件或是服务。这个时候企业就要建立不同的二级流程了。有很多企业，本身就是以提供服务和 MRO 增值为主业的，如汽车 4S 店。

（5）交付

交付流程和订单流程有对应关系，一个 ToB 的接单模式流程就对应 ToB 的交付流程。同理，ToC 订单流程就对应 ToC 交付流程。

（6）退返

退返流程和生产流程也是相对应的。简单来说如果是制造的产品需要退返的话，就进入产品的退返流程，如果是增值服务碰到客户不满意的话，就进入服务退返的流程，如果 MRO 制造的产品进行退返就连接 MRO 的退返流程。

可以想象一下，如果要构建企业的制造链流程，可以类比搭乐高积木，选取那些适合自身企业的"积木"，根据企业不同产品类别的不同制造策略搭建自己的"乐高"流程框架。这样在保证下一级流程作业有充分弹性的基础上，又能让企业的整体流程框架稳定，不出现断点和盲点。其他的产品族链、工艺技术链和营销链，我们也可以用类似方法进行开放的集成供应链流程构建。

在构建数字化集成供应链的主要流程时，还需考虑以下关键点：供应链战略必须要支撑企业战略，供应链的业务规则建立、卓越绩效和流程改善机制，承载供应链流程的信息建设和技术手段、数字化管理的策略、人力资源保障和供应链中的外部合作伙伴——供应链、客户、政府机构与银行等的合同及协议。还需要考虑供应链的网络设计，包括内部

的物流仓储网络和对外的物流仓配网络及信息延伸，自身行业适用的或
必须遵守的法律法规、供应链风险管理机制——比如疫情三年造成的供
应链断供或物流不畅的应对机制，低碳绿色供应链为环境所做的贡献，
供应链社会责任体现，供应链的可持续发展等等。以上这些都是在构建
供应链战略时需要考虑的因素，这样才能保障供应链的流程不再是记录
在纸面上的流程图，而是已规划妥当、能有效实施的整体框架。

第3章　供应链数字化架构设计

很多企业在10年前已经运用信息技术管理供应链，但很多企业还是感受到供应链系统存在不完整、不系统、不善于安排优先级及制约因素的问题。那如何搭建完整的供应链框架呢？如何填补框架中的"血肉"才能让完整的供应链机体运作起来呢？

3.1　指标架构

一个企业的绩效目标是衡量整个企业绩效的尺度，这些目标被用来对应市场需求。目标就是用一种可量化的方式来呈现对市场和客户的需求。讨论绩效目标之前，还需要回到企业的市场定位，及如何运用竞争来描述这种定位。从客户的角度来体会企业的产品和服务，能够感受到的企业竞争要素无外乎有以下几个：产品和服务的质量、产品和服务交付的速度、产品和服务交付的可靠性、产品和服务交付的柔性、产品和服务的价格。

但每一个客户针对每一个绩效目标都有不同的观点和衡量标准，比如客户对于质量的定位和质量的要求是不一样的。以家用汽车为例，有一些客户认为质量最关注的是安全性能；有些客户关注的是不要"坏"，汽车的耐用是质量要素；而另外一些客户对于质量要求较低，只要能够做到汽车夏天制冷，或是在开动的时候能够达到一定的速度就可以了。可见，即便针对相同绩效目标，客户和市场对这个质量的定义也是不一样的。

谈到价格，价格的定位策略比较复杂，但其中有一点是非常关键的因素，就是成本。对于客户而言，能感受到的是价格的接受度，而对于企业来说，要考虑的是成本和盈利之间的平衡。当然，每一个客户群对于价格的需求或者说能接受的程度也是不一样的，比如企业是一个高端品牌商，可能企业的客户群对价格不是特别敏感，但如果企业生产快消品，而品牌只是一个中下等级的品牌，该企业的目标客户对于价格波动是比较敏感的。

另外，一个企业的绩效目标代表了它集中在一起的一种竞争组合要素。这是什么意思呢？就是说，企业的每个绩效在这个行业当中都是领先的，这是不可能的。企业可以在以上的竞争要素指标中的某一个或者某两个战胜了它的竞争对手并赢得了市场，而其他指标在竞争队列中可能只处于平均水平。这个就称之为竞争组合——选取企业目标客户的需求作为企业的竞争性指标，而其他指标可以不作为最优指标，从而赢得竞争的策略。

那么在供应链管理的过程中，我们认为一些质量方面的指标，不是供应链能够完成的，因为产品的设计和产品的质量，一般都是有赖于企业的研发或设计部门。供应链管理比较关注的是以下几个指标。我们把这些指标分为三大类：客户指标类、经营指标类、可持续发展指标类。指标有战略指标和运营指标，还可以将指标分层为组织层、流程层和运作层。

3.1.1 第一大类：客户指标

1）供应链响应度指标

产品和服务交付的速度就是响应度，交付的响应度是指从运营开始到结束的时间，这是一段流逝了的时间，这段时间可能与客户对企业差异性产品和服务需求有关，例如购买大飞机的客户和购买洗发水的客户对于响应度有极大的差异。另外，从客户开始提出产品或服务的要求，到客户实际收到产品或接受服务之间的时间，也有可能与内部的运营过程有关，例如从原材料到达加工制造地点，再到产品运出所花费的时间。

就运营战略而言，通常对前者更感兴趣，所花费时间中的一部分也许是创造产品或服务的实际时间。如果企业某个产品系列采取ETO制造策略，交付时间就包括为客户独特产品的设计时间；如果某个产品系列采取MTO制造策略，交付的时间要包括整个制造时间；如果某个产品系列采取ATO制造策略，交付时间只包括制造过程中的装配时间。所以，企业的制造策略不同，交付时间也不同。假如企业的产品是快消品，企业选择的是MTS制造策略，但不同类别的客户看到该产品的交付速度也是不同的。从最终消费者的角度来说，他可以去商超买到这个产品，交付速度非常快，即拿即走；如果在电商购买，就可能需要等半天或一天。快消品的制造厂商还有经销商的客户群，经销商关注的交付时间的长短和客户又有不同。所以，企业针对ToB和ToC不同类型的客户的交付响应度不同。

下表3-1是我们为某企业做的供应链响应度指标库示例，其中各层级指标仅供参考，企业应当根据需求再进行增加或按需进行设定（后续提供的指标库示例同理）。

表3-1 供应链响应度指标库示例（部分）

组织层	流程层	运作层
订单履约时间	采购周期	确认货源时间
		选择供应商与议价时间
		计划产品交付周期时间
		运输产品时间
		校验产品时间
		供应商账期

组织层	流程层	运作层
订单履约时间	生产周期	计划排程时间
		发料时间
		生产和检验时间
		包装时间
		产品暂存时间
		产品检验出库时间
订单	发运周期	接收、配置、输入和确认订单所需时间
		预留协调与确认交付期限所需时间
		合并订单时间
		装货以及装货单时间
		发运时间
		选择承运人时间
		从采购或生产获取产品时间
		安装产品时间
		接收检验产品时间
		运输产品时间
		拣货时间
		包装时间
		计划发运时间
	C端零售周期	计划库存时间
		接收产品时间
		上架时间
		货架库存时间
		理货时间
		购物篮时间
		收银台付款时间

从表3-1可以看到，供应链响应度指标以时间为衡量标准，组织层面的指标可以由流程层面的时间长度指标叠加而成，也可以根据企业的特性，再进一步分解到运作层面。

通过了解组织层订单履行时间的定义和计算公式，可以对指标的拆解有进一步理解。订单履行时间定义如下：稳定地实现满足客户订单的实际平均周期。实际周期以收到订单为开始，以交付客户验收为结束。度量单位建议为天。

计算逻辑：订单履约周期=（所有履行订单的实际周期时间总和）/（总交付订单数）

2）供应链可靠性指标

可靠性是指信守交付的承诺及在承诺的时间内将货物送达客户。企业和客户签订合同或订单的承诺，如果承诺较长的交付时间就可以获得很高的可靠性，那么供应企业所期望的交付时间和客户承诺时间之间就会有时间差，所以我们不能将时间当作企业内部缺乏可靠性的保险系数。即便尽力以较长的交付时间来弥补可靠性，这样的企业最终往往速度和可靠性两者都可能导致客户不满意。主要原因如下：首先交付时间有扩大到交付充满所有可利用时间的倾向。其次交付时间长的原因经常是由于内部的响应速度慢，在制品过程当中大量的非增值时间造成的，这可能会导致混乱。

可靠性的定义是指承诺的交付时间和实际交付时间的这个实际交付的"客户能接受的合理时间"下的交付达成情况。

组织层订单履约质量的定义：准时全部履行订单的百分比。履约质量的定义包括准时履行所有正确的物品和数量、符合客户定义的准时概念、完整的单据文件和产品完美的状态。

计算公式：完美订单履约率=（履约质量达标总数）/（总订单数）×100%

根据以上流程层完美订单指标的拆解，我们建议完美订单履行率要考虑流程层的指标，几个流程层的指标百分比相乘才是最终企业组织层可以体现的供应链可靠度绩效表现（见表3-2）。

表3-2   供应链可靠度指标库示例（部分）

组织层	流程层	运作层
订单履约质量	履约准时率	交付产品项准备率
		数量准确率
		准时交付率
		交付地点准确率
	履约文件准确率	交付文件准确率
		付款文档准确率
		其他需求文件准确率（如手册、认证标识）
	履约质量	货物完好率
		货物装配准确率
		货物维修率
		退货率

3）供应链敏捷度指标

对于制造业而言，如果企业的产品和服务的品种类别比较多，代表企业产品的灵活性较高。从供应链角度来讲，我们怎么去理解敏捷度呢？敏捷度是指适应内外部环境变化的能力和柔性。供应链中的敏捷度是指在多变的市场环境中，利用掌握的信息和虚拟组织而获利的能力。敏捷度高是指供应链各个节点构成的快速响应市场环境变化的动态能力。其核心是一旦识别到市场的风险、市场需求的增加或市场需求的降低，在没有高成本投入的情况下也能保持产品的可获得性，快速响应复杂多变的市场或满足最终客户需求。企业必须根据市场的需求把客户的订单交付，否则就会有失去客户的风险。

在这里我们从几个角度诠释供应链的敏捷性。

（1）供应链弹性

首先，我们希望供应链有一定的弹性，由于市场需求不是一成不变的，而弹性的供应链是指在不同流程的供应链体系下，针对市场需求的明显增加，供应链的适应性较强。

供应链弹性的定义：实现计划外持续性交付数量增加20%所需的天数。季节性变化不包含在计划外或未预见的范围之内。建议度量单位用天。

计算公式：$\sum$ 实现采购、生产和交付及退货的持续性增长20%所需的额外天数。

值得注意的是：此指标可能有不止一个采购、生产和交付灵活性的成分，而这取决于供应链的复杂度（见表3-3）。

表3-3　　　　　　　　　供应链弹性指标库示例（部分）

组织层	流程层	运作层
供应链弹性	采购柔性	目前采购总量
		采购订单人均处理
		当前资金需求
		当前库存
		采购人员负荷
		新人上手时间
		资金可用性
		当前供应商限制
		当前采购周期
		增加库存周期
	生产柔性	目前制造总量
		当前生产订单人均完成率
		制造产能利用率
		仓储能力利用率
		当前订单完成周期
		员工流动与新员工作业效率提升率
		外协资源获取可能性
		外协实现周期
		（其他，略）
	交付柔性	（略）
	采购退货柔性	（略）
	成品退货柔性	（略）
	（略）	（略）

（2）供应链韧性

其次，我们希望供应链有一定的韧性，如果市场的需求持续下降，适应性强的供应链可以确保企业能够在固定成本不增加的情况下帮助企业平稳过渡，并将企业的运营维持在较合理的水平。

供应链韧性定义：在市场需求持续30天内下调的情况下，供应链不产生额外库存和成本的能力。

计算公式：供应链韧性系数=（当需求下降后实现采购、生产和交付库存和成本）−（原有采购、生产和交付库存和成本）（见表3-4）。

表3-4　　　　　　　　供应链韧性指标库示例（部分）

组织层	流程层	运作层
供应链韧性	采购韧性	目前采购总量
		采购订单人均处理
		当前资金需求
		当前库存
		采购人员负荷
		30天内可减少人手数量
		30天内可减库存数量或周期
		当前供应商限制
		采购周期重整及稳定周期
		30天内减少采购金额
	生产韧性	目前制造总量
		当前生产订单人均完成率
		制造产能利用率
		仓储能力利用率
		直接间接人员比
		设备与资产利用方式与周期
		30天内减少半成品、成品数量与周期
		生产周期重整及稳定周期
		（其他，略）
	交付韧性	（略）
	（略）	（略）

同样，此类指标可能有不止一个采购、生产和交付的适应性，而这取决于供应链的复杂度。并且，该指标可以从流程层叠加至企业的组织层指标。

（3）供应链风险

在供应链的敏捷度指标中还有一个是风险系数。市场有很多不可控的风险存在。风险可能存在于供应链各个环节，例如疫情下的供应链断供、由于天灾人祸引发的供应链断供、由于世界格局变化带来的断供等等。企业应评估风险、识别风险并做好抗风险预案。企业的抗风险意识强，也说明企业的韧性好。

风险指标比较特别，在这里只给出组织层和流程层的指标体系，但运作层的指标由于每个企业风险事件的种类不同，在这里就不给出示例了。

风险系数的定义：风险事件发生概率的总和乘以此事件对供应链各关键功能或依赖关系产生的财务影响（例如计划、采购、生产、交付和退货）。

计算公式：$\sum$（风险事件发生的概率×事件发生的财务影响）

我们需要注意的是风险系数与弹性或韧性指标并不完全匹配：敏捷性下的弹性与韧性强调对计划外影响做出反应的能力。风险系数用于计算某类计划外事件造成的整体影响（见表3-5）。

表3-5　　　　　　**供应链风险系数指标库示例（示意）**

组织层	流程层	运作层
供应链风险系数	计划风险	（略）
	采购风险	（略）
	制造风险	（略）
	退货风险	（略）
	交付风险	（略）
	（略）	（略）

3.1.2　第二大类：经营指标

企业设定一系列以客户和市场为导向的指标，这些指标反映客户感受到的具体服务质量。但任何企业在为"上帝"提供产品和服务的同时，还需要考虑企业如何更好地生存与发展，再好的对外战略的成功，如果不能让企业提升赚钱的能力，那也是徒劳。所以供应链要关注的另外一大类指标是企业的经营指标。供应链相关的企业经营指标分为成本指标和现金流指标。

1）供应链成本指标

（1）供应链总成本

供应链的成本有很多。供应链的建设和运营是需要支出成本的，那些为了保证产品和服务持续的供应而投入到供应链中的必要支出，包括劳动力、原材料、租金、能源等方面的支出。通常这些支出的总和与企业的总产量相挂钩；交付到客户的要求地点需要投入物流方面的支出，这些支出和客户数量及包裹数正相关。

供应链总成本定义：在供应链中与供应链运营业务流程相关的所有直接和间接费用。通常，供应链管理总成本按所占收入百分比衡量。

计算公式：$\left(\begin{array}{c}计划\\成本\end{array}\right)+\left(\begin{array}{c}采购\\成本\end{array}\right)+\left(\begin{array}{c}原材料\\成本\end{array}\right)+\left(\begin{array}{c}订单\\管理成本\end{array}\right)+\left(\begin{array}{c}生产\\成本\end{array}\right)+\left(\begin{array}{c}交付\\成本\end{array}\right)+\left(\begin{array}{c}退货\\成本\end{array}\right)$

值得注意的是供应链的总成本是各个流程成本的累加，需要特别关注的是生产成本被包含在产品销售成本中，因此存在产品销售成本和供应链管理成本之间重叠的风险，在财务管理应用中，需要区分记账和管理会计的不同需求（见表3-6）。

表3-6 供应链成本指标库示例（部分）

组织层	流程层	运作层
供应链总成本	计划成本	运营计划成本
		采购计划成本
		订单计划成本
		制造计划成本
		交付计划成本
		退货计划成本

续表

组织层	流程层	运作层
供应链总成本	采购成本	供应商管理成本
		材料获取总成本
	产品销售成本 （非必须纳入供应链成本）	销售人员成本
		销售市场成本（如广告）
		客户关系管理成本
		客户流失成本（隐性）
		（略）
	制造成本	直接原材料成本
		直接生产成本
		直接人工成本
	交付成本	订单管理成本
		履约交付成本
	退货成本	采购退货成本
		退货成本
	（略）	（略）

（2）供应链资产

供应链资产是为了保障市场交付，而获取生产产品和提供服务所需要投入设施或必要的资金，它包括土地、建筑物、机器设备、车辆、仓储方面的投入。通常在设施上的投资是以一大块资金流，伴有一系列小额资金流的形式存在。大部分投资风险基于资金流出的数量、时间和风险与相对应的资金流入的比较。另外一部分为流动资金，流动资金是为了弥补常规的现金流与现金流流出和现金流入的时间差而投入的必要资金。对于大多数企业来讲，把产品和服务销售给客户且取得收入之前，为了进行必要的生产，必须首先以各种运营支出的形式支付资金的流出，这样为了连接支付与回报之间的时间差，就必须投入一定量的资金。时间差有多长，进而需要弥补的资金量就有多大。这在很大的程度上受以下几个过程的影响，企业目前的财务处理过程以及生产产品的供应链全过程，从客户那边收款的速度越快，延期交付供应商的协商信用就越大，资金流出和流入的时间差就越短，所需要的流动资金也就较少。原材料通过运营机构的运营过程越短，从获得原材料到生产出产品以及用于销售的时间就越短。

供应链固定资产收益的定义：企业收到的用于供应链固定资产的投资而产生的收益。它包括用于计划、采购、生产、交付和退货的固定资产。例如土地、建筑、机械、车辆。供应链收益是指通过供应链运营所产生的收益。它不包括非营业收入，例如投资、资产销售等（见表3-7）。

计算公式：（供应链收益-产品销售成本-供应链管理成本）/（供应链固定资产）

表3-7 　　　　　　　　　　　　　**供应链韧性指标库示例（部分）**

组织层	流程层	运作层
资产收益	资产收益率	计划固定资产收益
		采购固定资产收益
		制造固定资产收益
		交付固定资产收益
		退返固定资产收益
	（略）	（略）

2）供应链现金流指标

现金流的定义：投入物料的现金在成品交付到顾客后回流到公司的时间。现金周转周期的衡量单位是日历天数（见表3-8）。

计算公式：（库存供应周转天数）+（应收账款周转天数）-（应付账款周转天数）

表3-8 　　　　　　　　　　　　　**供应链现金流指标库示例（部分）**

组织层	流程层	运作层
现金流	库存周转天数	原材料周转天数
		在制品周转天数
		成品周转天数
	应收天数	事业部/产品家族/客户分类应收天数
	应付天数	供应商/原材料类别应付天数
	（略）	（略）

制造业供应链中如果提及服务类的交付，此指标是指从为某项服务制定资源进行支付，到收到客户为此项服务所支付款项之间的时间。

3.1.3 第三大类：可持续发展指标

1987年，世界环境与发展委员会在《我们共同的未来》报告中第一次阐述了"可持续发展"的概念，并成为国际社会的广泛共识。

"可持续发展"是指企业满足客户需求，在为客户提供产品和服务并从中带来企业利益的同时，不损害后代人满足需求的能力。可持续发展从经济、社会、资源和环境保护协调发展，促使企业既要达到发展经济的目的，又要保护好人类赖以生存的大气、淡水、海洋、土地和森林等自然资源和环境，使子孙后代能够永续发展和安居乐业。

供应链的可持续发展体现在低碳，即从原材料、生产、供应商到分销，供应链上的每一个阶段都有减少碳排放的余地；低废管理是指在生产、采购、运输和储存的过程中尽量有效进行库存管理来减少财务和材料浪费和废弃物的产生；社会责任是指尽可能在选择供应商时考虑包括社会保障和公司管理在内的所有因素，并确保供应商实施公平劳动和反腐败政策；在数字化供应链的前提下，希望企业做到向社会提供正确的数据、清楚透明地展示企业的运营情况；从人员的角度来讲就是全社会的人员用工平等，不用童工或采用非合法合规的手段招人、用人和留人（见表3-9）。

表3-9　　　　　　　　可持续供应链指标库示例（部分）

组织层	流程层	运作层
可持续发展	环境保护	每件产品使用物料数量
		每件产品使用能源数量
		危害物质处理费用
		废水/温室气体产生数量
		退返固定资产收益
		（略）

续表

组织层	流程层	运作层
可持续发展	社会责任	员工性别比例
		员工多样性组合比例
		员工每年培训时间
		员工薪酬福利行业分位
		（略）
	（略）	（略）

3.2 流程架构（分级流程）

端到端的供应链流程长度从原材料的供给方开始，经过零部件加工、局部装配、生产、再装配至零售商，最终到消费者手上结束。从整个供应链的角度透视，供应链流程的参与人员很多，有供应商的供应商、供应商、本实体企业、下游实体企业客户、客户的客户、消费者组成，牵涉的流程也有很多。比如，对于每个企业来说，仅制造链流程就包含计划、订单、采购、生产（制造或服务或贸易）、交付、退返等二级流程。

对于这条供应链中的制造业来说，流程建设需要涵盖哪些呢？

我们在前面的章节已经强调，供应链的主要流程包括：计划、订单、采购、生产（增值）、交付和退返。

制造链流程只需要基于这6大主要流程去分解。我们以一个例子来展示供应链流程的具体分解步骤：

（1）确定本身企业有几种不同类型的制造策略，是 ETO、MTO、ATO、MTS 中的哪一种。假如该企业的一条供应链是 MTO 模式，但采购的模式有不同，分为按生产订单采购和按库存进行采购的模式（如图3-1所示）。

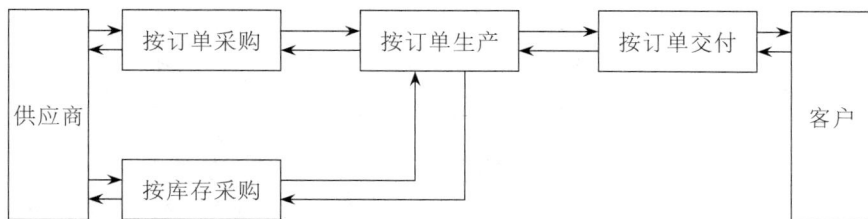

图 3-1 MTO 制造策略下双重采购模式供应链

（2）根据不同的制造策略确定有几种子流程——虽然子流程中的步骤一样，但顺序可能不同。根据按生产订单采购的模式，假如又可以分为 3 种不同的采购作业程序。与第一种不同，第二种是先付款后到货采购程序，第三种是免检采购程序（如图 3-2 所示）。

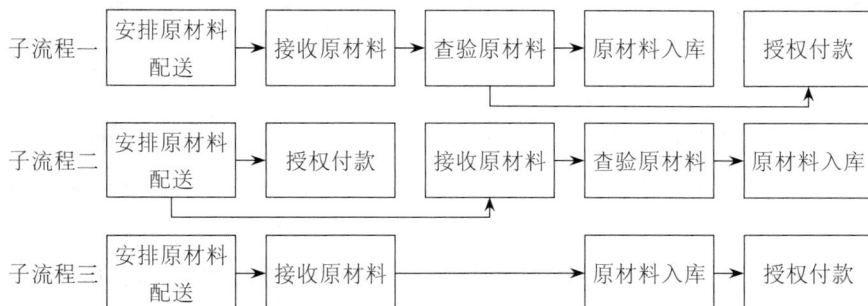

图 3-2 三种不同的采购作业程序

（3）如有需要，再对这些不同的子流程进行进一步的细分和分类。

从以上的示例可见，供应链流程搭建是自上而下进行的，是根据不同企业的不同供应链策略进行细分的一个过程。每一个企业应根据自身的策略构建自己的供应链流程图。这就是开放式集成供应链框架模型的核心价值。它提供了一个框架，让企业可以通过配置的方法更容易地搭建流程，而且可以根据自身管理成熟度与精细化程度确定合理的流程颗粒度。如果相反，企业自下而上地一点一点去创建流程，一方面很难做到流程的端到端集成；另一方面，某一个小流程的变化，会出现牵一发而动全身的情况，这就会导致整个流程系统的不稳定。而且，这个流程框架的不同层级，还能与不同层级的供应链绩效关联，形成一个企业完整的供应链流程管理体系（如图 3-3 所示）。

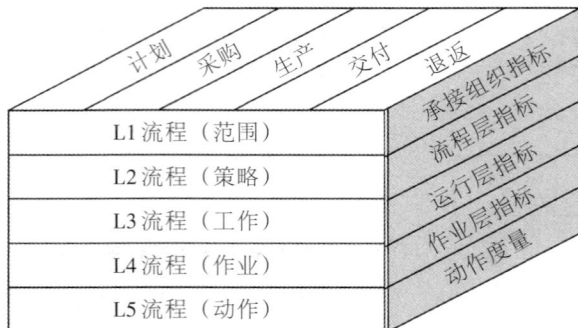

图 3-3 开放式集成供应链框架体系—制造链

除了这些供应链的业务主流程外，供应链协同运营还离不开供应链的赋能流程。赋能流程管理着各供应链中的流程关系、绩效和信息流。通常赋能流程连接供应链流程和其他领域的流程，类似销售，IT 服务，人力资源等领域流程。以下为主要的赋能流程：

■ 商业规则管理流程：管理从商业规则策略（什么必须做和什么能做）转换至供应链操作层面。其中包括了黑名单、物料清单、担保规则等。

■ 绩效管理和监督流程：定期进行供应链绩效指标衡量和评估。此流程涉及整个组织，并须从不同层面、频率和不同指标方向执行。例如周期盘点（库存数据准确性）。

■ 数据与信息管理流程：增加、改变和存档（删除）用来支持供应链运营的系统数据和功能。包括保证数据和功能性的定时访问控制权限和数据管理团队的检视流程。

■ 人力资源保障流程：管理和运营供应链需要的人力资源和技能。确定培训、招聘和岗位调配的需要。

■ 供应链资产管理流程：安排和维护供应链资产，类似运输和生产设备、设施和其他资产，例如仓库货架、包装箱等。

■ 供应链合同管理流程：维护、续约和评估合同并发布给对应的供应链流程和功能部门。例如：为产品或服务（供应商和服务提供商）和客户提供的合同及达成协议的服务水平。

■ 供应链策略及网络管理流程：定期回顾，重新配置和重新设计供应，来保证其满足市场和商业的策略、战略和运营需要，以及在不同的策略下供应链网络规划的需求。

■ 合规性管理流程：监控外部需规范的实体及评估一个供应链的合规性需求。包括任何相关需合规的组织。

■ 供应链风险管理流程：定期评估内部和外部风险并为每个潜在风险确定缓解策略。

■ 供应链可持续发展管理流程：定期评估可持续供应链将对企业的内部运营和客户、投资者及公众对企业的认知带来可衡量的积极影响。

3.3 数字技术应用架构

3.3.1 系统与流程成熟度匹配

信息化和技术的投资优先程度取决于公司的目标。一般来讲，各种信息化技术对供应链绩效的影响都是正面的。很多企业实施信息化后，整体流程的表现都有所提高。比如说订单履行的提前期缩短、库存水平降低，或者现金周转时间加速。行业数据表明使用需求规划软件的模块来支持需求规划的流程，订单交付的流程可以缩短30%至50%，现金流周期也可以缩短30%至50%，在供应时间方面对库存水平降低的影响一般可达10%左右。

信息系统是流程的抓手，信息系统的有效运用可以提升供应链的有效性，也能给企业财务指标带来利好。这说明信息系统和流程有着非常紧密的关系（如图3-4所示）。

如矩阵所示，区域A代表业务流程和信息系统都不成熟，这导致供应链绩效低于行业平均水平，包括库存水平较高和资金周转时间较长，并且会导致供应链整体成本高。

区域B代表业务流程成熟和系统不成熟的供应链状态。这个阶段的企业表现明显优于那些既没有对流程进行投资，也没有对信息系统进行投资的公司，但是对于整体供应链的改善来说，还有很大的可增长空

高

B 整体业务流程已经搭建，但缺乏系统支持	**C** 整体业务流程规范并与系统逻辑与应用一致
A 以部门为单位的局部流程与手工作业	**D** 有多个系统应用上线，但以部门或职能为单位

流程成熟度

低 　　　　　　系统成熟度　　　　　　高

图3-4　流程与系统成熟度矩阵

间。研究表明，这些供应链如果进行良好的数字技术与系统投资和应用，利润可能增加20%到30%。企业同样也可以让信息系统推动卓越的流程系统搭建，也就是说，信息系统的投资可能推动并调整业务流程。

区域C表示企业已经有成熟流程和信息系统建设的供应链，这些供应链在经营的业绩上有重要的改善，或者可以说这些企业已经成为行业供应链的领导者。研究表明，这些流程和信息建设成熟的供应链企业，其利润比同行业的平均利润要高出50%到70%，这是非常出色的表现。

区域D则代表IT信息系统成熟，而业务流程不成熟的供应链，也就是过于重视系统投入和应用，但流程成熟度未跟上。研究表明，这些企业的表现甚至比A区域两者都不成熟的公司表现还要差。这是为什么呢？因为好的系统也需要有好的流程、好的组织和人员进行管理，否则业务的执行就会像"买了宝马跑车，但用人推着走"。系统不仅没有给企业带来增速提效，反而带来的额外票据作业成了流程的拖累，系统投入也无法获得收益。我们在很多项目中都发现，企业的信息系统和流程之间一定要有机结合，也就是"线上"和"线下"的成熟度一致，才能让整个企业的运营目标提升到一个比较高的水平。

目前，对比国外优秀企业，国内不少企业从供应链信息和数字技术的角度来说存在一定差距。但随着数字科技的快速发展和普及，企业需要更关注建立优秀流程和信息科技相结合的供应链管理体系。

3.3.2　数字技术应用范围

供应链数字化到底应该从哪些方面入手呢？哪些基础数据和信息是我们需要的呢？

从供应链的端到端流程来说，供应链信息系统需要收集每一个产品从生产到交付或者购买的全程信息，并向所有的利益相关者提供全面、可视的信息。而从具体信息收集的角度来说，每个角色的需求可能不同。很显然零售商需要知道其订单所处的状态，供应商应该能够预测制造商要下达的订单。因此这些供应链的上下游人员需要访问企业的信息系统中的数据，或者公司内部不同流程节点、货物地理位置的数据等。总结一句话，供应链的利益相关者都希望看到他们关心的数据来获取有关产品和物料状态的信息。

获取的这些物料状态数据信息，要能为智能决策提供基础。因为仅仅跟踪供应链过程中的产品信息是不够的，我们还需要注意到信息背后的含义，以便做出洞察。例如因为送货延迟而影响了生产的进度，生产部门或客户就应该通过某些系统做出计划和生产的调整，或许是推迟生产进度，或许寻找替代资源。信息技术中的RFID无线射频技术就提供了这样的一个功能——它可以对在移动中的物品进行跟踪。

通过单点的联系访问系统内的任何数据。在这里我们介绍一个非常重要的概念，就是单点联系。这正如我们前面所提及的，目前供应链通过数字化技术应用已经突破了"链条"状，而是由外辐射到内的循环。数字科技让所有需要获取的信息，不论是向客户提供的信息，还是内部需求的数据，都可以通过单点方式实现，不论查询的方式如何，信息都能够在某一个点，并且在唯一的点上给到反馈并给予数据分析所需的洞察。提供这种单点辐射的要求比较复杂，因为我们在系统设计初期就要全面考虑满足数字化用户查询的各种需求，这需要企业对内外部客户和市场有足够的理解能力。另外由于很多企业的信息分散在各个系统当中，建立整个的查询索引或者是数据中台非常重要。

基于供应链数据进行分析。基于全球供应链发展的愿景，我们必须利用信息科技找到最有效的方式来进行采购、生产、交付和仓储。换句话说，即便是最好的供应链模式，也涉及多种不同层次的决策。从流程层的角度来讲，决策者需要知道如何安排客户订单的快速决策；在库存备货方面，仓库管理者需要决策产品的类型和产品安全库存的水位。从战术的角度来说，供应链运营人员的决策可能要去考虑未来三个月的生产规划总量。从战略层面来说，高层需要决策仓库的选址、物流的布局规划，乃至整体供应链网络的框架。要快速而有效地进行这些决策必须要有一个柔性的信息分析系统作为抓手去洞察供应链的变化，通过这些数据的深入挖掘分析，才能够知道、评估和持续优化企业战略与内部能力和外部关切市场的匹配度。

与供应链战略合作伙伴合作。正如我们一直所强调的，供应链的上下游协同合作非常重要。因为协同的上下游不仅可以有效降低大量当下的异常，减少不确定性，而且能够基于数据分析来预见供应链潜在风险，通过信息的共享管理供应链风险。事实上，供应链数字化管理的重要目标是以全局优化代替局部优化。这需要同时对信息系统进行优化，并对业务流程进行整合。

例如，某企业可能需要对客户的采购系统进行整合，就可能需要供应商能够连接到自身的系统中，建立一个合作平台，也有可能两者并存。合作的层次和类型依据行业的不同而不同。协同预测最初出现在消费品行业，而供应商关系管理系统 SRM 则出现在利用外包生产或者是重要组件的高科技行业。近几年来，整个供应链的信息系统，包括供应商关系管理 SRM 系统和客户关系管理 CRM 系统，都已经得到了各业企业的认可，并快速发展起来。另外作为在整个协同计划体系中的合作计划预测和补充，CPFR 系统也是近年来被很多企业广泛运用的一个系统。如今我们可以看到大部分的国内企业都运用了 ERP 系统，ERP 系统在公司内部提供基础功能，按照功能要求访问数据，网络基础设施上的端口通常既可以内部使用，也可以为外部的供应商和合作伙伴提供方便。

信息技术应用于流程可以从技术信息的规模、信息技术自动化的程度和信息技术集成这三个维度去考虑。在整个数字科技的大背景下，越来越多的供应链流程已经不具备以前的柔性。但是如果通过技术，把传统的线下柔性变为更加灵活精准的线上细分，同样能够为整个供应链的柔性创造价值。

供应链柔性提升的同时，数字科技让企业家们对成本细节的关注得以实现。比如说通过一些自动化设备，把供应链各个节点的数据进行自动传递，企业就可以把本来需要人工或是滞后处理的数据，变为实时联动处理的数据。特别是那些生产标准化产品的企业，在制造方面通过大规模的自动化设备投入，使质量变得更加稳定并减少了人力成本。同理，那些小批量多品种的供应链原本需要大量人工干预的、小规模的、灵活的技术，则可以通过灵活数字系统配置，让整个系统更加具有柔性。当新技术取代了旧系统，新技术背后的流程逻辑也将取代以前的流程。公司应该清楚数字科技对于快速响应型的供应链模式所带来的好处。

另外，规模化是数字信息处理的关键挑战之一，企业需要评估信息系统的数字处理能力。如果这些信息系统是面向客户的，在一个需求不确定和经常变化的动态市场，特别是电子商务中，那些ToC的企业，如果整个数据处理不畅通就会导致客户的不满意。

数据信息的大规模快速传递远比产品的制造和物料的传输要容易得多。建议实体企业保持动态能力应对动态变化的挑战，减少绝对规模，预留一些可扩充的能力。可扩充能力是指快速低成本、灵活地向不同能力水平转移的能力。数字科技是结构系统，信息技术功能升级通常是一种进化，而不是一次革命，由于有一些模型或算法变化迅速，因此需要经常升级，比如我们提到的ERP系统，有时将完全分离的或者是部分衔接的系统和现有的系统暂时打通连在一起。但随着有些系统的升级，就会又成为有补丁的不统一的体系结构。这并不是系统本身的问题，而是庞大的系统难以扩充，是因为这些系统不能方便地与其他的一些技术单元相匹配。因此，供应链信息化中台的体系结构，应该有一定的一致性和稳定性，但其扩充性是一个决定性的关键点。

另外，基础流程的标准化与稳定系统的结构相联系。通常标准化的流程，所承接的信息技术也是稳定的，系统的建立也是让流程不会因人而变，避免显得没那么方便。而有些企业已经购买的 ERP 系统，在流程和管理还未达到一定的水平时，又想购买其他的系统；或者吐槽现有的 ERP 系统不灵活，计划客制化开发的各种流程技术和现有的 ERP 系统进行连接，这使得供应链信息技术的负担很重，难以实现扩充性。

到底是经常改变流程，还是经常更新应用新的数字化技术？目前看来，绝大部分企业 ERP 系统背后的流程逻辑就是企业的最佳实践，特别是制造业。大部分成熟的 ERP 系统本身就是基于领先的制造供应链的逻辑开发并升级至今，能涵盖 99% 企业的需求。除非企业有资源和能力，根据自己的知识和经验开发一套供应链数字化系统，否则采用现成的供应链管理系统，用系统逻辑改变企业流程，就是基于标准实践和最佳实践构建自身供应链数字化性价比最高的路径。

3.3.3 常见供应链数字化技术

这么多年来，在数字化的大背景下，硬件和软件的发展都非常迅速。这让供应链能够通过各种各样的数字化技术、方法与工具直达客户需求，让企业的运用变得更可视、量化、简单和高效。在包括规模、自动化和耦合的基础上，越来越多的信息系统已经在快速地发展，数字科技推动供应链的流程构建也已经形成一种趋势。供应链从业人员应当熟悉和掌握一些常见的供应链数字化技术与工具。

1）企业资源计划系统（ERP）

ERP 系统已经被广泛运用在各类企业中，更是上市公司的标配。ERP 系统的雏形来源于 MRP，就是物料需求计划。所以，目前所有的 ERP 系统都是以"计划"为核心的信息管理工具。ERP 系统实施必须要从企业的目标入手，将企业的目标转化为管理信息系统和流程结构，从而更好地支持企业目标的实现。ERP 系统实施的基本思路是自上而下地识别系统目标、企业流程和管理数据，然后把数据及流程进行整合，自上而下地设计企业未来业务蓝图。另外，由于目前很多企业不止用一个系统，那么就应该对数据进行统一规划、管理和控制，明确各子系统和流程之间的数据交换关系，以保证数据一致性。

ERP系统的主要优点是把企业目标转化为管理信息系统的抓手，让企业管理信息支持企业目标的实现。通过ERP系统的实施，企业可以将各流程放入ERP系统结构模块中进行管理，因为只有系统中的数据才能提供一致性的信息，所以信息在企业内的传递也提高了生产效率。

ERP系统的提供商也在不断完善友好的人机界面及操作的方便性与输出信息的获取便利性、易读性、易懂性，当然这些也离不开硬件和软件的质量支持。

ERP系统灵活性是指系统的可维护或者可修改性。系统投入运营后，系统的环境和条件会不断发生变化，系统在设计上的缺陷和功能上的不完善，以及在使用过程中出现的故障，都会影响系统的正常运营，而那些灵活性强的系统便于维护，便于扩充完善。ERP系统有完善的流程和数据结构，不断的系统更新迭代也反映了当下供应链发展的前瞻性。

ERP系统稳定性是指在正常运行时对各种干扰的抵抗能力，这是企业启用ERP系统的基本要求，对系统的外界干扰来自很多方面，包括硬件方面的干扰、人为不经意的数据篡改的干扰。一个成功的ERP系统必须具有较高的可靠性，包括安全保密性、检错及纠错能力、抗病毒能力等。

ERP系统的适用性是指同一系统在不同的企业都可以被应用。由于ERP系统是规范化和标准化的供应链运营管理流程，并通过功能化和数据结构化、模块化以及系统参数的设计，以为各种业态的制造型企业提供包容性，所以我们建议已经拥有ERP系统的企业或未来要上线ERP的企业，在满足系统需求的前提下，尽可能减少ERP系统内部的定制化开发。

大部分的ERP系统的内置功能包括以计划为核心的预测、IBP、S&OP、MPS、MRP、APS和排程计划模块；以采购为核心的物料管理和采购流程执行；以销售为核心的合同、订单管理及交付流程；以物料管控为核心的库存管理；以产品设计为核心的设计流程、产品生命周期管理、产品项目管理流程；以财务为核心的财务成本会计管理；以工厂运营为核心的设备管理和资产管理；以人力资源为核心的人资管理和员工管理等。

ERP系统的延展系统包括供应商关系管理、供应商门户管理、客户关系管理、物流管理、仓储管理、现场MES系统和计划系统的打通等。

2）智能制造

制造业供应链中的人、机器、物料是必不可少的三要素，通过数字化手段实现的人机交互就是将物理世界的物体和人体世界中的数字虚拟世界深度融合，从而将制造业逐步推向智能化。智能化制造改变了传统制造当中的概念，传统企业不得不面临为充分满足客户日益增长的个性化需求而带来的成本质量效率的复杂性；传统企业也不得不回避产品设计本身的复杂性，比如说大飞机、船舶制造，都需要针对上万个零部件设计、加工并进行供应链的流动，而在流动的过程中充满了不确定性因素。

很多企业意识到传统制造已经无法在成本、效率上应对市场需求，所以我们看到很多智能化工厂的崛起让传统制造向智能制造转型。在数字化、网络化、智能化技术的支持下，实现智能制造从生产方式上的改变：从生产者驱动的规模经济模式转向以消费者驱动的定制化经济模式。在管理机制上，要从早期的最低成本和最高质量效率，转向解决成本质量效益挑战带来的不确定性、多样性和复杂性的理念转变问题。传统制造往往是常态化、固化下的车间制造，但是智能制造模式是一个能够适应复杂变化的生态系统。从解决方案来说，传统制造中的生产装备的自动化只是物理世界上的自动化，而智能化制造是数据生成加工执行的自动化，是现实加虚拟世界的自动化，是伴随着自然科学和管理科学结合的人工智能的自动化产物。从产品本身来说，传统制造下的产品很难透视到产品的构成，包括材料部件、工艺、技术、参数等等，但是智能化制造能够让产品透明化，也就是我们所称呼的数字孪生。

智能制造的发展已经从智能单机延伸到智能工厂、数据软件的综合集成和统一的工业互联网。智能制造的未来是"互联网+"的模式，以前封闭的大而粗放式制造模式将会被颠覆，每个企业都将成为全球供应链中的某个节点，成为一个开放的供应资源。未来的企业是价值驱动的企业，是数据自动流动的企业，是智能化的制造型企业。未来的走向是一切以客户价值为导向，让知识和数据沿着产品价值方向而自由流动，包括市场需求、产品研发、生产计划、生产执行、交付和售后整个流程。数据在收集、分析、决策执行中增值。这种虚实精准、映射数字的虚拟世界控制着物理实体世界的生产，解决了物理实体世界中的不确定性、多样性和复杂性问题，确保合理的数据在需要的时间发送给需要的人和机器，并进行快速执行。同时物理实体世界又通过反馈优化数字信息给予虚拟世界，虚实两世界相互融合，共同发展实现人工智能。

当然，人工智能不只关注数字具体和物理实体，还应关注到人存在的价值，再好的智能化设备也需要以人为本的技术专家长期培养和迭代，而且原则上机器并不是替代所有人的工作，而是要辅助人做得更好。数据挖掘和人意识中大量知识的开发才能真正地体现人机互动、互助的价值。

《中国制造2025》规划中强调，制造业是中国国民经济的主体，是立国之本、兴国之器、强国之基。中国错失了前三次工业革命的先机，只有在目前的智能化革命中，才能够和发达国家共同起步，实现中华民族伟大复兴的中国梦。

3）物联网

物联网最通俗的翻译就是：物和物相联系的互联网。物联网主要解决物和物、人和物、人和人之间的互联问题。物联网就是在计算机互联网的基础上，通过RFID无线射频装置、红外线感应器、全球定位系统、激光扫描等各类信息传感设备，以实现智能化识别、定位、跟踪、监控和管理的一种网络。物联网的关键技术有传感器、条码、RFID、云技术、IPv6、短距离无线通信技术等技术。

供应链中实施物联网需要有网络基础，根据不同产品的特性进行局部或全部的互联；供应链中的物需要通过识别和通信技术让设备上生产的物和其他需要捕获其信息的设备进行数据传递；物联网中智能化是标志，物联网络系统应具有感知能力、自动化能力、数据反馈能力和智能控制能力。

很多制造型企业改造各种传统设备，将微型计算机及相应的智能物理设备及终端变成智能设备。这样的升级设备可以感知物料、感知零件、感知流水线、感知工程师，并基于数字信息处理技术、移动通信技术等技术不断融入到生产的各个环节，大幅提高制造效率、改善产品质量、降低产品成本和资源消耗。

目前，这一新阶段的物联网全覆盖给制造业带来了很多好处：物联网技术在产品的整个生命周期进行流程控制、参数采集、设备监控、消耗监测，帮助实体企业进行生产预测性数据分析、制定预防性生产计划、实现生产流程平稳运营、优化整个制造流程。

制造业供应链管理将物联网技术应用于企业原材料采购、库存销售等环节，通过完善和优化供应链管理体系，提高供应链效率、降低成本。例如欧洲空客公司通过在供应链体系中应用感知传感网络技术，构建了全球制造业总规模最大、效率最高的供应链体系。

有些企业利用物联网技术能感知恶劣环境和危险环境中的工作人员及其设备周围环境等方面的安全状态信息，并通过综合网络监督平台系统，实现实时感知、精准辨识、反馈控制来改善工人工作条件，提高生产效率的安全性。物联网技术有利于企业通过电子商务拉近客户到工厂的距离。在新的商业模式下，消费者得益于制造业更加灵活的个性化产品设计和小批量定制化生产。

在农业供应链当中，物联网应用于农业设施、水产养殖、畜牧业、田间作物四大领域，通过农业物联网技术纳入农业供应链，实现环境可测、生产可控、运输可视、从田间到餐桌的质量可追寻等收益。

4）云技术

网络链接为"云技术"提供了基础。"云"是指网络上的计算机群，每一个群包含上百万个计算机。IBM、百度等都有自己的"云"。云技术的本质是为用户提供所需要的资源。在数字化供应链的应用中，可以提供数据的计算能力、存储能力和网络能力。

云技术从服务的类型分为三类：

IaaS：提供基础设施服务，包括虚拟机、存储空间、网络宽带、安全防护等。

PaaS：提供平台化服务，包括平台软件、数据库、Web服务器、软件运行环境、开发工具等。

SaaS：提供面向客户的软件服务，包括邮箱服务、游戏下载、APP等。

云技术在供应链管理中的作用非常明显。

提升洞察分析

供应链运用管理中每个流程节点产生的数据都要进行分析，而人工的分析需要大量的人员，也需要数据分析师。而云技术替代了人工的分析和耗时，提供了快速、有效、易于理解的分析并可以通过分析界面展示设计和需要分析的数据表单和图表。例如对于订单的跟踪，分析功能可以对不同产品的成功上市、利润率和潜在损失进行分析。订单的跟踪分析不仅可以帮助企业监视和管理库存，还可以为供应链库存管理带来方便。在市场预测方面，云技术可以在客户购物时获取客户的信息，例如年龄、位置、性别，并显示哪些产品在哪些人群中受欢迎从而形成客户画像，为营销带来切入点。

促进互联互通

云技术有助于简化以前耗时且烦琐的供应链流程。基于云计算的数字资产管理无疑对上下游合作伙伴的沟通、缩短沟通和交货时间、远程工作的飞速发展做出了贡献。此外，改进连接性意味着缩短交货时间，并加快与客户沟通。特别是疫情期间，云技术支撑在线远程工作，让管理层了解业务运营数据并给出决策。通过采用云技术可以使客户和企业之间具有更大的连通性和通信能力，让关键客户找到要购买的产品从而找到企业，并快速和企业建立联系，确保产品准备就绪，推动客户购买。云技术可以增强网络连接性，改善客户体验，并使企业的业务在竞争中处于领先地位。在供应商管理的过程中，通过云技术利用电子数据交换（EDI），企业可以实现从发票到采购订单的所有内容标准化和自动化，并与需要了解的人共享这些内容。

带来规模扩展

企业确保其业务与时俱进对于成功至关重要，人工更新信息或软件可能会很耗时，并且难以处理更紧迫的问题。通过从一开始就花费时间在易于规模化扩展的云技术进行投资，可以让整个供应链的长度监控延伸变为可能。除了协同内部ERP系统之外，使用云技术的售后跟踪技术还可以帮助企业跟踪客户体验。企业可以通过满足新客户的期望来保留并吸引新客户，而不是在扩展过程中失去客户，从而使业务得到进一步的增长。

驱动降本增效

如果可以将日常工作和管理工作外包到云平台，那么从提高效率和降低成本的角度来看都是有道理的。使耗时而又简单的数据任务（如输入、分析和安全性）实现自动化，可以大幅减少其资源消耗。通过降低供应链运营成本，企业可以将更多的投资用于利润增长和业务改进。云技术可以帮助企业实现全渠道库存管理，并通过自动化的云计算帮助企业搜集在不同渠道内的库存和销售数据，从而避免积压库存，同时又能满足客户对产品不断增长的需求。

5）大数据

大数据是当今社会最热门的科技名词之一。客户数据汇聚了客户的一言一行，客户购物时的一举一动。这些客户数据作为供应链的输入，在指导供应链的输出过程中又产生了富含设计、计划、生产、服务、交付全流程的信息。

大数据下的媒体和社会数据让企业感知到趋势，从而进行有目的的产品计划和生产。供应链金融大数据通过对金融数据的分析，理解客户和自身企业的全方位财务能力。数据量的级别也由 TB 级别跃升至 PB 级别，再到 EB 级别，甚至到 ZB 级别。

随着市场的变化和客户需求的不断提高，供应链变得越来越复杂，而供应链协同大数据是应对市场升级的核心驱动。

需求预测

需求预测是整个供应链的源头、整个市场需求波动的晴雨表，需求预测的灵敏与否直接关系到库存策略、生产安排以及对终端客户的订单交付率。例如在汽车行业的售后体系中，在应用大数据分析平台进行精准预测后，可以及时收集何时售出、何时故障及何时保修等一系列信息，由此对设计研发、生产制造、需求预测、售后市场及物流管理等环节进行优化，实现效率的提升，并给客户带来更佳的用户体验。

资源平衡

通过大数据分析，可以敏捷、透明地寻源与采购，为新产品和优化成本寻找新的合格供应商以满足生产需求；同时，通过数据的采集能对供应商进行绩效评估和合同管理，使采购过程标准化、可视化、成本最优化。和供应商的数据交换，包括供应商 VMI 库存数据的抓取，可以降低由于缺货造成的生产损失。

通过大量的数学模型、优化和模拟技术为复杂的生产排程和资源不平衡问题找到优化解决方案。同时数据采集能获取设备运维信息，确保生产按计划进行。

整体的供应链竞争绩效分析的成本、产能和变化显示得更直观、更丰富，为企业的业务规划和产销协同提供情景分析和动态优化模型，帮助企业进行中长期产能或其他供应资源平衡规划。

库存优化

成熟的以数据为驱动的补货和库存协调机制能消除过量的库存，降低库存持有成本。通过大数据分析，可以结合需求变动、安全库存水平、采购提前期、最大库存设置、采购订购批量、采购变动等方面综合考虑，提供最优库存模型。

交付效率

通过大数据分析合理的运输管理、道路运力资源管理、仓网规划、仓储资源管理、构建全业务流程的可视化、合理的配送中心间的货物配送，提高企业对业务风险的管控力，改善企业运作和客户服务品质。

风险预警

在大数据与预测性分析中，有大量的供应链机会和风险点。例如，问题预测可以在问题出现之前就准备好解决方案，避免措手不及造成经营灾难。目前很多无人工厂的生产线全部实现流水化作业，生产线上的传感器可获得大量实时数据，利用这些数据可以有效控制产品质量和生产交付。即便不是无人工厂，也可以通过采集生产线上的大量数据，来判断设备运营状况和健康状况，对设备发生故障的时间和概率进行预测，以保证生产安全。

由此可见，目前大数据已经运用于供应链从需求产生、产品设计到采购、制造、交付以及协同的各个环节，通过大数据的使用对供应链进行高层次的掌控，更清晰地把握库存量、订单完成率、物料及产品配送情况等；通过预先进行数据分析来调节供求关系；利用新的策划来优化供应链战略和网络，推动供应链成为企业发展的核心竞争力。

数字化时代的新技术、新方法和新工具层出不穷，真的"乱花迷人眼"。对于供应链专业人员来说，必须具备一定的数字化素养，对供应链数字化的技术架构有一定的理解与了解。但更重要的还是能够透彻地理解数字化工具与供应链运营管理逻辑的契合性，让数字化工具服务于供应链管理，让供应链管理能够在数字化技术应用过程中带来新的客户价值、业务创新与效率提升。

3.4 供应链数字化组织架构

供应链管理中提到了人的三个方面的能力：经验、培训和天赋。这里我们不谈一个人的天赋有多么重要，因为有些数字化的天才可能是百年一遇的。作为企业来说，很多人才的培养还是需要经过培训和历练的。

很多企业都认为培训是一笔价值不菲的投资，其额度往往超出高层的预期，尽管高层管理者明白人力资源预算包含培训人员工资在内的培训总体投资。但对于人员培训的花费却往往是隐性的，或者是让很多高管感到意外。更重要的是很多企业高管不太理解培训的投资回报，有些企业往往把培训视作员工的福利，而不是有形的投资回报。在国内对于供应链管理知识普及程度不高的当下，供应链培训是非常有价值的。

衡量培训的投资回报，这样管理者就能明确培训给企业带来的收益。在培训投资前对效果评估，并把培训内容建立在流程和绩效产出的前提下，从而体现培训在整个的组织建设中的作用。做好供应链数字化人力资源开发，包括培训和人员的储备，对于企业的数字化供应链发展和供应链组织赋能来说是异常重要的。当企业拥有了懂流程、懂运营、懂系统、懂管理的人员时才能搭建供应链组织。

供应链组织分为三个层次，组织、职能与岗位。

第一个是企业的组织层面，供应链组织必须明确地建立能够应对整个供应链的战略。如果说学习型组织是一个不断进化的组织，那么当整个企业都是供应链组织的时候，公司就从专业化分工迈向了多专业协同的阶段。目前，只有苹果、宝洁等少数头部供应链大师级企业，真正将公司打造成供应链组织。但是，大部分企业还是可以考虑构建流程型组织，以缩小与供应链组织之间的差异。

第二个是在职能层面建立供应链职能组织或团队，这需要对组织战略进行充分的沟通，并且让组织能够达成企业的绩效和流程。确保所有相关人员已经到位。供应链流程中所有关键的职能是不是必不可少，需要确保供应链相关职能间的投入产出关系合适，确保组织架构支持战略并让整体效率提高。职能设计来源于流程的设计，关注关键的流程目标与客户的要求是否在职能中体现。然而最佳的流程设计本身不一定能被有效执行，这可以通过良好的人员职能的配置确保流程有效地进行关联和运作。

第三个层次就是岗位层面。确保岗位的产出与标准和流程操作步骤之间的匹配，特别是针对和客户直接相关的一些岗位，达到组织和内外部客户的要求。岗位设计中要考虑将流程操作步骤反映到相应的岗位任务与任职资质中，岗位的工作步骤要符合逻辑，并且符合流程的顺序。为岗位开发支持性的规则和操作程序，工作环境符合人体工程的要求。在数字化管理下，重复性操作岗位会被减少；需要数字科技发展的某些岗位会增加。

有些企业未来将要构建数字化转型项目或为数字化转型做准备，也成立了数字化团队。供应链数字化转型需要新技术和业务结合跨领域创新型人才组织。本书最后一章将专门介绍供应链数字化组织赋能。

第4章　数字化供应链流程建设

4.1　产销协同流程

产销协同是一个公司整体范围的集成计划，为各部门计划的输入和评估提供标准。产销协同后各部门高层一起制定的决策决定了影响当年企业财务预算和企业后续发展的方向。

目前，越来越多的企业认识到产销协同的意义所在，它可以提高客户服务水平，降低产成品库存、缩短客户订货提前期、提供较稳定的生产速率。它也可以给企业的管理协同带来好处：在运营操作层面，它可以强化团队合作；在高层管理者层面，它可以让老板更简单省时、更好地决策；可以让财务人员做出更简单省时、更好的财务计划；也会给团队成员带来更强的责任感；让计划流程有更好的可控性。

在目前信息化和数字化的时代背景下，产销协同不再是一句口号或者一个理念。各个部门的运营数据和计划数据都展示在报表、看板或者产销协同软件上。在数字化的支持和驱动下，需求和销售信息得以及时体现，供应和产能信息能够及时匹配，领导者能基于数据快速有效地决策，从而使供应链从以前的救火和业务支持转向价值创造。未来供应链的模式将是既敏捷又精益。供应链的协同将在内外部广泛开展。产销协同流程包括5个关键子流程：数据审核流程、需求计划流程、供应计划流程、S&OP准备会议和S&OP决策会议。下面我们主要要介绍需求计划、供应计划和决策会议3个子流程。

1）需求计划流程

需求计划流程包含计划需求、沟通需求、影响需求和管理需求优先级4个步骤（如图4-1所示）。

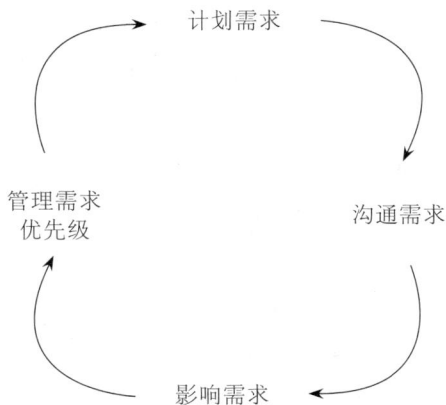

图4-1 需求计划管理四步骤

计划需求包括整合预测以及实际订单以形成整体的需求。

沟通需求和前面所提到的营销链息息相关，在市场和客户的细分、获得订单的策略等方面和客户进行需求沟通。

影响需求则是各业务链分析其对需求的影响，如开发适应新需求的产品和服务、开展营销活动和促销活动以催生需求、设定战略定价以及在主计划编制期间提供有关产品组合的输入等。

管理需求的优先级包括需求平衡或在无法在所需客户提前期内满足所有需求时，在权衡之后做出决定。这可能涉及确定哪些客户需要更高的优先级，并说服其他客户接受替代品或更长的交货时间。

企业需要借助以下数字化方法、技术和工具来提升需求计划流程的效率与质量。

（1）计划需求

■ 预测分析工具：利用数据分析和预测工具，基于历史数据和趋势进行需求预测，帮助企业更快速地做出量化需求预测，并使计划更接近现实。

■ 需求规划软件：使用专业的需求规划软件，将不同因素纳入考虑，模拟市场需求变化的复杂情况，生成优化的需求计划，提升对市场需求变化的响应程度。

（2）沟通需求

■ 协同办公工具：使用协同办公工具进行内部团队之间和不同价值链环节的合作伙伴之间的需求沟通和协调，确保所有相关方都了解需求变化。

■ 在线会议和协作平台：利用在线会议和协作平台进行虚拟会议、讨论和共享需求信息，提高沟通效率。

（3）影响需求

■ 社交媒体分析工具：监测社交媒体平台上关于产品或服务的讨论，了解潜在客户的需求和反馈。

■ 客户调研和反馈平台：利用数字化调研工具收集客户反馈，了解客户的需求和期望，对产品和服务做出调整。

■ 跨团队工作协同平台：适时地使用协同工作平台，实现跨部门、跨业务链的工作协同，通过相应的措施增加或减少需求。

（4）管理需求优先级

■ 优先级管理软件：使用任务和项目管理软件来管理不同需求的优先级和进度，确保关键需求得到及时处理。

■ 数据驱动的决策支持系统：基于数据和指标，建立决策支持系统，帮助管理层确定需求的优先级和分配资源。

确定需求就是以客户的角度确定企业从设计到生产再到交付的全过程价值，实现客户的价值，也实现企业的价值。在设计链、需求链和供应链中都需要审视资金的流动，企业的财务计划管理就像人体的供血系统，如果没有充足、流动的"血液"，企业将无法运作，也就更谈不上创造价值。

2）供应计划流程

供应计划就是针对产品家族的预测进行关键资源的匹配和生产策略的平衡。供应计划流程包括分析需求变化、编制供应计划、评估供应策略、评估财务影响4个步骤（如图4-2所示）。

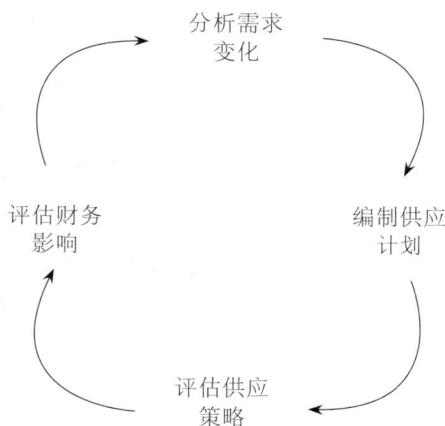

图4-2　供应计划流程四步骤

首先供应端需要根据上一期的需求计划的变化进行核算和评估。注意，这里强调的是"变化"，如果上个月的变动很小或没有变动，那么这个月可能就不需要更改计划。另一方面，除了需求的变化，库存水平或未结订单水平的变化都可促使供应计划做出改变。

评估变化后，供应商就可以编制计划，包括当需求变化后产生的供应调整、生产策略的变化（生产策略的特点包括：均衡性、追逐性、组合性和外包性）、关键供应商的采购计划的变化、库存保供的变化等变化的详细记录。

接下来需要对新的，特别是变化较多的供应计划做可行性计算，对关键资源的匹配、关键资源的供应详情和可预见的问题进行考虑。特别是需求计划比供应多而且不能被满足的情况下，如何进行瓶颈资源的匹配，如果作为供应端在允许的时间内无法克服瓶颈资源的保供，或者需要进行额外的、高成本的投入，那么需要把这些假设记录下来，留给决策会议。所谓的关键资源和瓶颈可能是企业的生产资源、可能是外部供应商的紧俏物料供应、可能是由于大环境变化下的其他供应链风险、可能是新产品或新市场带来的新品投入资源等等。当然，特别是疫情后时代，市场情况的不乐观会造成需求计划的下降，针对这一情况，供应计划的下调可能带来的供应端的低负荷影响也需进行评估。

最后综合供应计划和供应策略进行财务分析，财务负责人必须评估生产规划的改变对财务的影响。这些变化带来的财务影响将带到决策会议。

下列数字化技术、方法和工具能够提升供应计划流程的效率。

（1）分析需求变化

■ 大数据分析：通过分析大数据，帮助供应商更好洞察需求变化，特别是那些会对供应产生显著影响的波动，提醒供应方做出响应，做供应数据历史对比分析是一种有效办法。

（2）编制供应计划

■ 供应链规划工具：数字化供应链规划工具可以帮助企业创建多种供应计划，并模拟不同的情景，以确定最佳计划。

■ ERP系统：企业资源计划（ERP）系统可以集成供应链和生产信息，使供应计划与其他业务过程协同工作。

（3）评估供应策略

■ 供应链模拟：数字化供应链模拟工具可以模拟不同的供应策略，帮助了解每种策略对供应链绩效的影响，以做出明智的决策。

■ 风险管理工具：数字化风险管理工具可用于评估潜在的供应链风险，并为不同的供应策略提供风险分析。

（4）评估财务影响

■ 财务规划和分析软件：使用财务规划和分析工具，可以将供应计划与财务数据集成，以评估各种供应策略对财务绩效的影响。

■ 成本建模工具：数字化成本建模工具可用于分析不同供应策略

的成本，包括原材料、生产、运输等方面的成本。

3）决策会议流程

决策需要综合需求计划与供应计划流程输出并做出最终行动决策，包括综合财务评估、规划场景预案、进行供需决策和过程监控与改善4个步骤（如图4-3所示）。

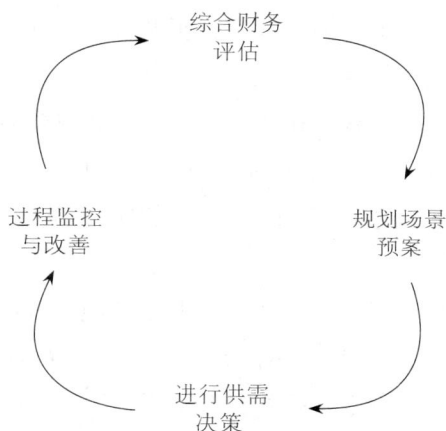

图4-3　决策会议流程四步骤

首先，经过需求计划与供应计划后，更新过的财务数据根据不同的产品家族按原计划、没有改变、增加或减少部分对财务的影响进行汇总，提供综合的财务评估与分析。

其次，如遇大的变动，需要针对每个资源进行决定和建议，如人员、班次、设备增加或减少、将生产进行外包、外购等建议进行汇总并呈现供需两端达成的应对策略。着重提出不能达成共识的地方，并根据"What-If"数据模拟，对不同场景的几种备选方案进行模拟测算，进行客户满意度指标及公司利润指标的影响、风险度评估。

然后，由管理层做出决策，根据数据和方案审核客户服务水平、新品问题、特别项目，做出最终的决策。或者根据重大的变化考虑是否需要对于现有的需求和供应的策略和战略进行调整。

最后，决策会议必须考虑企业分层次的绩效数据和针对变化带来的可能的绩效变化，确定下一步急需的"事件响应"进行过程监控，要求绩效不达标或预计不达标点持续改善。数字化技术与工具可以显著提升决策会议的质量，推动数据驱动的有效决策，包括：

■ 财务模型：使用数字化财务模型，可以模拟不同决策对财务绩效的影响，帮助决策者更好地理解各种选择的财务后果。

■ 高级计划工具：数字化计划工具可以帮助企业创建多种供应链规划场景，以应对不同的市场条件和业务需求。

■ 数据分析和模拟：使用数据分析和模拟工具，可以评估不同场景下的供应链绩效，以支持规划场景的预案。

■ 决策支持系统：数字化决策支持系统可以将各种数据、模型和信息整合在一起，帮助决策者快速作出明智的供需行动决策。

■ 协同工具：数字化协同工具可用于促进不同部门之间的合作，确保决策的执行。

■ 业务智能和分析工具：数字化业务智能和分析工具可以用于监测供应链绩效，提供关键绩效指标的实时报告和分析。

■ 持续改进平台：数字化持续改进平台可以帮助企业跟踪决策的执行情况，并收集反馈，以支持持续改进的流程。

S&OP 流程将产供销几端流程牢固地联系到一起，从而驱动 8 个端到端的业务流程的运行。

4.2　从计划到下达

从产销协同的重要性可以看到供应链的计划流程非常重要，一个企业没有远虑必有近忧。企业的计划流程通过下图进行了充分的展示。

我们也强烈建议所有的企业首先关注的流程为计划到下达的流程（如图4-4所示）。

这是非常经典的供应链制造行业从规划到落地的框架，在整个框架当中，可以看到制造业计划逻辑为从上至下，从左到右式协同并存的。

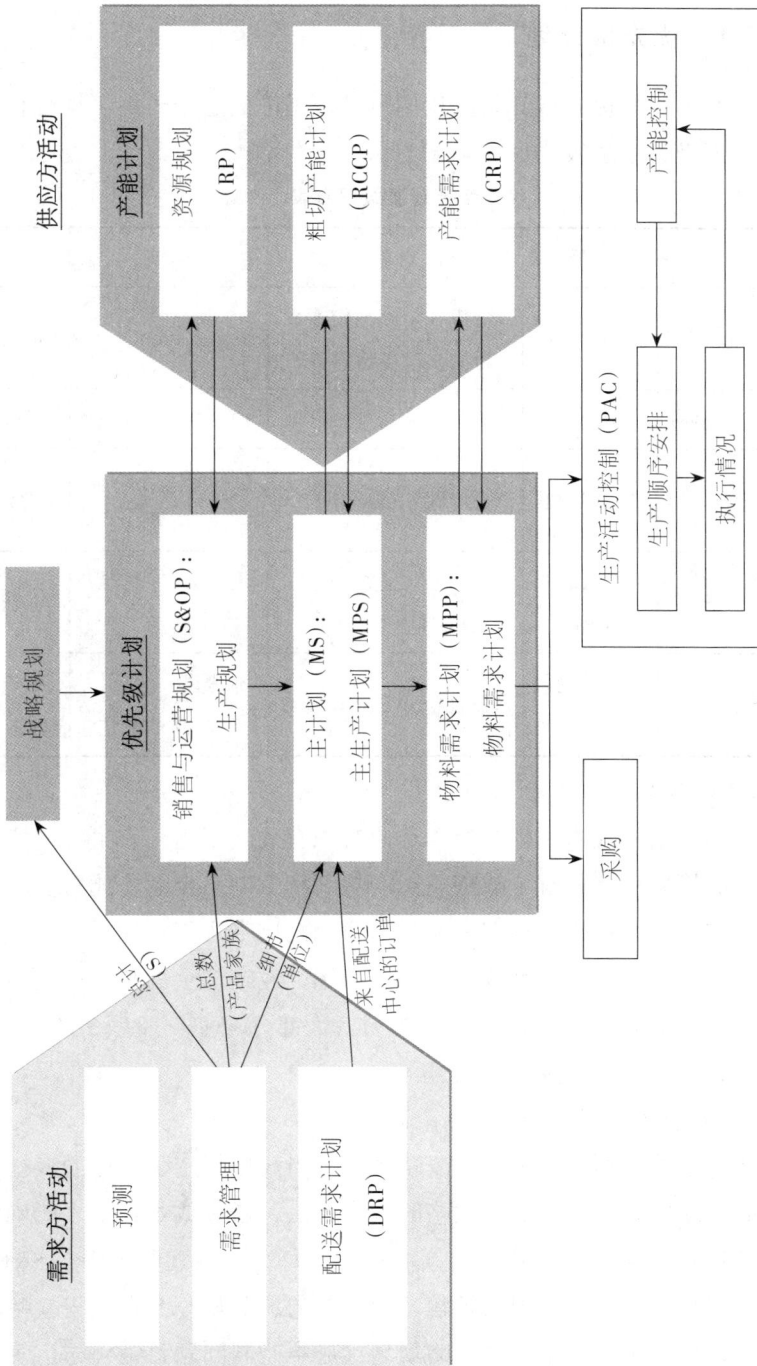

图 4-4　企业计划层级图，参考 APICSCPIM 认证资料

4.2.1　优先级计划

首先看中间的优先级计划。我们也可以用下面这个表格来理解企业不同的优先级计划层级（见表4-1）。

表4-1　　　　　　　　　　　**优先级计划层级职责表**

计划层级	主导	对象	周期	频次
战略规划	企业高层	金额（年度销售额、利润、市场份额等）	3～5年	年度
销售与运营规划	中高层	产品家族	12～36个月滚动	月度
主计划	主计划员	产品（SKU）	大于最长累计提前期	周/天
物料需求计划	物料计划员 ERP	相关需求（BOM中的子件）	大于最长累计提前期	周/天
生产排程	生产计划员 APS	自制件的加工生产计划	不建议太久，按生产周期确定	天/班/小时

1）战略规划

企业的计划从战略规划开始。企业必须有战略规划，有了它才能够知道企业的战略重点，有了战略重点的规划和方向，企业才能一步一步去部署和实施。企业战略规划一般是由公司高层带领制定的。

战略规划是针对一个企业的市场占有率，或销售金额和目标盈利做的规划。俗称针对"钱"做长期的规划。大部分企业一般做3到5年的战略规划，每年度做一次。

2）销售与运营规划

销售与运营规划承接和支持战略规划。当高层指定了企业的战略方向，中高层就应该明确达成该战略的战术方法，通过战术计划才能确保高层的战略得以实现。企业的中高层还必须每个月或定时地参与S&OP流程，给出建议和决策。因为销售与运营规划流程是一个企业将战略落地的过程；如果企业在年度的战略规划实施中碰到问题，销售与运营规划会议将保障战略得以微调，所以在业界，也赋予销售与运营规划二次战略的意义。在我们接触到的一些生产和产品及其稳定的化工行业，也可以做到细化季度计划的颗粒度。

销售与运营规划是针对产品家族进行的，也可理解为产品大类。例如汽车行业，可以把产品大类分成商用车和家用车。自行车行业，可以把产品大类分成成人车和童车等。销售与运营规划一般至少要滚动12个月，有一些企业也会做到18个月至36个月。

3）主计划

主计划基于未来的滚动的12个月至36个月的滚动计划，由主生产计划员或计划团队负责完成，针对需要交付的最终产品进行计划。主计划的周期必须长于成品的采购与生产的最长提前期。

下面是一个成品A的物料清单图（Bill of Material，BOM），以及每一种原材料的采购或生产提前期（如图4-5所示）。

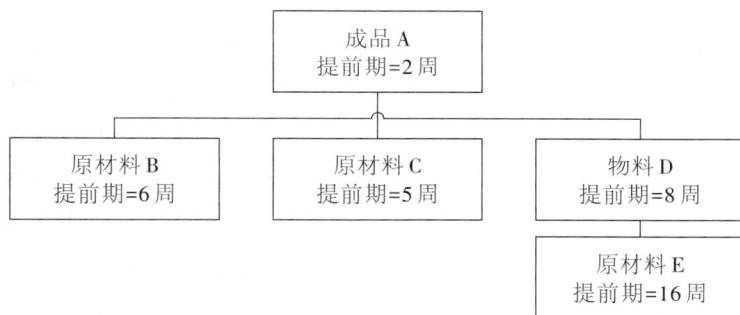

图4-5　成品的物料清单（含提前期）

在这个例子中，A是L0层级的物料，它是一个自制成品，生产提前期为2周；B、C、D是L1层级的物料，它们都是A的子件，B、C均为采购件，提前期为6周和5周，D为自制件，提前期为8周；系统取L1层级的最长物料提前期为L1的物料提前期；E为L2层物料，亦为D物料的子件，E是采购件，采购提前期为16周。基于主计划的周期必须长于A的最长提前周期这一原则，A的主计划周期应该是26周（E16周+D8周+A2周）。

在ERP中，MPS的计划是需要BOM展开的，如果没有做到26周的主计划，系统运算物料需求计划（MPR）的时候，会把下面子件的需求丢失。所以MPS至少需要覆盖累计提前期最长的那个产品，这样才能保障MPS滚动计划出来的BOM中子件的运算能被考虑在标准的交付期中。

大部分企业主计划采用"周"为单位，有些生产柔性要求高的企业甚至做到以"天"为单位的计划。特别是一些实施精益生产的企业，会考虑把整个MPS做到以"天"为单位的颗粒度；或者看到有些企业会在系统中设冻结期7天或者是14天不等，他们也会针对冻结期内做到以"天"为单位的计划的颗粒度。这个视各个企业的情况而定，如果企业希望主计划做到以"天"为单位的颗粒度的话，就需要生产现场的管理比较柔性、比较灵活、管理的颗粒度也比较细、生产作业步骤也应尽量标准化。反之，例如大化工行业就不会做以"天"为单位的计划，因为他们产品较少、生产不够灵活、生产订单量较大，没有必要进行以"天"为单位的颗粒度的主计划管理。

4）物料需求计划

MPS主计划完成后就要根据BOM制定物料需求计划（Material Requirements Plan）。目前大部分企业的MRP都是系统完成，而不再是人工操作了。MRP通过BOM的展开运算可以给到企业所有的自制件和采购件的需求计划，统称为"相关需求"；将MPS做的计划称之为"独立需求"。而MRP的滚动运算得出来的物料需求数据与MPS的滚动计划周期是一致的。物料计划的频次，大部分企业是以"天"为单位。

MRP运算后有两类产出，一个是采购订单，需要采购部根据系统运算出来的采购订单和供应商确定交货数量与日期。还有一种是生产订单，需要整个生产部门去执行。

5）生产排程

生产部门拿到系统计算出来的所有生产订单后，生产排程的颗粒度就更细了。生产排程一般是由生产计划员或现场的生产管理者负责。

生产排程针对的是自制件和部分需要外协工序的生产安排。生产排程不建议覆盖太长周期，可以视每个企业不同的情况而定，或根据MRP中的冻结期范围确定整体排程期计划。"天"是大部分企业生产排程的最大颗粒度，不少企业做到"班次"甚至"小时"的计划。有些企业启用了APS排程软件，可以做到"分钟"的颗粒度。即便能做到那么细颗粒度的计划，我们一般也不建议下达这么精细的排程。因为生产现场不可避免会有异常，除了少数行业，过细的计划很难执行。

4.2.2 产能计划

下面我们来看计划层级图最右侧的与"资源"或"产能"相关的计划，或者称之为供应计划。制造型企业最重要的资源就是产能。与销售和运营规划相关的资源计划被称为资源规划。资源规划是针对产品家族生产过程中比较关键的资源或瓶颈资源做的计划，这些资源包括产能，可能是机器产能，也可能是人工产能，或者是一些比较关键的或比较难采购的物料；在销售与运营规划中，还有部分资源也需考虑，比如仓能和运能等等，因为这些都是保供的资源。

与 MPS 相对应的资源计划被称为粗切产能计划（Rough Cut Capacity Plan，RCCP），它是针对最终产品的关键资源做的计划，相对来讲它更细节一些。

依赖于MRP计算得出自制件的计划，ERP系统会运算产生产能需求计划（Capacity Requirement Plan，CRP）。产能需求计划更细节地针对每一张工单，运算所有工单在每个工作中心或者资源组的负荷情况，以便计划员根据产能超负荷或低负荷情况对生产现场的工作进行安排和调整。

这张图里的"线条和箭头"也值得大家思考。我们可以看到中间的需求计划都是单向线条和箭头，它意味着企业的需求计划一定是从粗到细进行的：从战略到战术，再到我们的执行计划。但为什么资源计划与需求计划是双向箭头呢？这有两层含义：第一层含义是指企业可以先做需求计划，再做供应计划，用供应计划去平衡企业的需求计划，双向箭头是指这样的反馈机制。第二层含义是指某些以产能为导向的企业，比如说一些化工企业、造纸行业，或者那些产能负荷非常高的企业，在没有办法做到灵活的生产时，也可以基于库存的计划和产能计划去计划市场销售。这种计划类型的企业可以总结为以产定销模式。但是不管以产定销还是以销定产，最终需求计划和供应计划必须互相权衡和协作制定。

4.2.3 需求方活动

制造行业中的企业内部计划一般应该由运营团队负责，但再优秀的运营也离不开市场。市场是企业赖以生存的土壤，客户是企业的衣食父母。企业供应链规划框架最左边的计划来源于市场，市场需要预测，虽然我们说预测不可能100%准确，但没有预测是万万不能的，没有预测也就是没有计划。有了预测以后会进入到需求管理。图中看到需求管理的三条线，第一条线直接关联到战略计划；第二条线关联到战术计划，就是产品家族的销售与运营规划；第三条线关联到执行计划，指针对每个产品、每张客户订单做的计划。这就是所谓的战略规划响应企业的"市场"，战术计划响应客户和产品家族，执行计划响应每个客户的每张订单。唯有从三个层次去管理企业的市场需求，才能够让整个需求的计划执行到位。

计划完成后，企业便可以在接单以后考虑配送和物流计划了。现在一些分销企业或者一些大型的实体企业有自己的仓库，如果这些企业拥有自己分销网络，就需要考虑分销管理计划（Distribution Requirement Plan，DRP）。这个分销管理计划和主生产计划是完全契合的。在整个分销体系中，有三种不同的分销模式：推动型分销模式、拉动型分销模式和分销中心的需求计划DRP。它们就是根据订单和分销体系中的库存补货等因素制订分销计划，这些分销计划可以直接传递到制造部门关心的MPS中，作为需求指引和协同生产计划。

制造业供应链计划框架被全球众多企业广泛运用，也是所有流行的ERP背后的基本逻辑。每一层次计划的目的、时间跨度、细节度和计划周期都不同。当我们从生产规划到生产活动控制时，其目的也从企业总体方向变为特定的细节计划，时间跨度从年变成天，细节度则从总体类别变为单个的生产部件或采购物料。这样，各个层次的计划被下达，采购部门根据计划进行供应商寻源、谈判和采购订单下达；生产部门根据计划进行生产；发运部门根据计划进行发运。

4.3　从采购到付款

4.3.1　采购分类

采购既是企业内部供应链的起点，也是与外部供应链相联系的桥梁。企业通过采购与上游供应商确立关系，经过询价议价、下达订单、过程管理、来料验收等基础环节完成采购工作。采购还应与供应商建立并维护良好的合作关系，以保障产品或服务的及时、准确供应。因此，采购是整体供应链管理中"上游控制"的主导力量，也是与供应链其他环节密切配合的协同推手。

采购管理必须和供应链管理的战略方向一致，供应链管理中的采购模块要从企业的经营战略出发，并进行战术性的管理方向调整。从采购管理的战术性安排上来讲，供应链管理可以根据企业经营全过程的需要进行有效的资源性内容协调。采购作为供应链管理的主导力量，为了实现供应链利益最大化和企业间利益的双赢，采购在供应链关系中扮演了不可或缺的角色。企业可充分发挥采购"上游控制"主导力量的作用，选择合适的供应商，同时将供应商纳入自身的生产经营过程，将采购及供应商的活动看作是自身供应链的一个有机组成，形成必要的合作伙伴关系，进一步实现信息和数据共享策略。

在制造型企业中，采购通常分为3类：战略性采购、直接物料采购、间接物料采购。

首先让我们区分一下，什么是"采购战略"和"战略性采购"。

"采购战略"指那些影响到企业长远发展及市场定位的相关采购决策，时间跨度一般在3到5年，决策最终形成于最高层，对应着采购经理及战略采购的职责。采购战略包括制订、发布采购方针政策，如不同的物料可以用不同的采购策略——单一供应商或多个供应商；制定管理运作所有的流程及工作描述；对采购运作及表现进行审核以衡量采购绩效并促使采购不断改进，不仅要制定针对采购团队的内部绩效考核，还应有针对供应商的考核；主要零部件自制或外协决策；从成本、产能等方面考量哪些零部件适合自制，哪些需要外协；了解每个供应商在市场的定位及如何和关键供应商建立合作伙伴关系；供应商合作决策，如是否向供应商投资、是否与供应商共同开发等。例如生产设备的购买、期货市场原料的购买、科技含量高的零件的购买、信息系统软件的购买等都可以定位为战略性采购。

采购物料的盈利的重要度取决于采购数量、采购成本的权重、质量和业务的影响程度。

物料供给的复杂度基于可供性、供方数量、竞争因素、自制外购决策、库存风险和可替代性。一般企业会把那些对利润影响大且供应风险高的物料定义为"战略性采购"物料，通常这些物料的供应商较少，可能只有一个，对客户价值影响较大，占总成本比重较高。这些"战略性采购物料"往往在企业的战略会议或销售与运营规划会议中被讨论，并进行物料库存的计划及采购合同的确定。

"直接物料"采购最简单的诠释就是在BOM中包含的物料，这些物料在财务的账本上是"销售成本"的一部分。这些物料基本都是为生产成品所用的原材料、采购组件，或者是和BOM相匹配使用的模具等。

"间接物料"采购不出现BOM中的物料，它们可能是一些易耗品，比如包装材料、用于生产设备维护保养的备品备件、用于生产的防护性用品、行政类的物品、运输商的服务采购等均可以纳入间接物料采购的范畴。

以上不同类型的采购都需要流程进行管理，下面的流程展示了"从采购到付款"的全流程。在企业执行流程的过程中不一定需要针对所有的物料都进行以下流程，特别是那些易耗的、价值低的产品完全可以省略其中的某些步骤（如图4-6所示）。

4.3.2　采购到付款流程

1）步骤一：供应商管理

我们需要先了解供应商的布局规划，进行供应链管理，包括开发和选择供应商。一般从以下四个方面进行考量：

```
供应商管理                                    核单并付款

   ↓                                    收货并验收

询价竞价                              下达采购订单

   ↓                          确定采购价格

确定供货商        确定采购价格

   ↓

采购执行    提出采购申请
```

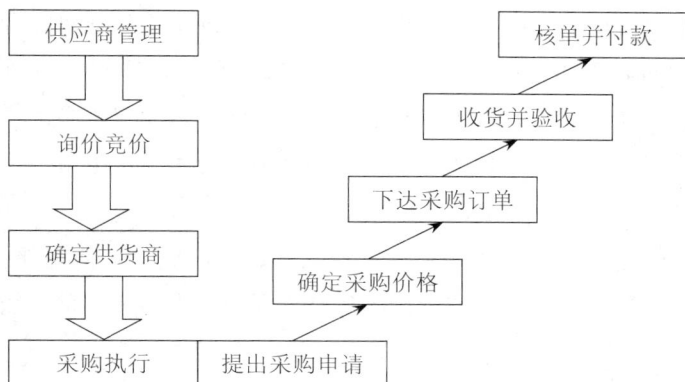

图4-6 采购到付款流程简图

第一，供应商的地理位置。供应商布局是指企业与供应商在地理上的分布状态。一般来说，供应商的生产基地最好靠近企业，比如汽车行业整车厂的供应商都选择在整车厂附近建厂；若较远，也可以与供应商协商沟通，让其在企业附近设一个仓库，比如整车厂的国外供应商会在保税区进行存货。

第二，多家供应商供货或独家供货。各行业供应商的数量是指在具体的各种材料中，其供应商的数量需要几个，如一般用得较多的材料，为了可以形成良性的竞争机制，一般要选择两个及以上的供应商。在做规划时一般要对本企业的材料进行分析，对每一类材料在一定时期内选定几个主要的供应商，其他供应商也要下一些订单，用来维持关系，同时还可以备急用。

第三，供应商规模。很多企业一般也讲究"门当户对"，即大企业的供应商最好也是相对大型的企业，至少也不能小于中型企业；而中型企业的供应商一般都为中型企业，如选择相对大型的企业，则不利于企业对供应商的方针与策略的实施，但也不宜选择"小作坊"，这样难以保证品质。

第四，供应商整体运营能力。

（1）管理能力。通过沟通交流可以判断供应商的管理能力，如果对方的管理层是积极主动地认真履行每次双方的书面和口头需求，那说明对未来产品的交付也会用同样的态度管理。

（2）对合同的理解能力。买卖双方坐下来逐字逐句地研究合同，对于每一项规格要求、每一类装运要求、每一种单据要求都应该进行讨论，这样才能达成双方真正意义上的意见一致。买卖双方必须建立一种事宜的沟通渠道，一切相关事宜最好都以书面形式表达出来。因为双方的人员都会有所变化和流动，所以书面文件更显得重要。

（3）设备能力。在为企业生产产品时，供应商将会使用什么设备？机器或工艺程序是否已具备？设备现有的利用率为多少？是否能再接额外的订单？

（4）流程能力。许多企业都已经制定并验证了 ISO 等文件的流程，核心的问题是必须掌握流程能力。流程能力应该具有解决许多问题的手段，一起保障交付计划的精确度。企业要确认供应商对每个流程在付诸使用以前，证明它能够让质量部门满意；是否有持续的评审流程，以确保该过程经过相似的证明不得有所改变。

（5）质量能力。在供应商的工厂中，产品不合格要求的程度是什么样的？是否能追溯或解决问题？是否能预测下一批产品的情况？返工和报废最终将由企业承担，所以唯一的答案在于"预防性质量"。即使有时候不能预防一个缺陷的首次出现，但仍可以确切地预防它的再次发生。一家等到产品已经下线才去衡量其符合标准程度或表现的工厂，并不是管理有道的工厂。当然，起码应该有一个记录检验和测试机构用来发现不符合项，通过针对生产缺陷来消除问题和错误，工厂便可以用较小的成本生产出符合标准的产品。

（6）技术能力。技术工人，就是能通过某种方式证明自己具有干某项工作的能力的人。确定企业的供应商是否有合格技术工人的最好方法，是要求供应商指定一些代表人物，然后与这些人进行谈话并检查他们的工作，观察他们怎样操作工具，以及怎样对待工作环境。这将对他们在车间工作的能力有一个大体的了解。

（7）持续改进能力。可以直接询问供应商，询问他们发现一些事情做错时处理的方法。他们如何能使这类事件不再发生？

（8）绩效保障能力。什么企业和他们做过生意？他们的经营状况如何？造成不良绩效的原因是什么？再回过头去，检查曾经引发问题的地方，看是否已经采取了改正措施。如果采购方按上面这几个步骤对一些备选供应商进行评估，将很快在头脑中形成对他们能力的评价。

（9）信息和数据能力。如果企业需要和供应商建立数据对接和系统协同，那么供应商系统建设能力和数据采集能力也是需要考虑的。

我们需要全面评估上述因素，选择合适的供应商，并建立合作关系。

2）步骤二：询价竞价

当选定了多个供应商后就可以进行询价和供应商竞价了。

企业一般会选择潜在的多个"供应商清单"，进入到供应商竞价的环节。企业本身在制定采购价格的时候已经有一定的成本范围预期，所以企业在询价或竞价前可以首先设定价格目标。这个价格代表了采购部门前期在市场上的价格排摸，也包含了企业本身的价格策略。价格不仅是一个数字，也同样需要考虑下列因素。例如：供应商规模大小的比较、供应商对采购商的依赖程度，即采购商在供应商营业额中所占的比例，供应商在行业内及市场上的信誉度评价、供应商的技术水准及市场份额、供应商销售情况、交货的条件、采购的时机比如是否是供应商的需求旺季，或者当商品处于市场价格上涨的时候，供应商可能会在这个时间点惜售等，还有付款方式，甚至供应商经办人的经验及实力等一些因素。

特别是针对一些质量要求较高的产品和服务，很多企业不会单纯考虑采购价格因素，而是要综合考虑供应商的实力。

3）步骤三：确定供货商

确定一个或多个供应商作为某一类或一个产品和服务的供货方，也就是选择入围的供应商。这些供应商将成为企业合格的供应商列表，在SRM系统或ERP系统中成为供应商主数据。

4）步骤四：采购执行

采购执行可以分为5个子步骤。

（1）提出采购申请

企业每天都会发生采购行为，正如前面所提到的，各种类型的采购都需要在系统中由企业内部各部门或用户提出采购申请。这些采购申请有时是基于订单、计划或库存再订购点自动生成的，比如那些由BOM根据主计划需求的物料，那些由于库存自动补货产生的，有的则是人工提起申请的。

（2）确定采购价格

当采购部门在系统中看到这些订购产品和服务的采购申请后，需要确定最终的成本和价格，比如能接受的成本是多少、用什么样的付款条件、采购物品最终数量和价格为多少。为什么在这里还需要再次确认价格和成本呢？正如前面所阐述的，供应商可以是多个的情况下就需要确定选择哪个供应商进行本次采购订单的合作；或者当企业用移动平均价进行物料采购的时候，再或者由于企业虽然用"标准成本法"对于每个物料进行了系统设定，但当市场价格发生波动的时候，供应商可能需要进行价格调整。这也是为何很多企业选用"单一货源"模式，这就减少了采购人员重复进行供应商选择的工作。

（3）下达采购订单

当最终的供应商确定后，产品的需求也确定后，采购就要进行订购，即下单的工作。这时候会有采购合同与采购订单的区别。

对于企业来说，有一次性签订的合同，比如为某个工程、资产采购或服务。企业也会用一揽子订单的方式作为合同来处理，比如在汽车行业，整车厂和零配件工厂签订一揽子协议，每年提供不同的车型配件给到整车厂，零配件供应商按一揽子采购协议根据客户的需求发货。另外有一种是长期合同，比如和维修保养供应商签订3年的维保合同。往往一个企业会选择长期合作或"单一货源"的供应商进行合同签订。在采购执行的时候可以根据合同进行分批采购，或者在采购执行的过程中可以根据大合同，进行采购订单的需求发货。

采购订单就是合同下的"子"订单的采购或独立、单次的采购。

确定后的采购需求根据供应商提供的样品进行比较，和需求部门确定留样，确定核查数量与交期条件，并根据需求部门的要求和供应商洽谈买价条件以及订立交货时间表等内容。这些内容确定后，采购员就可以发出订单、和供应商确定品质、协调确定合适的交期等工作。

（4）收货并验收

采购订单发出后，要根据订单的要求跟进整个订单的情况，供应商往往会提前告知采购方送货的日期，如果供应商没有按交期送货，那么采购员就有义务去跟催订单的交货。

当供应商由于种种原因无法交货时就要和需求部门进行协调。反之，当需求部门提出采购订单的修改、加急等需求时，采购部门应和供应商进行协调，对交货异常或需求异常进行及时跟进和处理。当供应商将货物运抵公司，就要根据质量抽样检验的要求，协调仓库收货并安排品质检验。可见交货的监控包括：交期异常控制、催料、督促收料单、品质数量验收等。

（5）核单并付款

当采购的货品或服务收到并验收合格后，采购应进行核对工作，确保采购订单、收货单和发票的数量一致，确保发票的内容包括抬头和内容准确无误，这样才可以安排财务根据付款条款进行付款。当然，在采购的过程中也会发生预付款的情况，那么就应该核算并扣除已经预付的款项再进行付款。如果供应商交付时发现数量短缺或质量部分不合格，就应进行扣款、退货，甚至索赔的事宜。

整理付款的主要内容包括：核对手续、核查发票抬头和金额、预付款或暂借款处理、扣款处理等。

在数字化的供应链采购时代，以上的步骤自动化都成为可能。下面是一些常见的用于采购到付款流程的数字化技术与工具。

■ 电子采购系统：用于在线采购需求管理、供应商选择、报价比较和采购订单生成的数字工具。

■ 电子招标系统：帮助企业与供应商进行在线招标、报价和合同管理。

■ 供应商门户：供应商可以通过门户访问订单、付款和性能数据，以提高透明度。

■ 供应商评估工具：用于评估供应商的性能、质量和可靠性，以改进供应链。

■ 自动化审批工作流程：数字工具可用于加速采购订单和付款的

审批流程，减少延迟。

■ 电子采购卡：员工可以使用电子采购卡在批准的供应商处购买物品，同时控制支出。

■ 采购数据分析工具：用于分析采购数据，发现成本节约机会、实现供应链优化和供应商绩效改进。

■ 预测分析：使用数据挖掘技术，预测需求，以便更好地管理库存和供应链。

■ 供应链区块链：增加供应链的透明度和可追溯性，减少欺诈和错误。

■ 电子发票：提高准确性和效率，减少手动数据输入。

■ 电子支付：快速、安全地完成付款，减少错误和延迟。

■ 实时供应链监控：通过可视化仪表板实时跟踪供应链，提高对供应链运作的洞察。

■ 交付可视化：追踪订单交付进度，确保按时供货。

■ 移动采购和供应商管理应用：允许用户随时随地访问采购和供应链信息，加速决策过程。

■ 采购决策支持：AI可以分析供应链数据，提供实时建议，改进采购决策。

■ 在线反馈和调查：收集客户反馈，改进供应链和采购流程。

4.4　从商机到回款

4.4.1　营销数字化

在供应链运营的管理体系中，一直强调供应链运营要围绕市场的4P原则，4P是指产品（Product）、价格（Price）、渠道（Place）、促销（Promotion）策略。供应链运营框架的搭建需要清晰了解企业的4P策略。

因为客户和市场永远是企业最关注的部分，根据营销导向可以将营销划分为四个阶段：

营销的第一阶段，以产品为中心的营销方式。这一阶段主要解决企业如何实现更好地交付的问题，通过找到产品功能差异化形成的卖点，成为帮助企业完成产品销售获取利润的重要手段。

营销的第二阶段，以消费者定位的营销方式，产品不仅需要有功能差异，更需要向消费者传递使用产品后的状态，例如保健品针对不同的体质和不同的人群体验，让消费者有代入感。这样也能让消费者将注意力集中在该产品和企业品牌上。

营销的第三阶段，价值驱动营销。这一阶段主要是合作性的、文化性的、精神性的营销。例如饰品厂商把某一系列的产品赋予一个故事，让消费者关注的聚焦点从饰品的美观和保值的功能联想到美好的故事和感情经历上。第三阶段和第二阶段一样，也致力于满足消费者的需求，但采用第三阶段营销的企业必须肩负更远大的服务意识的使命，并能创造价值观。

营销的第四阶段是共创导向营销。以大数据社群价值观营销为基础，企业将营销的中心转移到如何与消费者积极互动，尊重消费者作为主体的价值观，让消费者更多地参与营销价值的创造。这是以价值观连接大数据社区新一代分析技术为基础建成的，致力于洞察与满足客户需求，帮助客户实现自我价值。

企业在建立4P策略的同时，不应忘记营销的本质没有变化，还是以需求管理建立差异化价值，这是建立持续交易的基础。需求管理就是指，市场机会在于未被充分满足的需求上，营销主要任务就是激励、创造、适应、影响消费者的需求，建立差异化价值，因为没有差异就没有竞争力。所以差异化价值也是建立整个竞争战略的核心，没有差异化价值的营销只能限于价格战而维持薄利的状态。

需求管理由三个部分组成：

一是需求计划，只有理解客户、理解市场、开发出有自身特色的产品和服务，才能了解从销售线索到销售商机再到客户报价的成功率，才能结合历史销售数据做出未来的销售预测并产生相对准确的需求计划，从而给予生产和采购部门进行准备的时间。

二是销售订单，当客户下达订单后，运营部门根据客户的要求交付客户的产品，这时销售完成的只是营销工作的一个订单而已。

三是客户管理，完成产品销售和交付后，与客户的关系维护非常重要，因为一个企业除了某一张订单的交付以外，更需要的是可持续的运营。销售部门应关心维护和老客户的关系，并不断挖掘新客户。

在数字化世界中，如何达成以上内容呢？

在从商机到购买的整个流程中，企业对于数字化运用的节点有很多。

内容质量高的产品和服务吸引潜在的客户并且确保内容有对象感。比如说需要针对不同客户的具体要求，发表一些类型产品绩效的数据、产品适应性等，在不同的产品销售和生命周期阶段也要匹配相应的内容。比如说针对潜在客户，前期可能要配备产品图文介绍，后期配备一些产品适应案例，内容营销支撑前端的销售渠道带动业务拓展。

营销内容管理中另外一个话题是事件营销，事件营销类似于小广告，比如说要做一些蹭热点、捧品牌的活动，把自己的品牌产品服务和耳熟能详的品牌放在一起，或通过负面案例触发大众的逆向思维，通过逆向思维去扩大公众思考方向的范围和选择。又如面临危机发生时的危机处理，这些在今天的营销战略中变得更加数字化，适应时代的发展，内容的生产开发和交付，强大的 CMS 可以让企业随时编辑内容。比如快餐连锁企业需要根据季节和地理位置的不同，为各个地区的消费者提供不同的套餐；比如商家会经常调整一些商品的内容。这些数字营销的方式需要企业经常更新网站、微信公众号、小程序、APP、店内外的广告大屏、点餐机、POS机、饿了么、美团外卖等众多渠道。

当内容营销采用平台化管理，就需要实现所有渠道的用户体验，这就是管理被覆盖，如果产品放在国外销售，需要内容营销的话，需要翻译成国外的一些文字并遵守国外的法律法规。

数字营销中的 CMS 让企业实现用户数据的完整闭环，当客户在平台上产生购买行为和阅览行为时，系统会自动收集用户的信息，进行实时分析，形成360度的客户画像。然后利用营销自动化技术进行个性化的内容推送和服务。在不断获取信息并提供内容的同时，系统能够帮助企业大规模、一次性、多渠道地创建并推送产品信息。

产品的数字化不仅仅是指数字化产品，还包括产品标签，标签会给产品增加一个身份标识，类似于人类的身份证号，每一张标签的数字视为产品的唯一身份。比如喷码机在包装外壳上面喷二维码。它的应用第一个价值在于品牌保护，通过这些二维码能够追溯到产品的真伪。第二个价值在于产品的追溯，通过数据的打通能够获知整个产品生命周期。比如奶制品企业会从奶牛的布局开始，这就是数字化的应用，从养殖每只奶牛、奶羊再植入专属耳标，并记录它的生长和产奶情况，然后再追溯到奶粉的投料、奶粉的罐装、奶罐车的行踪，它建立了一整个身份数字的标签并进行追溯的过程。在制造生产过程中，也可以追溯到产品的生产批次、班次、生产的日期等等。产品数字化追溯可以让用户在购买产品的时候比较放心，同时建立了对品牌的信任度。

数字化营销通常为前端和接触层，中间应用层和底部数据层。当产品和客户建立了联系，企业和客户之间也建立了接触。这时候企业获得了客户的信息。在B2B营销的环境中，客户都是企业型客户，和B2C（企业对最终用户）的业务模式有4点差异：

一是销售对象不同，ToC的业务标的基本上是个人或者家庭，但ToB基本上来自团体或企业。如企业客户需要一些大宗产品、产线设备、备品备件、办公用品、IT系统、培训服务等等；

二是销售金额不同，ToC大部分为消费品，无论是单价还是消费数量，总体金额通常无法与企业客户订单的金额相提并论；

三是决策机制不同，消费者的决策通常是由自己做出，其周期远远短于企业客户决策，还会有冲动购买的行为。而企业客户的决策基本上是要通过团队进行的；

四是销售流程不同，无论是在商场还是在网站上，B2C的业务通常通过一些图片、说明、视频等就可以做营销，但是B2B业务就相对比较复杂，甚至需要通过演示、说明销售流程等大量支持文档，甚至还涉及试用试产，整个销售过程比较复杂。

虽然ToB和ToC的业务有以上不同点，但殊途同归，最终企业都需要建立客户画像，也就是这里提到的客户数字化。

我们可以从9个方面去看如何收集客户数据：

■ 基本信息，某个客户的全称，包括个人客户的证件类型，企业客户的公司信息。

■ 产品信息，包括该客户购买产品的类型、购买时间。

■ 联系信息，包括地址、电话、网址等。

■ 事件信息，比如说重大的事件，如企业客户的开业、个人客户的生日、违约事件、可疑事件。

■ 关系信息，比如个人客户的同事、校友、社交好友。企业客户利益相关方包括银行、税务、海关等。

■ 沟通信息，包括和客户沟通的方式如个人客户微信、QQ、淘宝客服聊天平台；还包括客户建议申请沟通回访、投诉、调查信息等。

■ 财务信息，包括客户的利润贡献度，特别是企业客户，需在和客户交易前和交易后关注和分析这些信息。

■ 风险信息，个人客户存在信用等级的问题，类似黑名单。企业客户应根据客户的资信情况和付款情况分等级管理，这样才不会造成企业自身的损失。

■ 资产信息，与用户相关的资产信息。

4.4.2 商机到回款流程

企业在执行从商机到订单的过程中，可能会面对不同的客户类别，甚至有些企业还要管理自己的门店。这些运作上的管理都需要有好的端到端流程——从商机到回款（如图4-7所示）。

| 商机管理 | 客户管理 | 销售管理 | 合同管理 | 订单管理 | 售后管理 | 回款管理 |

图4-7　采购到付款流程简图

1）商机管理

该流程从商机管理开始，销售人员在市场上进行活动并从各类线索中挖掘有价值的商机。当明确了商机后，销售人员就有了一个明确的目标客户，或潜在目标客户。从而进入客户管理阶段。

此时，商机管理活动并没有结束，销售还是需要通过持续不断的活动，如参加展会、浏览网站、朋友介绍等各种方式，获得线索，并评估其中的商业价值，选出最有价值的商机。

2）客户管理

与商机管理一样，客户关系管理也是营销人员需要持续开展的工作。因为具体的需求以及订单信息都是客户提供的。同时，从拿到订单一直到订单交付和售后的整个过程，营销人员都需要持续进行客户管理。一方面是良好的客户管理能够提高客户满意度甚至忠诚度，从而带来再次销售；另一方面，全程跟进客户管理才能有效评估客户质量，进行客户的分类分级管理。

客户关系管理过程中，特别是ToB销售，营销人员需要特别关注客户方中的三类角色：导入者（帮你介绍客户，从而与客户深入交流的人）、不满者（对现状不满，会提出需求，推动购买的人）和决策者（拥有购买决策权的人）。

3）销售管理

与客户深入接触后，就正式进入销售管理阶段。整个销售管理包括客户拜访、了解需求、展示产品、提供方案报价等一系列的销售专业活动。有一些行业或销售还需要参与招投标，从而面临更为复杂的销售过程。

整体上，销售管理是一个漏斗式的过程，有一定的成功概率。而成功地签订合同或订单代表着销售管理流程转入合同管理与订单管理阶段。

4）合同管理

与采购类似，销售也存在合同即订单，或是一个框架合同对应若干订单的情况。但在这两种情况下，企业都会有一个法务介入的合同评审环节，包括合同签订后的文档管理等。

在商机到回款流程中，将合同管理作为一个环节单独强调的原因还是期望营销管理人员能够重视商务合约。因为合同内容代表着客户的期望，上面包含着大量的商务、技术、售后等信息和条款，是公司很多流程信息的集中呈现。根据企业经营情况、客户细分、产品与技术状况等，及时更新合同应该是由营销而非法务驱动。

同时，甲乙双方对合同的遵守和执行都会影响自己在对方客户或供应商名录中的分类与评级。

5）订单管理

与合同不同，订单是将外部客户要求，转化为内部作业指令的关键流程。有一些企业的订单归在营销部门管理，也有不少企业有独立的订单管理部门处理订单。随着信息化与数字化推进，越来越多企业开始重视订单管理，因为订单是公司需求计划的关键信息和数据来源，同时也是企业内部供应计划的信息源头。不充分重视信息管理的企业只能采取"人盯单"的跟单战术，不仅是企业信息流的瓶颈，也是运营和生产计划混乱的根源。

订单信息透明化与订单变更是订单管理中的难点，也是重点。一方面，订单信息透明化让营销能够花更多精力在打新单的同时，确保老客户的满意度；另一方面，也能够及时给客户提供公平合理的订单变更解决方案。

6）售后管理

在制造链顺利交付订单后，就进入了售后管理流程。除了处理必要的维修和质量问题及退换货外，越来越多的企业开始关注售后增值服务。售后增值服务，不仅可以提升客户的满意度，还能够通过增值服务延长产品生命周期，并通过MRO、耗材和周边服务创造更多营收。以前汽车4S店等大宗消费品和ToB销售才会关注这些，但数字化技术极大地降低了信息交流的成本，提高了生产力，让这些服务变得触手可及。

7）回款管理

回款才是销售活动真正的终点。因为到这时候，企业才真正实现了产品和服务的收入。而前面6个环节的顺利完成，才能确保顺利回款。

数字化同样给从商机到回款的流程提供了大量的技术和工具。除了与采购到付款重复的一些工具以外，还有

■ CRM平台：用于跟踪和管理潜在客户、客户关系、销售机会和客户互动。

■ 销售跟踪和自动化：帮助销售团队跟踪销售活动、管理线索和

提高销售效率。

■ 电子签名平台：加速合同签署过程，减少纸质文档。

■ 合同管理系统：跟踪和管理合同的状态、期限和履行。

■ 订单自动化和工作流程：加速订单处理流程，减少错误。

■ 销售移动应用：允许销售团队随时随地访问客户信息、报价和订单。

■ 客户自助服务应用：客户可以自主管理订单、查询库存和提出服务请求。

■ 销售分析工具：帮助分析销售数据、客户行为和市场趋势，以做出更明智的决策。

■ 收入识别工具：根据会计准则识别收入，确保合规性。

■ 在线支付和电子发票：简化客户付款流程，减少账款周期。

■ 电子对账单和支付跟踪：跟踪和管理客户付款，提高回款效率。

■ 智能合约：自动执行合同条款，确保合同履行。

■ 个性化销售建议：使用AI分析客户数据，提供个性化的销售建议。

4.5 从设计到发布

4.5.1 工艺与研发数字化

大家对国内的电商很熟悉，能够清晰地感受到数字化对营销的影响。而在技术领域工作的人则能清晰地感受到国内企业在工业设计和技术软件上被卡脖子的滋味。

其实，数字化技术和工具对于工艺和研发的必要性和价值有深远的影响。

我曾经参与过一个为某关键装备提供工艺与技术数字化转型的本土工业设计软件开发的项目。通过数字化工艺，他们大大缩减了换产过程中的校验周期，减少了人为因素的影响，在减产率提高30%的情况下，产出质量没有发生大的波动。同时，他们建立了研发物料和设备的数字档案，很好地提升了实验效率，同样的研发，总体实验与验证周期缩短了80%。这在以前是不敢想的事情。

我还有一个客户，在自己编制精细的过程质量标准基础上，推动与深圳某高清摄像头企业合作，自己研发了自动化过程检验与拣选设备，同时与进货检验报告数据进行联动，在某核心物料国内行业供应质量差且不稳定的情况下，摸索出了一套自己的联动质控响应方案——当物料某些不同特性不达标时，可以切换应对补救预案，实现了不停线实施质量整改，而且产品良率比同行高了一倍多。

这么多年来，参与的数字化转型项目中，从设计到发布流程相关的项目最少。不管是客户需求的关注，还是成熟解决方案的短缺，期望都能在不久的将来得到改善。从设计到发布流程的输入是产品管理或市场营销部门对新产品或新型号的定义或创意。而这个流程的主导部门——研发与技术部门则需要生成可供制造链使用的物料清单（BOM）和工艺路线。

从设计到发布流程一共有6个子流程，每一个都需要与其他部门进行信息分享与协同工作（如图4-8所示）。

图 4-8　设计到发布流程简图

4.5.2　从设计到发布流程

1）明确研发需求

根据产品理念、市场需求、竞争分析等信息明确研发的需求，产品管理部门收集市场需求和客户反馈，定义新产品或新型号，并将新的客户和产品需求转化为具体的研发需求。

在这个环节中，研发部门获取的输入来源于多个部门，如产品理念、趋势与竞争性分析来自于战略或产品管理部门，客户与市场反馈来自于营销部门或客户直接反馈，内部制造部门、品质部门等对现有产品的改善建议也会触发研发需求。

同样，研发部门汇总多方信息，形成的研发需求也需要反馈给各部门，包括根据公司目前的技术实力与资源研发成功率预测、新品研发周期是否能够满足竞争与营销的需求，以及新品的概念是否能够被市场和客户接受等。

2）分析技术可行性

通过对收集到的技术信息与数据进行分析，进行必要的技术实验和原型开发，并寻求专家的建议以验证技术的可行性。

技术可行性分析需要明确研发需求中的技术要素，并通过技术内外部匹配、研究和评估，确认所选产品是否具备技术可行性，是否能够满足预期需求。

技术可行性评估同时要进行风险、资源评估，以确定研发项目管理的进度、成本与质量要素。

研发部门在过程中应该与产品和营销部门配合，了解国内外竞品或可参照产品的技术资料，以作出更为准确的可行性分析。

3）材料与结构研发

材料选择和测试：根据需求，从现有材料中选取最适合的材料，考虑材料的机械性能、化学特性等，并对选定的材料进行实验和测试，验证其性能是否满足需求。

结构设计：设计产品的整体结构，包括构造、布局、连接方式等，可能需要使用CAD软件等数字化设计工具。结合运用计算机仿真工具，对材料和结构进行分析和模拟，预测其性能和行为，可以大大减少和缩短后面原型制作和测试的成本与周期。

原型制作与测试：制作产品的样品原型，用于验证材料和结构设计，3D打印技术会给原型制作带来便利。

优化设计：根据仿真、原型和样品测试的结果，对材料和结构进行优化设计，提高性能和可靠性。

样品试制与测试：制作试制样品，进行实际测试，验证材料和结构的实际性能，有一些行业的样品测试需要申报与备案。

4）产品整合与验证

产品整合与定型是设计到下达流程中的重要步骤，整合不同模块和部件的材料与结构设计，确保产品能够协调工作。对产品进行定型，即确定产品的最终设计。

产品整合与定型需要完成以下任务：

规划组装：根据设计要求和组装流程，制定产品的组装规划和流程，也就是进行BOM结构和工艺路线的初步设计。

准备零部件：确保所有物料都准备充分，包括需要采购的原材料和制造加工的半成品部件。同时准备原材料的物料主档信息并设计原材料来料质量控制标准，再进行供应商开发与商务流程。

加工或组装：按照BOM和生产工艺路线，识别原材料和各个零部件，并按照正确的顺序组装在一起。同时准备生产工艺文件、标准作业指导书和过程质量控制标准，检验控制点。

测试、调试与验证：进行整体产品的功能测试和调试，确保各个部件正常工作。测试、调度过程中生产出来的样品一般都会给客户进行试装试用，验证产品整体性能是否满足设计要求，包括功能性能和质量性能；或是市场推广用于听取客户的反馈。在部分行业还要启动新品认证的流程，以获得上市的许可。为了验证样品和制造可行性，大部分企业都会由研发部门负责进行小规模的试产，小规模试产可能使用专用设备和产品线，也有可能会利用生产现场的富余产能和设备。试产过程中可能会出现问题，需要进行调整和优化。

5）产品定型

经过整合验证阶段，确认产品性能稳定后，产品还需要定型才能进行正式的大批量生产。产品定型是设计到下达的里程碑环节——标志着产品研发阶段的主要工作已经完成，可以交付给制造链进行批量生产；也表示产品的设计、性能、质量等各个方面都已经经过验证，能够在实际市场中应用和交付，可以进行正式销售。

产品定型需要满足以下标准和要求：

■ 性能要求：产品主要功能与性能参数已经得到验证，并且在各种工况下都能稳定运行。

■ 质量要求：产品质量指标符合预定的标准，各项测试数据都达到要求。

■ 稳定耐用：产品的性能和质量在要求时间或疲劳度内保持稳定，波动未偏离中心线核定范围。

■ 工艺流程：生产工艺和流程已经经过试运行阶段，标准作业指导书、工艺文件已经就绪，ERP里的工艺路线版本等信息已经维护更新，半成品与外协工序的过程质量标准文件和检验规则均已经确定。

■ 物料供应：物料供应商已经开发，物料和零部件已经稳定供应，不存在短缺问题；物料与供应商主数据已经在系统内完成维护或更新，计数单位与采购、BOM和现场领用规则达成共识，可以进行齐套检查；供应商质量条款以及原材料质量控制标准与检验规则已经明确，且检验流程与时效与物料计划达成一致，不影响物料供应。

■ 成本标准：产品的料工费成本已经初步核算，如有需求ERP内工作中心或资源组的费率已经设置或更新，可以比较设计（工程）成本与制造成本，有效的管理制造成本。

■ 合规审查：经过公司内部的审核和审批程序，通过法律法规规定的产品。产品符合相关法规和标准的要求，获得相关部门的认可和批准，取得相关资质或许可，可以正常投放市场并销售。

■ 产品支持：相关的技术支持和产品培训已经准备就绪，完整的文档与数据支持，包括产品的技术文档、测试数据、质量报告等；用于销售培训的产品知识与销售技巧培训资料就绪，用于客服和售后的产品使用技巧、维护和保养知识与技能训练资料就绪，现场管理中可能遇到的常见问题和异常的对策资料准备就绪。未来可能出现的问题已经有预案或响应机制。

■ 产线准备：现有人员与机台可以满足产品批量生产需求，并可以在一定时间内根据市场需求的变化，增加产能以满足市场需求。

6）产品发布

产品发布是设计流程的最后一个步骤，将产品的所有资料交接给其他部门以进入产品批量制造、上市销售和服务等阶段。

大家需要注意，产品发布与产品上市是两个完全不同的流程环节。产品发布是研发阶段的完结，是一个企业内部流程；而产品上市则是代表着企业某个产品开始向市场推出，是一个外部流程。这两个环节的顺序取决于企业的策略。但在更多时候，产品发布的时间节点取决于产品是否具备内部量产的条件；产品上市的时间则更需要考虑市场营销和产品生命周期管理的需要，选择价值最大化的时机。

在供应链数字化过程中，产品发布有一个关键动作就是BOM生效时间的确定。有一些公司会有设计BOM与生产BOM，那产品定型后就可以生效设计BOM并将产品定型所有资料都移交制造部门，完成产品发布；而有些公司只有生产BOM，设计部门需要先将产品定型所有资料移交制造部门，再与计划团队共同确认BOM生效日期。

4.6 从工单到入库

4.6.1 数字化与智能制造

制造型企业从设计部门发布了产品可量产的信息后，也就是从设计到发布流程中提到的设计BOM和工艺路线确定后，计划部门就可以根据制造策略或销售订单形成生产计划，开始下达生产订单。从工单到入库流程，就是通常说的生产管理加现场管理的领域。很多企业也已经通过MES进行管理。

深入这个流程前，需要先对智能制造和数字化制造有一定了解。下面是我们总结的一个传统制造与智能制造的对比表，能够更直观地理解二者（见表4-2）。

表4-2 智能制造与传统制造特点对照

特点维度	智能制造	传统制造
技术	使用先进的数字化技术，如物联网、大数据、云计算等	传统的机械设备和手工与技术
管理	计量化、可视化、监控化，重视数据来源与生成	通过有经验的现场管理者落实QCDMS全面管理
决策	以数据为核心，通过数据分析和实时监控决策	决策通常基于经验和规则

续表

特点维度	智能制造	传统制造
自动化	更高的自动化水平，包括自动化生产线和自主机器人	自动化程度较低，需要人工干预
产能	更高的产能和生产效率	产能和效率相对较低
转换	更容易实现定制化生产和生产线柔性配置	生产通常更固定和标准化
集成	更好的供应链可视化和整合	供应链通常分散且信息流不畅
维护	使用预测性维护，降低停机时间	维护通常是定期计划的，容易发生故障
质量	实时质量监控和反馈，减少次品率	通常是质量控制离线，可能导致次品率较高
灵活	更容易适应市场变化，快速调整生产	调整生产线和产品设计通常需要更长时间
资产	更高的资产利用率和能源效率	资产利用率和能源效率通常较低

　　从这张表分析，智能制造全面替代传统制造是必然趋势。但事实并非如此。在承认智能制造先进性的同时，我们要关注到商业竞争首先要关注市场和客户需求，其次是相对竞争优势，而非生产过程的先进性。基于市场对产品的需求，审慎分析制造先进性能够给企业带来什么样的竞争优势，关注ROI，有节奏地推进智能制造落地，才是对的方法。否则很容易掉进盲目数字化的陷阱。

　　智能制造的策略一定要慎之又慎，特别是企业自己特有的关键能力与关键工序——一旦实现了自动化和数字化，也就意味着这个能力或工序的可复制性增强，甚至出现设备供应商掌握关键能力与工序而且做得比企业还好的情况，其后果可能是灾难性的。我们不止一次看到过类似教训。

　　我们辅导过的企业智能制造成功案例都有一个普遍成功经验——有

整体的智能制造的规划，但执行中关注关键瓶颈工序，通过数字化技术和手段以及低成本自动化，突破瓶颈；然后再去研究下一个瓶颈的突破，这样能够实现短周期财务回报，并在中长期积累制造数字化的经验与优势。

4.6.2 从工单到入库流程

下达了生产订单后，制造部门就可以进行生产了。以下罗列了大部分制造部门从工单到制造的通用流程。这个流程是通过劳动力、机械、工具以及生物或化学加工或配方将原材料、成分、组件或子组件转化为有形产品的过程（如图4-9所示）。

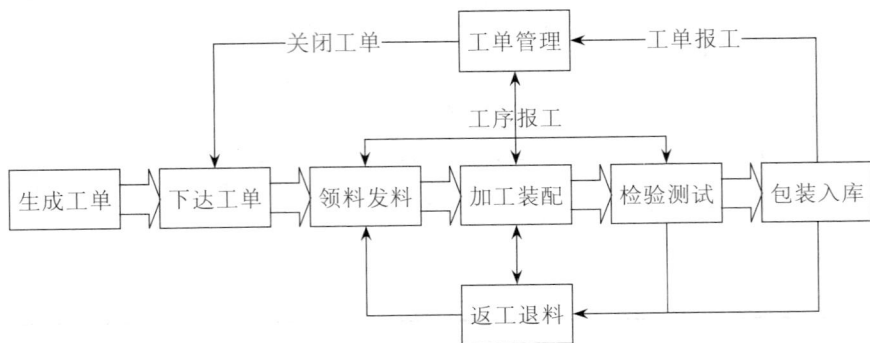

图 4-9　工单到入库流程简图

1）生成工单

在这个子流程中，生产计划会根据工程BOM编制生产BOM，并根据制造策略，收集订单或销售预测信息，或是根据生产计划直接制订生产工单。在有ERP系统的企业，这些步骤都可以通过系统实现，甚至是自动实现。但大多数情况下，都需要人工干预，以确保材料齐套和工单信息合理，并确保现场的生产有序。

生成的工单上包含现场制造所需要的必要信息，包括工单号、生产数量、计划开始和结束日期等信息。有一些企业还会根据自己的需求在工单上增加信息。一般我们建议工单上的信息应当遵循充分必要原则，即给生产和现场提供必要的可以指导他们工作的信息，但又充分不至于生产和现场需要经常中断作业去询问。现实中要做到这一点并不容易。

2）下达工单

这个子流程就是将工单下达给生产部门，并确认相关生产部门接收到工单信息。将这个简单步骤作为一个子流程单列的原因是因为不同企业在这一点上的操作方法不同。

一些企业是计划部门将工单下达给车间，由车间负责进行工单排序和生产；另一些企业则是通过ERP或专门的APS软件直接下达工单到工作中心，甚至机台。一些企业只将工单下达到生产部门，由生产部门负责后续的领料等全部事务；而另一些企业将工单同时下达给仓库、内物流等部门，从而实现发料到现场，现场只需要专注加工作业即可。

因此，下达工单这个子流程细节的设计影响了后续子流程的分工协作模式以及现场管理的方式。

3）领料发料

一般来说，有了订单与BOM后，企业就可以开始准备所需材料了。但在生产管理过程中，只做准备是不够的，还需要以物料领用或派发的形式将原材料和零件送达现场。

这个子流程涉及公司内部物流职责的分配与动线图。同时企业还需要明确谁对材料的齐套负责。领料与发料是我们将在后面讲到的仓储到配送流程在厂内与工单到入库流程的交汇点，需要精心设计。否则就会同时影响库存管理和生产管理的效率。

4）加工装配

按照工艺流程和质量要求进行产品的加工和装配，包括零配件、组件，一直到变成成品。

这个过程中，不同企业可能有不同的加工装配布局。有的是流水式，有的则是离散式，还有的则是组合的柔性产线、U型工位等等。这个环节是现场管理和工业工程专业人员的主战场。

5）检验测试

在加工与装配过程中和成品入库前，需要进行过程检验和最终检验。有一些企业会实行首件工程或工序前检验，防止不良原材料或零件流入工序。

不同行业与不同企业执行不同的抽样规则与检验标准。部分行业还需要出具专门的产品质量报告、功能或性能测试报告等。

检验测试的任务是防止不良品流入、流出工序，最终防止不良成品进入成品库。必要时，特别是发现批次不良时，可能还会要求中止生产。有一些企业的检验测试环节只给出一个结果，并不进行判定，也不提出处置措施和意见，是质量管理不到位的表现。

6）包装入库

在这个子流程里，企业将成品包装并存储在仓库中，准备出货。

有一些企业成品库是单纯的仓储功能，另外一些企业已经开始将成品库当成一个增值的生产车间。在这里进行一些仓库内的生产和增值活动，如产品保护措施、产品包装、产品拆包、理货等。

但不管如何，这一个流程都要提供完整准确的成品库存记录，并准备好货物，随时可以进入发运状态。

7）返工退料

这是一个并联的实际作业子流程，主要处理修复次品，使其符合质量标准；处理退回的材料，进行报废或实物退库。

也有一些企业基于循环经济，专门设计退料加工的流程，甚至是专门工序。比如一些铝制品企业会把机加、去毛刺等工序产生的物料回炉；一些催化过滤行业会从客户那里回收材料重新处理加工等。

返工退料流程需要有单独的清晰台账，以确保订单和工单料工费结算得准确与合理。

8）工单管理

这是一个并联的信息或管理流，主要是跟踪工单进度和成本。一方面要掌握工序报工：工人报告他们完成的工作，包括用时和材料使用情况。另一方面要掌握工单报工：记录整个工单的进度，包括总工时和总成本。

下面是在这8个子流程中常用的一些数字化技术和工具列表（见表4-3）。

表4-3　　　　　　　　　　从工单到入库数字化应用示例表

子流程	数字化技术	举措
生成工单	ERP系统、APS系统	使用需求预测模型和算法生成工单，按需生产
下达工单	MES、移动应用程序	实时通信和反馈，确保生产部门及时了解工单信息
领料发料	MRP软件、条码、RFID、AGV	自动化物料需求计划和库存管理，减少错误和短缺
加工装配	MES、CAM、机器人	数字化工艺流程和自动化装配
检验测试	自动检测设备、传感器技术、QMS	实时监控和记录测试数据，自动化检验
包装入库	WMS、RFID技术、IoT传感器	自动化入库和库存跟踪，提高库存可见性
返工退料	质量管理系统、追溯系统	记录产生次品和退料的原因，跟踪返工过程
工单管理	生产数据系统、实时报工应用程序	实时监控工单进度，自动记录工时和成本

4.7　从仓储到配送

4.7.1　数字化仓配

这个流程属于物流管理领域，展开来说就是仓储管理与运输配送两方面。也有一些企业把这个定义为供应链管理，但其实，这是已经过时的狭义供应链概念。

数字化技术给仓配管理带来了巨大的变化。

从仓储管理来说，仓储系统、自动化设备和数据处理的应用，让原来复杂的操作变得简单。比如可以通过WMS仓库管理系统管理订单和库存、组织仓库流程运作工作、监控和分析库存的信息；通过WCS仓库控制系统直接与仓库自动化设备进行通信和数据交换，实时运行并提供用户友好的操作界面；通过YMS堆场管理系统协调入库和出库货件堆场、仓库中的设备和货物的账目，减少拖车返回延迟并管理调用车辆的工作。

我们曾辅导过一个全自动立体仓的布局设计案例：

■ 入库用RF或者无线台车验收，然后打印内部流转标识码，做到了入库自动化，也便于后续仓内管理各环节作业。

■ 上架自动化，系统自动判定相应的货位进行摆放。

■ 出库自动化，当订单到达时又可采用直接输送带输送至配送窗口，运送至暂存区。

■ 成品发运自动化：成品出库时通过标签系统自动复核，然后进行自动发票打印、自动打包线进行自动封膜、自动装箱封箱、自动贴标、自动堆码成垛，然后将发运体积和重量传递给运输部门，让运输部门安排整柜或拼车，并排出装卸车计划。

运输的场景更多，铁路、公路、航空、水路及管道运输，甚至有些公司会用联运模式进行运输。TMS系统就逐步发挥了运输管理、监控和协调的功能。把TMS和经销商的供应链系统联通后，还可以延伸至供应链每个节点的监控和管理。这让一些民用产品或快销品的集成更加紧密。销售订单不再是分段式管理，而能使企业内部的成品仓库、经销商仓库、配送途中的库存数量更为显而易见。国内的物流配送企业，已经通过数字化技术在仓配管理的时效与成本上，达到了全球一流。以京东为例，不仅做到大城市当日达，主要城市211限时达，免费配送门槛还从99元降到了59元。

4.7.2　从仓储到配送流程

首先，从仓储到配送的整个流程可以分为内物流和外物流两大场景。

对于内物流来说，物料与货物指的是需要入库并进行库存管理的原材料、外购件、半成品等，其出库后通过厂内运输，最终由内部客户签收。这就是在上面从工单到入库流程中的发料的完整作业过程。

对于外物流来说，物料与货物指的是可以直接销售给外部客户的成品、MRO物料、贸易型外购件等，其出库后是通过厂外运输，最终由外部客户签收，从而完成物权从企业到客户的转移过程。

这两个场景下，从仓储到配送的流程逻辑与步骤是完全一样的，不一样的是物料与客户的性质。

在制造型企业内部，仓储与内物流管理往往是两个团队甚至部门，因此，我们也把该流程分为仓储管理和配送管理两个主线来描述。其中仓储有4个子流程，配送则有7个子流程。但大家必须要清楚，这11个子流程是紧密关联，相互影响的，从而形成一个完整的集成的端到端流程（如图4-10所示）。

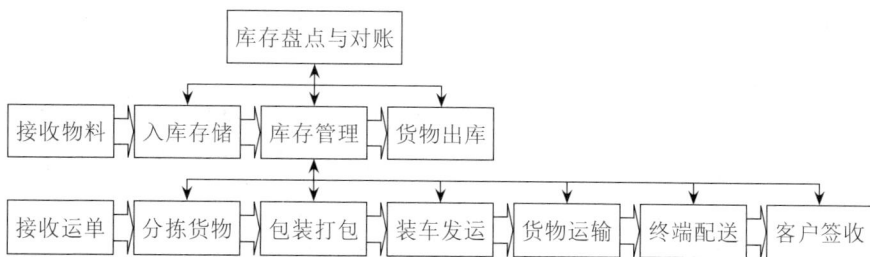

图4-10 仓储到配送流程简图

1）仓储管理范围

仓储管理的流程包括以下几个步骤：

（1）接收物料

在这个子流程中，无论内外部场景都是物料从供应商或上道工序送达仓库，由仓库接收，并根据质量控制要求，协同质量部门进行检验——包括确认物料的数量、质量和规格是否与订单一致，以及检查是否有损坏或缺陷。验收合格的物料将被接收入库，而不合格的物料可能需要退回供应商或进行其他处理。

仓库接收物料时需要关注时间和数量的要求规则，即根据物料计划、入库计划或发运计划，确认是否准时接收到了正确数量的物料。部分情况下，企业会允许数量上有一些偏差，称为合理的超短数范围，甚至是无限接收。仓库必须严格遵守这些规则，以确保库存的可用性。

（2）入库存储

验收合格的物料被安排存放在仓库中，并操作过账。对于采购而言，这是将物料所有权从供应商变成企业，同时作为后续采购付款的依据；生产过程中的半成品或需入库的在制品，则是确保物料状态被准确地记录；对于销售而言，则是体现可售成品的数量。

入库后，需要将物料分配到适当的存储区域、货架或货位，并确保进行适当的标识和记录。库存信息将被更新，以反映物料的新位置。

（3）库存管理

这个步骤包括监控和管理库存的日常活动。它涵盖了库存调整、库存查询、库存移动和库存数量的监控。库存管理旨在确保库存的准确性和可用性，如果发现破损、临期或过期等情况，需要及时报告财务进行计提准备和核销。

库存管理通常还需要负责记录库存变化，并生成相关报告，以便管理人员监控库存状况和做出决策。这包括库存余额、周转率、订购建议等信息的记录和报告。

部分企业将库存盘点放在库存管理范围内。在许多情况下，库存管理的一部分工作，的确需要定期检查仓库或存储区域中的物料数量和准确性。这有助于确保库存记录与实际物料库存的一致性，减少错误和偏差。

但是，更多企业将库存盘点视为一个相对独立的流程。因为在定期的库存盘点中，如每月、每季度或每年，需要财务人员的参与确认。特别是在需要进行物理盘点时，特别是全面物理盘点时，需要进行大规模的、全面的物料盘点，会涉及临时调配人员、使用特定的盘点工具和技术，以及生成专门的盘点报告。

因此在实践中，我们更建议将库存盘点作为一个独立子流程进行管理，但同时仓库也需要做好日常管理，确保数据准确性。

（4）货物出库

货物出库标志着仓储管理工作的完成。但是不同企业对于出库的定义差别很大。

有些企业以实物为逻辑，将出库定义为实物离开仓库，或是客户或第三方接收与提走货物；有的企业以数据过账为逻辑，将出库定义为出仓过账，或是特权转移过账。

多种定义以及实物与过账时间的不同，会对库存管理带来困扰甚至混乱，企业需要进行规范，努力实现账实相符，避免单据补录，甚至隔多天才补录的情况。

2）配送管理范围

（1）接收运单

部分企业直接将销售或生产订单作为运单，也有企业会单独制作内外物流的运单。但不管哪一种方式，都需要注明仓库和配送需要准备的物料名称（详细到具体SKU）、数量、规格等等。如果需要在仓内进行拆包、打包、检验等作业的，则需要提供更为完整的信息。

（2）分拣货物

根据运单，准备、查找、选择相关的货物。拣货可能根据不同的订单类型和策略进行，如批量拣货、波次拣货或直接拣货，效率与成本都不同，企业需要根据实际情况进行设计。

部分企业为了提高流程时效，会允许同一订单或运单分开分拣和打包发运，需要在这个环节中分流。

（3）包装打包

分拣完毕的物料或货物需要按运单要求进行包装或打包。企业内部客户的打包通常是按要求数量和规模放到流转容器内，而外部客户的打包则需要根据后续运输和配送的逻辑，进行包装和分类。

包装和打包要关注产品安全与保护，减少或避免物料和货物在运输配送途中的破损与丢失。也要注意按运单齐套，确保包内物流与运单一致，贴上标签并为装车发运做准备。

（4）装车发运

与前面几个环节都是按单作业不同，装车发运需要根据运输的特性进行计划和整合。装车发运前，企业需要根据运单和包装数据，预估需要发运货物的数量与重量，以便最合理地安排车辆，通过选择合适的整车或拼车运输方式，或是提高自有车辆的满车率，平衡发运效率和成本。如果货物需要集装箱海运或空运，装车发运的规划就更为重要。

装车发运还需要确保装车物料或货物实物准确，数量相符，提高装车效率，确保货物能够准时发出。最终根据实际装车发运情况，生成准确的运输文档。

（5）货物运输

货物运输包括选定运输方式、路线规划和交付时间的安排。不同选择的运输效率、成本和风险都不同。表4-4是一张简单的运输方式选择分析表，供大家参考。

表4-4　　　　　　　　　　运输方式选择分析表

运输方式	运输时效	运输价格	货损风险	门到门便利性	线路规划
公路	中	中	低	高	高弹性
铁路	中	中	中	中	中等弹性
航空	快	高	低	低	低弹性
水运	慢	低	低	中	中等弹性
海运	慢	低	低	低	低弹性
管道	连续	低	低	高	无弹性

因此企业一般不会只选用一种运输方式，而是需要多种运输方式的组合，或者用多式联动的方式，实现各种要素的整体最优。

（6）终端配送

终端配送是指将产品或货物从生产地或仓库送达最终用户或销售点的过程。这个过程通常需要遵循准时、准确、完整等规则和原则，以确保客户满意。

由于终端配送常常会和内外部客户直接接触，因此提供高质量的服务非常关键。如对于关注食品、医疗用品和其他时间及配送方式敏感的产品，配送车辆的路线必须进行有效规划，以最小化行驶距离和时间，降低成本。智能路线规划软件通常用于优化路线，避免配送途中的货损与被盗。

条件允许情况下，配送人员还应提供高质量的客户服务，包括友好的沟通、解决问题的能力和对客户需求的敏感性。

（7）客户签收

这是一个非常简单，但非常关键的环节。收货人必须签收并确认已收到货物，以确保交货已完成。这个环节的完成，代表着物权真正从企业或仓库交到了内外部客户手里。这时候，订单交付才真正完成，营销链进入售后服务环节。签收凭证是销售回款的重要文件，一些行业甚至愿意为每一运单货物获取客户亲自签收支付额外的费用。

4.8　从售后到退返

4.8.1　逆向物流与循环经济

一般将与正向物流相反的物料流动称之为逆向物流，全流程的逆向物流定义为在原材料生产过程中的产品，从消费终点返回初始起点的高效率低成本的流程计划、实施和控制管理的过程。这个流程的目的是重新确认该物料的价值，或找到适当的处理方式。

逆向物流在供应链管理中是一个难题，据统计，逆向物流成本是同产品正向物流成本的4到7倍。但还是有越来越多的企业开始关注并提供供应链逆向物流流程。主要原因有两个。

一方面是在环境方面，对废弃物的管理和处置问题越来越得到政府的重视，各国政府相关的法令规定对废弃物和制造业对环境的保护具有强制性，企业无法回避。企业妥善处理退返物料能够有效合规，甚至延长产品生命周期，而改善退返流程能获得与竞争对手的相对优势。

另一方面则是循环经济带来的理念改变，企业和客户都意识到，某些产品零配件或者其中含有的物质，可以回收再利用，从而创造价值。创造价值的三个环节可以用三个R字打头的英文单词来诠释：Rework（再加工）、Reuse（再利用）和Recycle（再循环）。部分产品退回后，通过评估并采取合适的处置方式，能够通过各种方式带来收入。包括寻找其他渠道或转售，或将物品和配件卖给其他对于产品等级要求较低的客户；也可转发给其他客户，用于再生产或在二手市场中销售。

数字化技术和手段，能够帮助企业进一步提升逆向物流效率，降低成本，甚至创新同业模式。

我们曾辅导过一家电子玩具公司。他们生产并销售各种智能玩具，面临大量的售后服务请求，包括产品软硬件与配件更新、升级、维修、退货和退返。他们已经上了一套售后服务系统，实现了服务流程申请和追踪的电子化，但逆向物流问题仍然突出。通过我们的辅导，他们先后上线自助退返申请平台，允许客户和经销商提供退返请求及相关完整的产品信息，并能全程追踪进度。同时他们在产品上添加了 RFID 标签，当产品到达售后网点时，网点能够自动判断并推送匹配的功能包，丰富可玩性；工厂则能立刻了解配件更新升级需求，确保产品返厂后能第一时间更新、维修和翻新。基于在线平台与服务网点积累的活跃用户的数据，他们还推出了以旧换新和翻新二手玩具在线社区，极大提升了客户黏性。

数字化技术更是有效推动了循环经济的普及。比如，数字化技术提高供应链全程可视性和可控性，能够有效降低能源消耗和废物产生，减少和控制废品与副产品，或对这些物料进行有效的全程管理。数字化技术也能帮助企业用合理的代价跟踪产品从设计到废弃的整个生命周期，设计更可持续的产品，延长产品使用寿命，促进再制造和回收。甚至促进新的循环经济商业模式，例如产品作为服务（Product-as-a-Service）模型，其中消费者租赁产品而不是购买，制造商负责产品的维护和回收。

4.8.2　从售后到退返流程

从售后服务到退返的流程包含 8 个相关子流程（如图 4-11 所示）。

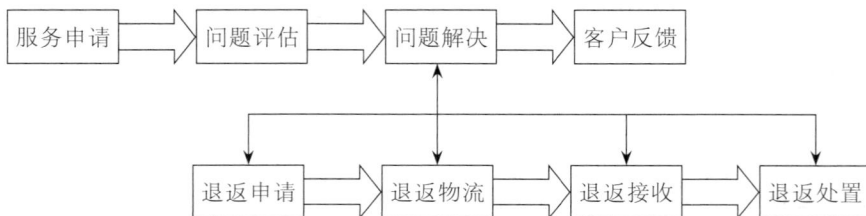

图 4-11　售后到退返流程简图

1）服务申请

用户、客户或经销商，联系售后服务部门，报告产品问题或寻求售后支持。

2）问题评估

售后服务团队对问题进行评估，确定需要启动哪一类售后服务或响应流程，包括是否需要退返产品。如果需要，将引导客户开始退返流程。

为了提高售后效率，企业都会建立科学高效的售后问题评估分类或分级分流机制及预案，以快速完成问题评估；而非采取对每个问题评估的方式。

3）问题解决

企业按照相关售后法规与规则进行售后问题的处理。解决方案有很多种，不同行业与企业都不一样。

目前多数国内企业都只会在少数情况下启动逆向物流作为解决方案，更多地会选择总成本较低，客户更能接受的服务，比如货值较低的可能直接补发新产品。而以汽车行业的"召回"机制为例，也只是"召集"消费者自己安排时间"回到"授权维修中心接受免费更换和维修，并不存在任何逆向物流。

4）客户反馈

售后问题解决后，通常需要客户反馈满意度，或是通过回访的方式确保客户接受问题解决方案，以关闭售后流程。

5）退返申请

售后流程不一定会启运退返和逆向物流流程，但退返需求一定源自售后服务。不管是由品质或使用问题造成的，还是基于一定规则需要启动退返或逆向物流，都需要由客户或售后服务团队提交或在内部建立退返申请，其中包括产品信息、问题描述以及退返原因。

退返申请是逆向物料的起点，通常需要经过内部审批流程，以确保符合公司政策和流程规定。

6）退返物流

一旦获得批准，安排退回产品的物流。这可能涉及安排取件、包装和运输。

7）退返接收

收到退回的产品，并进行入库，同时记录产品的状态和问题描述。

这个流程步骤中，企业需要记录和报告退返活动的内部信息，包括退返数量、产品状态、维修或再制造过程的细节等。这些记录用于监督和报告退返流程的绩效，并将这些信息开放给售后服务团队或客户，以便于他们了解有关产品的状态、维修进展以及退返处理的信息。

8）退返处置

对退回的产品进行评估和分类。一些产品可能需要维修、再制造或重新包装，而其他产品可能需要回收或废物处理。

大部分企业的退返处置流程只是一个判断分流的流程，甚至会与上面的接收流程合并。

对需要维修或再制造的产品进行相应处理。有些企业会有专门的产线或是人手处理这些产品；而有些企业则会安排一个准备工序，将这些退返品恢复到可进入产线的状态，使用现有的产线和产能进行生产或包装，但需要用专门的计划进行管理，或是通过批次管理以确保可追溯以及与正常产品的区分。最终这些产品都会恢复到可销售状态。

对于无法再次销售或修复的产品或部件，则进行回收或废物处理。有毒有害物质需要交给有专门资质的企业处理。

4.9 数据管理

我们在前面谈了很多流程管理和框架设计，也谈到了先进的信息化系统给流程带来抓手和支持。但是，再好的系统也无法将无价值的数据变为有价值。所谓的数字化管理，其中"数字"相当重要。

数字化转型项目中，主数据的管理一定是重中之重。因为有句俗话："垃圾进，垃圾出"（Rubbish In，Rubbish Out）。意思就是，对于算法和系统来说，如果输入的数据是低质量的，输出的结果也是毫无价值的。千里之行始于足下，数据的价值体现需要经过一个过程。

下图4-12解释了进行数据管理流程的重要步骤。

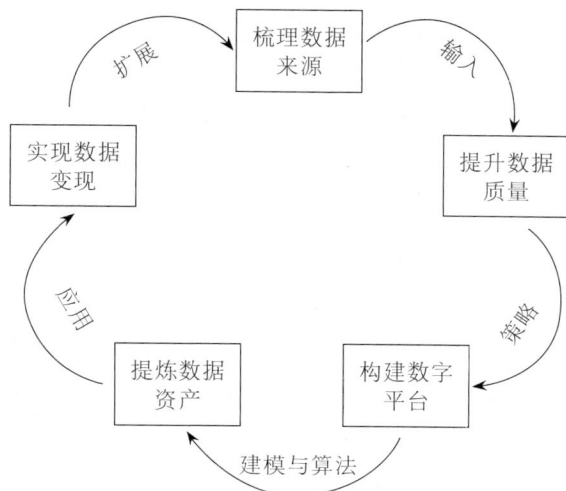

图4-12 数据管理流程

1）梳理数据来源

这个过程主要是进行数据的收集和初探。收集是了解数据放在哪里，而初探是对数据进行大致了解。例如记录条数、时间跨度、维度属性等可以在这个过程中进行了解。企业可以成立数据小组，由其中的成员进行收集、整理，也可以让其下游部门或管理者不断询问数据的出处和解释数据的定义，这样可以让数据的"家底"被摸得比较透彻和全面。

这里的数据不仅仅包括系统产生的结构化数据，还包括企业所有业务与管理流程中的半结构化或非结构化数据。随着大语言模型和算法技术的快速普及与降本，这些信息很快也可以被分析和处理。

2）提升数据质量

统一数据标准可以为企业带来很高的业务价值，也是提升数据质量的前提和基础。建立适应全企业的主数据统一标准和规范对未来的数字化转型至关重要。信息化建设可以增强系统集成的便利性，降低接口成本、数据清洗和维护成本等；统一的主数据标准对数据的存取、加工处理、分析带来极大的便利。

和上下游合作伙伴协定唯一性数据编码，可加强各事业部、分子公司的协同和共享，同时实现企业级风险管控；系统中财务方面的标准科目数据，为财务核算、报表分析对比提供基准；统一物料和工艺管理主数据可避免一物多码、可有效支持规模化集中采购、可真实反映生产现场的产能情况，也为集成的供应链规划带来基础。

针对数据的规范和标准，建议关注以下几个方面：

■ 数据编码：基于数据模型，建立适用于全企业范围的编码规则，并在业务中直接应用该编码，利用编码唯一性实现业务协同与系统集成。

■ 数据合规：将数据维护和业务合规紧密结合，数据合规融入到部门或供应商管理的流程管控中，例如合作伙伴准入机制标准之一，进一步提高各流程管理范围内的数据合规。

■ 数据标准：明确每个数据属性项的定义和取值规范，约束各系统中的属性差异，支持后续业务控制，并构建分层级管理体系。

■ 数据分类分级：建立全企业统一、规范、科学的数据对象和模型分类，进行分类和分级管理，不断完善数据采集模型并进一步提升科学性。

提升数据质量需要立规矩，需要管理职能和体系支撑。数据的管理体系是最复杂的，必须建立分层管控体系，明确责任，才能保证数据质量。离开数据质量，企业再多的信息化与数字化投入都很难产生财务价值，甚至会误导决策。

3）构建数据平台

企业在数据排摸并制定数据规范后，就要考虑未来如何保障数据可以支撑业务的发展。构建数据平台是一个可供考虑的措施。

首先要考虑的是数据治理的长久策略，在很多 ERP 系统上线项目时，大家会比较关注数据的建立，包括系统的结构性数据和一些静态数据，例如财务科目、物料大类属性的数据等。但是很多数据是在业务过程中发生的，是每天都要进行录入的，这些都是动态数据或者称为交易数据。这些数据是未来作为数据分析、挖掘的来源，所以针对这些数据的治理工作是一个持续不断的工程。数据治理需要关注这些数据的实时监控和管理。另外，很多企业数据上线时会做一些报表开发或系统开发的工作，对于这些元数据、代码的安全性也要进行管理。

其次要理解数据都是从各个系统中抽取的，每个系统的蓝图框架、系统蓝图和各内部系统之间的数据传递、交互，以及和外部系统的数据接连都是支撑数据采集分析的来源。

企业希望通过数据进行分析，就要考虑数据的采集工作，确定数据采集的源头：哪个系统中的哪个栏位的数据源。数据采集后的储存方式是什么，储存地点是哪里。储存后的数据如何建立数据分析模型，用什么样的界面和图表进行展示。生产报表的服务对象是哪些部门或者哪些上下游合作伙伴，针对这些开发的数据服务如何进行保密性等级管理等。

数据是动态的，数据的监控可以通过监控例外事项、警告讯息提醒来发现在业务过程中的例外事项进行事件响应。另外用户权限管理也尤为重要，对于用户的培训、用户录入数据的监控和检视也需要进行。

当以上数据平台中的数据治理、系统和运维管理的流程都建立起来后，数据就可以被很好地运用起来了。传统数据的应用关注的是数据和业务流程的可视化，可视化就是指管理人员能大致了解精彩的图表和准确的数据报告。当然，如果要更进一步提升数据的应用，就需要数据挖掘了。

4）提炼数字资产

举个生活中的例子，对于一个经营餐馆的老板来说，他可以把用户在这个餐馆吃饭的频率、最近一次的消费时间、消费的金额放在一起形成客户数据，并针对客户数据进行分类分析。这就是所谓的客户画像。当他看到一个经常光顾的高端客户后，这就需要把他"保护"起来，经常给予一些小礼品、生日祝贺等关心，这样就可以把客户作为资产保护起来，让该客户成为该餐馆的忠诚客户。

所以我们认为在供应链过程产生的数据，从数据底层源头指数据分类及建模后的分析，产品、质量、供应商、客户、物料、工艺路线等等众多数据都可以成为公司的资产。特别是像上面例子中提到的，当我们把数据进行建模——形成用户画像后，数据已经成为资产。

数据建模和算法是把数据变成资产最常见的两种做法。模型和算法，可以帮助企业更好地理解和分析其业务数据，发现隐藏的趋势、关联和见解。这些见解可以用来改善决策、提高效率、减少成本、增加收入，甚至创造全新的业务机会从而帮助企业在市场上获得竞争优势。例如，一个预测模型可以嵌入到企业的销售自动化系统中，以帮助销售团队更好地预测客户需求。这种集成可以将数据建模或算法转化为实际产出，同时部分数据建模或算法可以申请知识产权，并将其视为有价值的资产。

更进一步看，高质量的数据建模或算法可以随着时间的推移不断增值。随着新数据的积累和算法的改进，它们的价值可能会增加。这些数字资产可以成为企业的战略性资产，也可能吸引投资者的兴趣。

5）实现数据变现

数据采集和展示是"术"，如何运用数据进行管理决策和业务挖掘是"道"。我们可以从业务的数据中找到数据和数据之间的逻辑关系，这些关系可能是并列的、承接的、递进的、转折的、因果的、有条件的、假设的、可以被诠释的。在供应链中管理中有很多案例都可以通过各种统计方法进行数据分析、挖掘和决策。

例如供应链管理中的库存管理的一个指标：库存周转率，公式为：年度销售成本/平均库存金额，这是一个体现企业库存健康水平的指标。这个指标就显示了在客户满意度不变的前提下，总体库存投入的资金和销售成本之间存在正相关的关系。那么，作为决策者就可以考虑当来年销售额增加带来销售成本增加的同时，应该给予库存资金投入的增加。

再例如在需求管理中，我们针对位于销售部门的促销进行历史的数据分析，看到促销的力度、价格折扣带来的销售收入的增值比率系数，这一系数也将是未来促销计划和供应计划应该平衡考虑的数据。

除了通过提升运营效率来实现经济价值外，资产本身也可以快速变现。以社交媒体为例，广告收入、付费数据分析报告、付费会员高级功能，都是基于海量数据基础实现的。

对于一家有优质数据资产的制造企业来说，也能通过以下方式直接变现。

■ 智能制造解决方案销售：将应用有效的数据模型或算法出售给其他制造型企业，如预测性维护数据、自动化生产线和数据分析工具。

■ 工业物联网服务：将其物联网平台开放给上下游，让他们连接和监控设备，并提供实时数据分析服务。

■ 数据分析服务：利用收集的生产数据为相关企业提供数据分析和优化服务，帮助他们提高生产效率和产品质量。

■ 数字化产品设计咨询：提供数字化产品设计咨询服务，帮助其他企业采用类似的技术和工具来改进其产品设计流程。

■ 培训和咨询服务：开展培训和咨询服务，帮助其他制造商理解数字化转型的益处，并指导其实施数字化解决方案。

在我们这么多年来参与项目和带领咨询项目的过程中发现，很多实体企业购买了优秀的系统，但往往对于数据的管理投入不是那么上心，这样就会造成垃圾数据在系统中存在很多年，或者未进行清理，或者错误的数据造成财务差异巨大、库存的数据不准，继而造成由这些数据带来的决策错误。希望所有的管理者把控好自身管辖范围内的数据，不要指责 IT 部门，也不应该把所有的问题归结到系统上，而是需要建立优秀的数据管理体系支持业务的发展。

数据管理是一个闭环的持续改进流程。企业通过这个流程不断扩大数据采集和应用范围，提升数据质量，积累优质的数据资产，转化为财务收益。

第5章 供应链数字化项目

5.1 供应链数字化战略项目组合策划

5.1.1 供应链战略规划

在第2章数字化供应链战略中我们提到，供应链运营战略上接企业经营战略，下接管理战略。因此，当企业战略确定后，应当按需制定运营战略。

以我们辅导的某家具制造企业为例，基于PEST和SWOT分析，面对异常激烈的同质化竞争市场，双方制定了如下经营战略：

■ 提效降费，确保有竞争力的价格和合理的厂家与经销商毛利。

■ 质量稳定，控制成品质量，减少客户投诉和退货，提升客户口碑。

■ 定制家具，实现客户参与的方式，提供几个产品的多规格定制。

我们在此基础上为他们建议了供应链（运营）战略（如图5-1所示）。

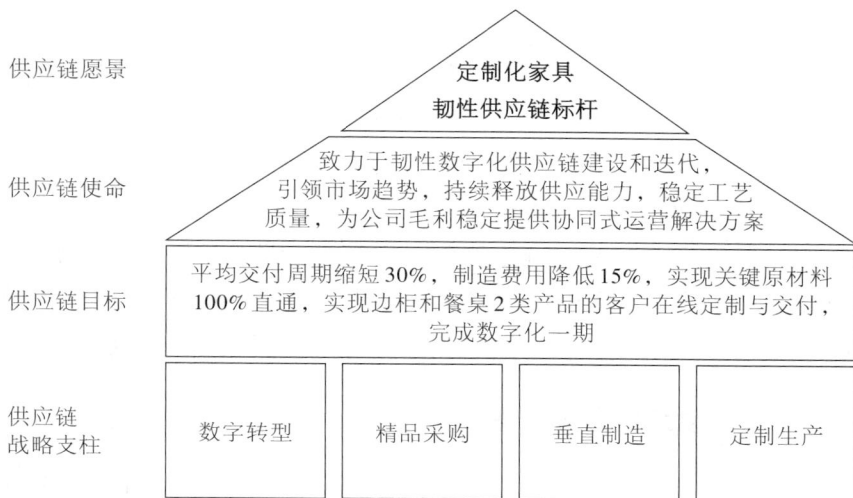

供应链愿景　定制化家具
韧性供应链标杆

供应链使命　致力于韧性数字化供应链建设和迭代，引领市场趋势，持续释放供应能力，稳定工艺质量，为公司毛利稳定提供协同式运营解决方案

供应链目标　平均交付周期缩短30%，制造费用降低15%，实现关键原材料100%直通，实现边柜和餐桌2类产品的客户在线定制与交付，完成数字化一期

供应链战略支柱　数字转型　精品采购　垂直制造　定制生产

图 5-1　供应链战略框架

其中供应链战略支柱的具体描述是：

■ 数字转型：利用数字化技术，提升需求预测准确率，实现小时级生产数据监控，优化库存结构，细化生产计划的颗粒度。

■ 精品采购：与少数精选的供应商建立战略性合作伙伴关系，确保原材料的高质量和及时交付，减少库存，降低运输成本。

■ 垂直制造：打通开料、加工、成型、装配和包装等工序排产计划。整合质量标准，减少生产周期，降低制造费用。

■ 定制生产：在2个品类上推行客户按需求定制家具，运用组件式设计和装配，使生产成本不高于定制前，生产周期不超过标品20%。

通过案例我们可以发现，供应链运营的战略，特别是面向制造业的供应链战略需要结合自身企业的产品及特性提出。制造业的供应链战略主题一般来说是市场影响和产品及服务的竞争力。供应链是保供的部门，无法替代产品设计部门和销售部门的工作，但任何供应链战略都应该反映企业所预期的市场定位和产品及服务的特性。

企业之间以不同的竞争方式存在，也就是说他们所预期的市场定位是不同的，有些可能是以成本为竞争力，有些以出色的产品和服务来竞争，有些是以较高的服务水平来竞争，而另一些可以以客户的定制化需求来竞争，供应链职能必须对此作出响应，提供适应市场不同赛道的供应链的能力。

比如以成本作为竞争力的企业，供应链就应关注如何降低制造成本和运营成本，如果是以产品的定制化及柔性作为市场竞争力的企业，供应链就应考虑如何将整个交付周期缩短，尽量做到小批量多品种的生产方式以快速响应订单的需求。

供应链资源的管理通常是很复杂的，因为供应链的资源有一定的惯性，这种惯性不可能为了适应竞争方式的变化而立刻被改变。所以供应链管理应该考虑的是在有限的、不是那么灵活的资源组合下应对市场的需求。

5.1.2　供应链战略分解

供应链战略分解有很多工具。我们在辅导企业时最常用的战略分解工具是"供应链战略A3"（如图5-2所示）。

供应链战略规划		供应链战略行动项分解		
年度供应链战略规划		3个月行动项		
				责任人
SWOT分析		中期行动项		
		二季度	三季度	四季度
年度供应链提升项		中长期资源规划—资产/人力/ROI		
	年度目标			
供应链运营重点		供应链运营绩效指标		
		一季度	二季度	三季度

图 5-2　供应链战略 A3 分解

因为这个工具最简单直观，逻辑清晰，便于掌握和使用。供应链战略A3将所有关于供应链战略的内容以一定逻辑完整呈现在一张A3纸上，避免制作复杂的PPT，也方便直观地张贴或展示在办公区域进行可视化管理。

这个A3的战略内容可以根据各个企业的情况进行微调，但其核心的逻辑是期望通过层层分析，从供应链战略推导出具体的供应链行动计划，实现从战略到行动的落地。

1）供应链战略规划部分

A3左半部分主要是用于帮助大家基于公司经营战略进行供应链战略要点的分解，或是基于已经建立的供应链战略，进行行动要点的归纳和优先度排序。

（1）年度供应链战略规划

如企业暂时没有供应链战略，则可以用经营战略替代。在这里详细阐述对经营战略的理解。如果有供应链战略的，需要确保供应链战略与经营战略的呼应与支撑关系。有需要时，大家可以使用战略九宫格进行战略规划。

（2）SWOT分析

大部分企业在建立经营战略时，都会进行PESTEL外部环境分析和SWOT内部环境分析。而在供应链战略的分解过程中，就需要针对企业供应链能力进行SWOT分析。需要注意的是，这时候的分析必须是对照当前供应链能力与上面描述的经营战略或供应链战略之间的优势、劣势、机遇与威胁。一定要关注重点，避免做大而空的全面分析。

（3）年度供应链提升项

基于SWOT分析，大家需要同时头脑风暴年供应链组织需要关注和落地的提升项。基于SWOT分析，可以从发挥优势、补足短板、把握机遇和规避威胁这4个思路进行发散性思维。

这时候，供应链能力提升项的提出要求是多多益善。

（4）供应链运营要点

在这个环节，我们需要运用团队共识法，对供应链提升项进行优先度排序和要点归纳。从供应链角度看，提升项一般可以归纳以下要点：

■ 供应链网络设计及数字化规划：数字化供应链必须阐述如何进行供应链网络布局和数字化规划，这样才能了解企业未来供应链的整体框架。供应链环境和未来规划扫描后，企业就有能力理解供应链承载的责任。

■ 产品及服务：企业的产品数字化转型整体规划；企业在互联网+思维的产品开发下，供应链管理部门需要如何进行供应链的整体规划。

■ 运营生产：数字化革命对生产制造流程进行革新，实现智能化生产或智能化配送，供应链如何进行全方位连通网络、增强现实技术应用、人机高效合作、车辆自动运导等服务。

■ 供应采购：供应链如何进行全流程管理，培养高素质人才队伍，如何成熟管理体系并依赖数字技术进行全流程管理。

■ 销售服务：如何区分经销商 B2B、B2C 业务，根据不同的供应链矩阵，提供最佳用户体验，并依托数字化确保个性化的销售与服务的需要。

我们也常常会把这些要点称为供应链云集。供应链战略支柱可以用不同颜色来区分，以便于未来分解 A3 右半部分的短期、长期行动项时进行对应。

当然，企业也可以按自己的特性和成熟度，结合企业的战略用创新思维制定不同维度的供应链战略支柱。

■ 流程保障：借助成熟的管理体系保障高效的全流程协作模式的供应链流程；确保流线型客户信息反馈机制得以运行。

■ 数字化建设：借助互联产品开发组织结构的扁平化，独立的 IT 创新实验室；集团内跨子公司的统一管理。各个业务模块间互联互通的 IT 基础设施，为数字化战略而成立数字化业务部，实现多环节大数据业务应用。

■ 卓越绩效：快速灵活敏捷的交付氛围和持续创新驱动，提升供应链绩效。

■ 组织赋能：设计、信息技术、互联网等领域的跨行业人才培养，联网人才招收规划实施。

■ 创新模式：数字化转型向价值链下游延伸，数字化支撑个性化定制服务，产品生活体验店提供数字化服务。

2）供应链战略行动分解

A3 的右半部分主要是把左侧形成的供应链战略规划行动要点，分解成具体的行动，并明确责任人、目标，并配套相应的管理资源与机制。这时候大家可以对照左侧不同支柱或要点的颜色分类，指定负责人，去引导后续的短中长期行动项，明确负责人、所需资源机制、行动项完成时间和具体目标。

（1）3 个月行动项

基于左侧不同的供应链战略支柱或是行动要点，细化或具体化，形成短期行动项，并明确负责人。

（2）中期行动项

基于短期行动项，明确中期（如未来 3 个季度）的规划以及每个季度的具体行动与目标。

（3）中长期资源规划

根据前面的短中期行动，明确需要投入的资源。资源包括人力资源的招聘和培养，资源也可能是一个仓库、一个车队、一台设备、一个系统资产投入；当然也需要阐述预估的投入和产出是多少。

请注意，资源需求是根据短中期行动项提出的，但需要从中长期投入角度考虑其投入产出比，评估是否需要投入。对于一些明显不适合的投入，又没有应对措施的行动项，大家需要重新反思行动项甚至是左侧规划的合理性。

（4）供应链运营指标

供应链一级绩效指标需要在战略 A3 处呈现供应链关键运营指标，以便未来至少以季度为频次进行检视，同时需要将检视持续填写在这张"战略纸"上。因为供应链数字化的实现不仅依靠一个一个子项目，也需要在实现数字化转型的同时确保企业的运营正常化。

至此，供应链的 A3 战略完成了，企业就可以根据此战略实行具体的供应链数字化转型项目计划和实践了。但大家不能忘了，任何的供应链战略都要考虑一个重要因素——"失败"所带来的风险。供应链的风险可能是在战略层次上的，供应链资源和市场需求的不匹配或不平衡会带来风险；供应链的风险也可能出现在操作层次上，例如制造流程可能会对员工的健康造成损害。有些风险是可以预见的，有些风险可能是不可预见的；有些供应链的决策是成功的，但有些供应链的决策失误也会带来风险。在这里，我们建议在思考整体供应链战略的时候可以运用不同的供应链风险控制的策略，这样在制定数字化供应链战略的时候就涵盖了风险应对策略。

5.2　供应链数字化项目组合管理

5.2.1　供应链数字化项目组合

供应链战略规划与分解为供应链数字化项目立项提供了范围和目标。接下来，我们就需要用一套科学的方法进行供应链数字化项目组合管理了。

项目组合（Project Portfolio）是指一个组织、企业或个人同时管理和执行的多个项目的集合。这些项目通常都与组织的战略目标、业务需求或个人目标相关联。项目组合的目的是确保这些项目协同工作，以实现更大的战略目标或产生更大的价值。供应链数字化转型项目符合项目组合的所有定义，因此需要用相应的逻辑和方法进行管理。

供应链数字化转型是一个超越持续改进，而大胆雄心变革的机会，当我们重新思考业务和供应链模式才能实现突破性的价值。供应链数字化转型可能改变一个企业在未来的发展方向，更可能替代企业现有的传统的运营模式以及可能实现卓越绩效。换句话说，一家成功实现供应链数字化转型的企业将从上到下改变或进化其整个组织及其所涉及的系统和流程。这就是说，数字化转型不能由单一的一条供应链、单一的一个流程、单一的一个职能部门进行，它需要所有供应链的利益相关者都需要参与转型项目的目的、流程及结果。因为一个集团数字化转型战略不是靠一个部门或流程能够达成的，企业不同部门的业务重点必须和企业的数字化战略保持一致，并对转型和变革达成共识和认同。

当然，转型的项目是一个大的项目，包含很多不同的项目群、项目与子项目。这可能需要经历很长一段时间，往往很多企业会抱怨道，我们每天的业务都做不完，哪有时间天天参与项目的进程呢？如果遇到这种情况，数字化战略可以优先考虑数字化举措的重点，这可能是一个挑战，特别是对于跨越不同区域和产品线的多元化组织。我们可以在了解不同的产品线和供应链结构中优先考虑所专注的产品线。或者我们可以考虑针对某一个事业部进行试运行。无论如何，这是一项复杂的工作，循序渐进地推广和实施需要有一个统一的供应链数字化转型"路线图"，它将使转型方法更具有凝聚力，并能确保最终整体的供应链转型成功。

项目管理是指项目管理者在有限资源的条件下，运用系统理论和方法对项目设计的全部工作进行管理，即从项目的决策到实施全过程进行计划组织指导、协调控制和综合评价，以实现项目特定的目标。项目管理的特点与大量的重复性的日常管理相比，具有复杂性，特别是对于供应链数字化项目管理来说，一般可以称之为项目组合，就是指这种项目往往由多个项目组成。供应链数字化项目需要运用多种技术和知识来解决问题，包括供应链运营的知识、系统知识和数字管理的知识。

供应链数字化项目是集成的项目，供应链流程也涉及众多利益相关者。虽然供应链运营有很多最佳实践可以借鉴，但由于各个企业所处的业态不同、供应链运营管理的水平不同，在项目管理中，通常很少有外部的案例或历史的经验可以直接拿来就用。各子项目执行中有许多未知的因素，每个因素常常有不确定性，可见在技术、供应链流程范围、成本、进度等较为严格的约束条件下，实现项目总体目标的这些因素决定了供应链数字化项目管理是一项很复杂的工作，其复杂性远远高于一般的项目管理。

而且，供应链数字化项目有它的创新性。供应链数字化项目的成败有时在一念之间，很多决策具有一次性的特点，因为一旦将创新的想法用系统和数据支撑，这些需要花费很多投入和很大代价。所以创新的性质充分体现在供应链数字化项目。创新依赖于供应链的技术支持，项目管理既要继承前人的知识、经验和成果，又要综合多种最前沿的技术、手段和成果，将流程和技术结合起来去解决复杂问题。数字化项目必须保证成功，因为项目拥有的资源有限，一旦失败了就永远失去了这次机会。有时为了提高成功率和加快进度，需要有多个方案定型，要求有精心的设计、精心的制作和精心的控制，以达到预期的目标。

供应链数字化项目是从上至下的顶层设计模式，所以更适用于集权性项目管理方式，而这一方式往往是一个由多个部分组成的大而复杂的系统，在运行中必须保证整体协调和数字化，通过流程和数字科技优化才能实现项目的目标，项目越大越复杂，其包括或涉及的学科技术种类较多，项目进行中可能出现各种问题，多半是贯穿于各组织部门，要求各个部门都能够做出迅速的反应，因此在项目管理中需要建立集中的领导和专门的组织，将项目的管理责任和权力集中到这个领导和专门的组织身上。尽管供应链数字化项目管理的任务是由不同的人执行，但这个专门的领导和组织负责项目的管理和协调，专门的领导和组织就是项目经理及其工作班子。

既然是供应链项目，项目参与人员的专业性也是不得不提的一个要素。项目管理需要专业知识，供应链管理需要专业知识。项目领导应该是这些领域的专家，精通供应链相关的一些知识、流程、体系，并且能理解项目管理技术逻辑方面的复杂性，善于运用专业的观点来思考和解决问题，并且具有预测和控制人行为的能力。

总结来说，供应链数字化转型项目的困难在于，它同时需要应对：

■ 供应链管理的意识、专业知识普及与能力提升。

■ 数字化意识、素养普及与数字技术的熟练应用。

■ 项目组合、多项目管理的优先度统筹与可能存在的目标冲突。

■ 推动组织转型的变革管理。

5.2.2　启动供应链数字化项目组合

企业数字化转型通常需要成立项目组，项目组通常被称为数字化转型委员会。当企业启动供应链数字化项目的时候，应该安排外部或内部的专家进行供应链数字化转型必要性的宣讲，让整个高层团队，不仅仅是企业一把手，了解到供应链转型的必要性。特别是要让所有的高层意识到供应链战略和企业经营战略息息相关，只有发挥供应链的战略竞争优势，才能驱动企业达成企业目标。

宣讲和培训要提供充分的理论和事实依据，提升大家在以下几点上的认知水平，从而建立供应链提升和数字化转型的迫切性：

■ 供应流程的优化或重构可以达成组织的业绩承诺。

■ 供应链端到端流程改善可以让企业开源节流并增加企业流程的有效性。

■ 流程的重构可以提高现有信息系统的利用率和可视性并能触动高层快速决策。

■ 供应链流程的提升可以更有效地贡献到企业战略平衡计分卡的产出上。

■ 供应链数字化转型可以让整个链条的上下游协同合作。

■ 良好的供应链管理能够为产品生命周期管理提供更明确的数据并指明方向。

■ 供应链数字化转型不仅是系统的转型，而是企业在激烈的市场竞争下的变革管理项目。

供应链转型项目不能盲目开始，企业在对自己的供应链"动刀"之前，需要了解自身供应链的长度、宽度和它的复杂性。

一个企业的供应链长度可以很长，比如粮油行业的供应链，它可以涵盖农业供应链，那就是从田间的作物到收割、收购和存仓的长度；它又可以涵盖生产供应链，那就是从采购到存货，存货到生产，生产到包装，包装到出库的长度；它更需要考虑分销供应链，那就是从成品出库到经销商再到分销商，继而到门店，最后送至客户的手上。再如飞机的供应链，它的长度是从原材料供应商将做好的零部件交付给下游客户，下游的客户再做后加工送至飞机总装的长度，总装后的飞机运送到航空公司或个人手上。

供应链还有不同的宽度，因为企业有集团公司、有分公司、有不同的事业部和工厂，所以供应链管理的宽度不仅是一个工厂，而是要考虑整体的事业部或集团的最优架构。

正是由于供应链长度和宽度的不同，造成了一个企业的供应链的复杂度。很多整车企业，在全球采购的零件高达十几万种，也就是每天有十几万个可能出错的机会，而使生产线停下来，缺一种零件就够了。

正是由于一辆汽车有3万多个零件、上百个一级供应商、上千个二级供应商、多种不同的客户，整车从设计到生产到配送，供应链的复杂度就上升了。把这些供应商和零件协调起来，既要保证及时供给，又要避免高在库，可以想象供应链的难度了。

100年前福特说："只要颜色是黑的，每个顾客都可以买到他们所希望颜色的汽车。"而100年后呢？随着消费者对个性化的不断要求，但又鲜有特斯拉电车这样的外星产品横空出世，这就迫使资质一般的产品不断粉墨更衣以迎合消费者，因此复杂度越来越高。

实体经济下的企业在进行供应链转型前，务必要意识到自身供应链的复杂度，且需要在第一时间想清楚本次的转型是从哪一条供应链上进行变革和转型。或者认识到自己需要从哪一段供应链中进行提升。

企业级的供应链转型可能会影响各个部门、各个流程和人。除了自身供应链的复杂度必须要考虑之外，如何让转型项目在企业中获得认可和生根发芽，也是需要考虑的。每个企业有各自的企业文化，而企业文化是一个动态的概念。

项目组需了解自身的企业文化，从而准确阐述现有企业文化的特征，比较现实文化下和未来转型后期望的差异，比较本企业与同行的差异，衡量企业面对供应链创新、变革的方向与企业长期发展战略的适应性。

面对不同的企业文化，可以用不同的力度进行供应链转型项目的开展。因为在供应链转型的过程中可能面对不同的阻力。如果我们理解了自身企业的文化，就可以在项目开始的时候进行布局（见表5-1）。

表5-1　　　　　　　　　　　　　企业文化类型与特点

	关注内部	关注外部
自由型	以团队为中心的文化，善于和谐合作，内部凝聚力，创造协同作用	善于创新、善于应对变化、灵活、促进增长的企业文化
控制型	通过促进标准化的系统和措施来促进稳定和控制的等级文化	以结果为导向的文化，通过设定目标并将能量转化为行动来合理运作

供应链项目在启动的时候一定需要企业能清晰地认识到项目组合

的关键成功因素，哪些因素是在企业供应链运营所处的外部环境中提升竞争的关键变量，这些关键变量的识别可以带动后续的项目进行战略优先级的捕获和关键流程的识别。这些能加速企业变革的要素包括：

■ 大机遇和紧迫性：数字化不可逆的大背景下，如果我们不尝试进行数字化转型必定要落后。

■ 大领导带领变革：领导者意识到企业"不破不立"，亲自阐述并让项目团队直接汇报。

■ 小胜利带来大改变：依托局部的项目成果来展示数字化转型可以为企业带来不一样的效率、盈利和竞争优势。并非组织中的每个人都需要变革才能获得变革带来的绩效改进效益。如果企业主要文化确实需要改变，必须确保这些小团队成功，这意味着他们消除障碍，以便这些企业能够快速达到转型后的目标。

当供应链数字化项目获得高层认可后，就要开始建立项目组织了。项目的组织是为了保证所有项目利益相关者的能力和建立积极性得到有效的利用的团队。供应链数字化项目组合组织应该明确项目组织关系、设计项目的组织结构、选择项目经理和团队、制定项目管理章程，并且建立项目沟通方式及信息传递方式。

数字化转型项目的领导人非常重要，他或她们必须使用积极的心态，尽最大努力和相关团队进行合作，积极协调各项资源，和外部的系统供应商进行谈判，建立项目有效的激励机制，懂得欣赏并给予优秀的项目团队成员奖励。

我们建议转型项目的领导人除了需要在业务上对于供应链有很深的理解以外，在软技能方面也有很强的能力。如果我们给她或他画一个像，那么应该至少符合以下几点描述：

■ 善于沟通、为人诚信并有较强的法规和合规意识；

■ 愿意虚心咨询内外部的顾问并展示与各方进行合作的态度；

■ 有批判性思维、商业意识、谈判和分析能力；

■ 在必要的时候会对项目的变更和冲突进行管理。

时代的车轮转得太快，在"卷"时代的推力下，转型项目必须有"快速失败，快速学习"的坚韧。

无论哪种类型，项目都需要明确分配职责。这时候，我们可以使用RACI表对所有项目参与人员的角色与职责进行定义，其中：

■ R（Responsible）代表负责执行任务的角色。

■ A（Accountable）代表对任务负有最终责任的角色，通常只有一个角色可以被指定为"A"。

■ C（Consulted）代表需要提供意见或咨询的角色。

■ I（Informed）代表需要被通知项目进展和决策结果的角色。

下面是一个典型的供应链数字化转型项目的RACI表示例。虽然通常每个任务只有一个角色被指定为"A"。但由于供应链数字化转型项目的目标，在技术选型和知识转移这两个任务上都出现了2个A角色。这是因为技术选型必须同时满足供应链和数字化的需求，如果只有一个部门负责，很难形成最平衡的选择。同样，知识转移供应链与业务团队也都需要同时承担最终责任。这些都是供应链数字化转型项目难度的体现（见表5-2）。

表5-2　　**供应链数字化转型项目RACI表样（样例）**

任务	项目经理	供应链团队	IT团队	财务团队	业务团队
需求分析	R	C	A	I	I
技术选型	R	A	A	C	I
技术部署	R	A	R	I	C
数据迁移	R	A	I	I	C
测试验收	R	C	C	I	A
知识转移	R	A	C	I	A
风险管理	R	C	I	C	I

供应链数字化转型项目都需要由授权高管签署正式章程，任命项目经理或同等职位；正式批准资金和资源的使用，确定项目的资金上

限，提出高层次的时间线、风险、权衡和假设；并具有确定成功的项目目标标准。数字化转型项目的项目章程也便于迫使利益相关者就项目的范围达成共识，让他们意识到转型是痛苦的，但是必要的，并让各个利益相关者承诺为其提供资源。对于这些大的数字化转型的项目，我们一再强调这是"一把手"工程，必须由一名或多名高管支持或赞助该项目。项目的团队必须精益高效，团队成员最好能全职参与。项目牵涉到的部门、分公司、事业部、集团其他利益相关者也需要明确作用。

由于供应链项目组合是由比较复杂的各子项目组成的，项目组织应该承担监控项目进度的职责，确保各个项目工作按时、按质地完成。项目组织的带头人，第一个任务就是要确定项目进度控制的方案，它包括方案的可行性论证、综合评估和优化决策，只有决策出优秀的方案才能编制出优秀的计划。项目组织带头人的第二个任务是编制项目进度控制计划，它包括科学确定项目的各项工作及其衔接关系、持续时间数字化上线/下线/重构计划和实施措施。好的项目计划，才能够实现好的计划实施，并且进行有效控制。项目带头人的第三个任务是实施有效的进度控制，包括同步跟踪、信息反馈、动态调整和优化控制。

供应链项目要有"壮士断腕"的魄力，在此过程中我们可以预见项目管理涉及的当事人和利益相关者的抵触、徘徊、疑惑的情绪，这就更要求项目带头人能清晰地认识到这些未来的困难。唯有坚定的理念和信心，才能更好地管理此类项目的复杂性。另外，项目参与人员的选择至关重要，选择对的人来参与项目团队相较于人员的参与本身来说更为重要。未来项目需要良性运作的前提条件是需要特别的团队项目可行性研究。

5.2.3 规划供应链数字化项目组合

在此阶段，团队开会并决定决策基于业务战略目标的优先级和供应链数字化项目的优先级。

虽然我们在供应链战略规划 A3 中，将供应链要点都转成了行动项并设定了目标。这些行动项并不能用来直接立项实施，而需要先将这些行动项转化为一个个单独立项的项目规划，在这个阶段进行优先级管理，并且形成一个有结构的项目组合。

首先我们需要将供应链数字化项目定位于解决重大业务问题和紧密联系企业的关键战略。任何的转型项目必须和企业的战略紧密结合。如果企业未来的战略是低成本战略，那么企业的供应链要关注如何构建一个足够精益的供应链，如何进行转型而带来最低的成本，同时可靠、准时、足额交付，质量始终如一，不会出现意外。如果企业未来需要关注需求可变性高的客户，那么应该考虑的是供应链的敏捷性，企业的供应链能够通过灵活的容量及时响应数量或产品变化。如果企业面对的客户和战略重点是项目驱动型客户，那么企业应该构建对于客户的订单不早不晚、完全符合规范地交付到现场的供应链的可靠性。可以选择按订单设计，确保交货时间足够短，可满足项目期限要求。如果企业需要构建的是客户与供应商长期协作的战略，那么供应链就需要通过提供一致的质量、定价、交货时间和供应（通过信息共享实现），实现互惠互利。如果企业面对的是需要创新或应急能力的客户，那么供应链就应该保障如何快速发展新型产能，提出并设计问题的创新解决方案并通过各种不同的售后服务供应链确保客户的黏合度。

供应链不仅需要了解企业战略和市场战略，也需要了解上游供应商的价值主张。团队必须花点时间了解供应商的期望及其运营模式，以实现持久的合作。通过深入了解企业的合作伙伴，才能致力于根据所需的核心竞争力评判每个合作伙伴对于供应链转型中的角色和他们的重要性。

供应链数字化项目包含复杂、跨职能流程的项目，明确"大"方向和"大"流程后，项目团队需要和项目发起人、流程责任人和高层管理团队一起确定项目的最终目标和项目的边界、项目的人员配备和项目时间表。

如何才能确定好项目范围和边界呢？我们用供应链矩阵对供应链进行定义（见表5-3）。

表5-3 供应链矩阵表（样例）

业务矩阵		客户与市场区域			
		赛道1	赛道2	赛道3	赛道4
产品家族	产品A	√			
	产品B				√
	产品C		√	√	
	产品D	√		√	

供应链永远要考虑的是需求和供应两端的平衡，作为数字化供应链需要做的是顶层架构的设计，而顶层架构的设计需要先了解企业的需求和供应的链条一共有多少个。

从上表可以看到，如果按产品的大类和市场赛道分，企业不止一条供应链。A产品和赛道1的组合成一条供应链，B产品和赛道4组成一条供应链。C产品大类又可以细分为不同的供应链。这些供应链的策略、累计提前期、供应链迎合战略的重点又可能是不同的。这些细分供应链定义好后，企业可以先制定未来全数字化转型的目标。但任何的数字化项目不可能都整体铺开，项目组可以在定义阶段和公司高层共同讨论数字化转型的供应链链条的重点，短期、中期、长期的项目分阶段分步骤实施。

也可以根据不同供应链的6大流程：计划、接单、采购、增值、交付、退返中某一个一级流程进行项目规划，并确定如何在第一期项目取得成效后进行项目成果的推广。

这些确定后，项目组就可以正式立项，并起草项目计划书和建议书了。项目计划书包括项目的背景、供应链数字化项目的背景和做项目的意义，这在前面的章节都已经提及。总而言之就是为了增强企业供应链的优势，为提高产品竞争力，为企业的战略服务。

项目的目标一定要可量化、可清晰阐述并能确保付诸可实现。供应链数字化项目绩效可以有不同的类别进行衡量，包括从客户角度比较关注的指标，如准时交付率或响应度提升；也可以从企业的角度衡量，如何降低供应链的成本或提升现金流等。我们会在后续的章节中进行详细阐述。

当然，在项目计划的阐述过程中要有一定的方法论，也就是要明确项目实施的步骤和思路，这样项目团队和高层才能理解每个项目阶段性交付的内容和输出。

在项目管理中，我们可以用传统的项目管理方法论进行项目管理。那就是先在项目计划中，包括关键项目基线——范围基线，明确项目的目标和可交付成果必须与客户的工作清单保持一致。范围基线包括工作分解结构（WBS），确保项目的行动在 WBS 上，避免项目不断地扩大范围，直至超出范围从而无法控制项目的范围。项目小组需管理项目进度，通过项目的时间表应具有阶段和通过或不通过决策点。项目管理中的甘特图往往是项目管理经常使用的工具，可以显示按顺序执行的操作与并行操作的项目进程。确定项目预算：预算包括直接和间接成本、项目经理可以使用的项目储备金以及管理层批准的储备金。以上这些工作和项目管理的要素可以让项目经理将根据这些基线进行监视和控制。

另外一种项目管理的方法论称之为敏捷项目管理。一般这种项目会涉及软件等技术或需要原型的项目具有高度的可变性，并且需要在所有阶段，甚至在项目后期进行客户驱动的更改。Scrum 是一种敏捷方法，是一个橄榄球术语，意味着团队需要作为一个整体前进，让不同的成员根据需要带头。团队定期开会并计划下一个冲刺（迭代），每天简短总结（站立式开会），并反思和改进（回顾）。

5.2.4　配置供应链数字化项目组合

配置阶段是供应链数字化项目组合进程中最漫长的阶段，分析阶段的目的是深入挖掘供应链指标和流程，以了解次优性能的根本原因（指标缺陷和流程脱节）。配置阶段还考虑可用于解决根本原因的最佳实践和信息科技手段及组织赋能。通过配置，可以做出最终的项目选择，并为这些项目分配资源和授权。

数字化供应链的构建可以从流程的优化、重构切入，可以从绩效的改善切入，也可以从实施某个系统来切入，但不论怎样的切入点，最终离不开流程、绩效、信息系统和组织赋能的结合。

这里，我们以绩效作为项目的切入点进行分析为例。首先，项目组应该收集和战略相关的、并和选定的某一条或某几条供应链相关的KPI进行分析和分解。

从市场的角度，可以根据市场的分类分析客户订单量、市场增长、客户满意度指标；也可以根据企业营销或业务的划分来分析细分客户的数据，大部分企业的这些数据来源于客户主数据，而这些和营销及客户相关的数据基本来源于ERP、CRM系统等。

从企业产品角度分析的数据可以按产品类型、生产周期时间、主计划输入划分的销售额业务、产品开发组织基础产品，这些数据的来源均来自ERP、产品管理系统等。

供应端的数据可以分析供应商交付指标、供应商合同、供应商发展战略，也可以获取企业各战略采购和目前采购战略所关注的运营维度进行分析。这些数据往往来源于供应商主数据，都存在于企业的ERP、SRM、物流系统等。

也可以从企业的地理位置如不同地点的仓库、多级仓库的数据、供应商位置、零售位置等分解不同的绩效数据。

以上数据的分析最主要的目的是了解企业目前的供应链水平。有了这些数据以后就可以在企业内、企业外寻找对标的数据进行差异性分析，找到可以改进的方向。对标是目前很多企业在分析现有的企业绩效的关键方法，用于突出显示真正有缺陷的指标。对标可以使企业能够根据组织的竞争战略将绩效与类似的供应链细分进行比较。而进行对标也是为了明确企业的竞争战略在特定属性上与竞争对手相比处于持平、优势或劣势。

对标不仅可以对标绩效，更需要学习流程对标。因为绩效是流程运营好、坏的产出，当每个绩效数据有了以后，就可以分析流程了。现有流程的情况排摸有很多工具，包括流程图、VSM等。这里我们展示一个机械零配件实体企业为核心流程的某个供应链细分下的端到端流程泳道图（如图5-3所示）。

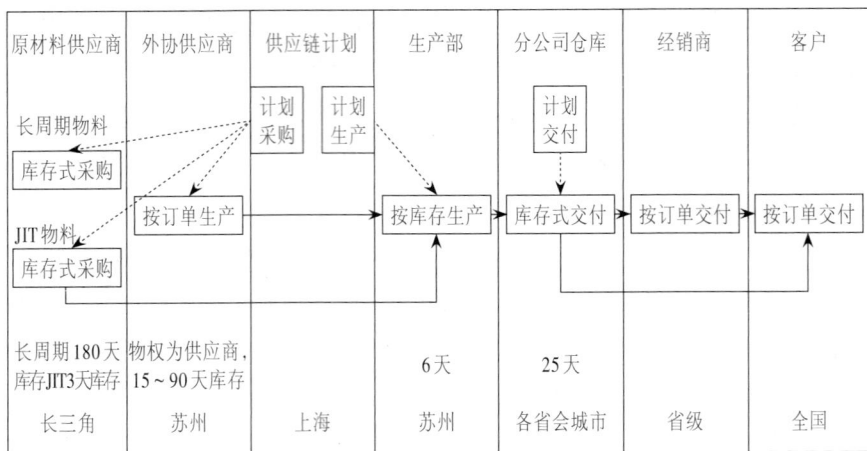

图 5-3　供应链泳道图（样例）

　　从泳道图可以看到，以制造为核心的企业，采用与其上下游的合作伙伴合作和自身的制造、采购和交付的策略。这些不同的策略没有对错，但通过不同的策略分析能了解，在整个供应链的链条中企业处于什么样的位置。案例中的工厂主要是用按库生产模式进行的生产和采购，可见整体的库存水平一定较高。如果项目组希望通过数字化供应链的项目来降低库存的话，改变采购策略、或制造策略、或将供应商的库存目视化及拉动可能是一个方向。当然，具体是否能执行还是需要通过后续的项目进行方案的共识才能达成。但该图至少能让自己更进一步了解自己，或者说让项目组、全公司对现有的供应链的流动和策略有所共识。

　　当然，分析阶段的流程分析不是仅仅靠一个大的泳道图可以完成的，细部的流程分析和分解也是分析阶段很花时间的工作。但我们依然建议多花些时间进行现场的访谈和流程的走访，只有深入到流程的运作和细节中才能理解流程的现状。可以拿着一张订单从计划到交付全流程进行访谈，并将每个分级流程分解为组织特定的子流程，并将这些子流程的输入和输出标识在每个子流程的步骤中。

　　分析流程后，项目组还要对组织架构、人员情况进行分析。在分析人员阶段，强烈建议进行供应链人才评估，以确定人员和相关流程一致性的能力差距。确定这些差距后，就可以将它们映射到不同流程和系统要求的人员技能要求。最后，可以确定满足技能需求的认证和培训。

组织架构也是需要根据流程的框架来确定，如果在每个流程的节点都有人员技能和资源的短缺，那么组织所担负的整个流程将无法有效工作。同时，通过流程的认知，也同样可以看到过多的节点中存在人员的浪费，有时用科技来减少人员的浪费，给流程减负也是一种有效可行的方法。

Gartner提出的全球供应链TOP25的评选所依据的DDVN模型（成熟度模型），关注企业供应链对客户侧价值的整合输出。卓越供应链管理模型，以需求预测为供应链的顶端，以库存周转效率为供应链健康度的核心指标，它可以给企业提供供应链现状的成熟度评价的依据。

企业的供应链和组织架构的赋能也可以进行成熟度评估。如果您的企业目前还是按事业部制的部署，整体供应链的考核及流程打通仅限于某个的事业部内各部门内部的管理，那么就可以定位为第一阶段：部门墙割裂了供应链。如果您的企业已经基于事业部的维度，且事业部内部的职能部门已经打通并协同整合，那么恭喜您的企业已经进入了供应链成熟度的第二阶段。如果您的企业已经打破事业部、组织架构，数字化及管理的层次已经做到了各部门的协同，内部整体流程的打通，那么您的企业就进入了供应链成熟度的第三阶段：内部协同阶段。如果您的供应链不仅做到内部协同，且已经和企业的上下游供应商、客户和合作伙伴打通，那么您的企业已经进入供应链成熟度的第四阶段：外部协同阶段。如果您的企业不仅做到了外部协同，且已经打破链式供应链，让外部需求和内部供应数据协同，让企业的产品和企业的整体产出融合，让每个链式的节点都能依托信息和数据进行自动传递，每个触点和信息都会成为数据价值传送到企业各个接受信息点并快速做出决策和反应，那么您企业的供应链网络的价值就体现出来了。

5.2.5 部署供应链数字化项目组合

部署就是将"分析"阶段的所有信息汇集在一起，之前分析出来的流程脱节和绩效缺陷成为机会领域，将每个机会都记录下来以保持可追溯性。潜在的机会被分组到主题中，然后这些主题构成后续子项目行动开展组合的基础。项目小组需要详细定义子项目行动项并确定优先级，然后项目发起人或高层根据分析出来的优先级机会点确定子项目的改善行动方向。一般部署阶段会有三个重要的产出：

1）转型项目组合包含通过转型学习计划确定的所有项目行动项。

机会的识别在于了解目前流程的缺陷和流程脱节。每个脱节的流程节点和流程缺陷都是未来可以改进的机会点。这些机会可以通过分组并聚合的方式进行归类，当高层审视这些分类并对标其他行业的最佳实践、内部集团其他优秀事业部的最优实践，达到企业未来要求的技能和能力以解决这些主题时，我们开启了走向未来的第一步。

一般来说，在确定优先级标准的时候，建议从以下解决方案考虑优先关注的转型重点：

■ 更好地利用现有信息系统：在我们参与过的很多项目中，发现企业购买了全球知名的系统，但是由于当初上线时候的匆忙导致未能充分梳理当初的流程，同时对系统的认知不是特别深刻，所以没有很好地利用已经上线的信息系统。在这些系统使用了一段时间后，企业发现完全可以基于现有系统的流程迭代，将业务流程做得更高效。

■ 提升赋能和协同：企业千万不能为了数字化而数字化，如果人员的管理意识不强，对数字的准确性定义不清，会造成原本设计的流程没有被很好地运用；或者是由于部门之间的管理壁垒造成了人为的信息流不通畅。这时我们要考虑的是如何将人员的能力提升，将组织架构或管理绩效进行优化，才能配合数字系统的落地。

■ 可持续及未来战略考量：有些企业希望进行国外业务的开发，但国外的运营环境和国内的运营环境有一定差异，这时就需要进行长远的数字化转型的考量；或者有些企业需要重新进入新的产品大类、事业部或市场的开拓，而这些市场或产品和自身现有的流程和交付模式有较大的不同，在做转型的时候要把未来的战略部署考量进数字化转型项目

■ 为主流提供更多信息源：这也是目前做数字化转型比较普遍的项目重点选择。有些消费品行业本来依托经销商模式进行交付，但由于

目前触发需求的信息来源有天猫、京东、抖音等平台，或者有些商场（如山姆、沃尔玛）有不同的数据接口触发需求。这要求企业必须将主流程打开，并开放更多的数据输入。同样的，当企业采购系统需要将采购的信息开放给供应商时，那么主运营流程中的采购端信息需要开放，并且接入供应商的相关信息。

■ 汇集共享资源以实现最佳效率：有些成熟的企业，现有的系统运营良好，现有的数据也相对准确，此时管理层需要通过管理中台，或控制塔进行数据的收集和决策。这也是很多集团型企业目前的项目优先级需求。

■ 在生成信息时捕获信息：在信息时代和数据时代背景下，参与运营的工作人员、消费者、管理者需要实时了解现有生产订单的状态、采购发货的状态、仓库搬运的过程、现场生产的质量信息、订单发运的状态等信息。这些信息的采集和目视化也是很多企业关注数字化转型的重点。

■ 降低流程复杂性：流程不是越复杂越好，而是越简单越好。简单的流程可以提高供应链的效率，也只有提高供应链的效率，降低人员操作的复杂度，这才能真正实现数字转型带来的好处。

2）优先级划分后，针对每个子项目的详细视图，包括子项目的描述、子项目资源需求和相关计划，进行评价。

考虑子项目优先级的一种方法是从项目输出的贡献度和工作量的角度衡量。企业首先要选择那些容易实施并提供显著收益的子项目，第二个选择的子项目可能是那些需要大量努力但也会提供显著收益的行动，然后再是那些花费较少努力但不具有显著效益的子项目，最后是那些需要大量努力但影响很小的子项目。除了投入和产出影响分析外，项目小组还需要了解拟议的项目优先级和顺序。鉴于转型项目中产生的子项目的数量，根本不可能一次完成所有项目。企业的资源有限，无论是从财务角度还是从主题专业知识的角度来看，选择最合适的子项目，应确定所有子项目的相互依赖关系，并根据优先级、复杂性和财务影响对项目进行分类。子项目汇总后的项目组合管理通常必须要考量以下几点：

■ 优化转型组合/计划价值（最大化收益；控制成本、进度、范围、质量和风险）。

■ 验证各个项目是否与策略保持一致。

■ 验证项目之间的技术交互领域是否无缝集成。

■ 项目组合管理需要确定支持和控制的正确平衡。

■ 为单个项目提供所需的控制级别。

■ 通过要求遵守供应链项目管理的工具、报告方法和其他治理来提供中等级别的控制。

■ 对标准化的供应链项目管理工具和方法提供高水平的指令控制和治理。

以上的工作完成后，需要详细阐述各个子项目的描述、项目资源需求，并把所有子项目根据项目的优先顺序在项目总计划视图中展示，这才是整个供应链数字化项目的可用性计划的展示。

供应链管理永远要考虑"需求"和"供应"的平衡，那么供应链数字化转型项目也必须考虑这两方面的平衡。项目任务是确保在正确的时间向正确的项目提供正确数量和质量的共享资源。目标是用有限的资源取得比预期更大的结果。

资源分配的重点应放在由于开发/购置/征聘方面的费用或困难而被认为供应稀缺的资源上。如果实际资源能力与所需资源能力之间存在差距，一种选择是确定增加低技能资源的数量是否可以弥补较少的高技能资源的不足。

3）一旦确定子项目行动项实施，项目小组就可以规划未来的流程图及未来可期的流程效果。

供应链数字化项目不是一个改善项目，而是一个重构项目组合，所以在有经验的团队带领下的部署阶段就需要立刻构建未来的蓝图。供应链未来的蓝图包括流程、系统开发、购买，或者替代等方案。

供应链项目的蓝图方案的作用是从业务背景、转型项目的目标出发，通过方案目标支撑思路，点对点地梳理出应用于供应链转型项目相关的流程解决方案，从而明确团队共同的工作方向。

供应链蓝图方案框架包括几个重点：子项目和新的业务流程的背景

及目标、新流程图的成果、系统的解决方案、解决的业务问题和实现的方向及涉及的业务场景、项目背景及目标。

这是最重要的一部分，需要在前期做充分的市场调研、行业研究以及项目业务背景调研，从公司内部业务主要诉求出发，结合项目高层对项目的期望，提炼与分析业务需求下最根本或关键的项目目标。

整体的蓝图需要阐明企业未来供应链框架的行业特点，并根据市场环境进一步对行业特点进行总结，可以从行业知识、发展史、现状、同行业巨头企业竞品出发，通过企业的SWOT的分析，提炼出内外部环境因素形成的供应链战略的机会及风险、优势与劣势等，也可以适当插入一些突出数据加以说明。蓝图需清晰阐述相关的供应链运营的业务背景，进一步结合当前实际对业务流程做出的变化进行说明，与上述两部分背景形成递进关系，形成转型项目的项目背景的重点，以引出进行流程变化、系统变化、网络变化的具体需求。然后，在各个子模块的蓝图中要具体阐述侧重管理需求引发的项目目标，可分不同的子流程以及系统层面阐述，并对上述问题进行优化。接下来需要展示未来的业务流程规划，可适当对未来新流程迭代或重设计规划，突出体现实现管理需求的逐步变化过程。

数字化项目需要系统平台建设，在整体的蓝图中不仅要体现业务流程的变化，更要阐述系统框架。这一部分可侧重IT角度，比如平台搭建、系统集成、技术架构、数据的串联等。

蓝图不仅是宏观的业务流程展示，特别当蓝图涉及各个子流程和子项目时，需要针对不同层次的流程展示未来可以应用的业务场景。如果涉及系统的定制化、迭代、报表开发，也需要在业务蓝图中注明。

5.2.6　实施供应链数字化项目组合

这是团队正式启动实施各子项目未来业务蓝图的阶段。实施工作需要全面的路线图工作，包括了解相互依赖关系和子项目的时间阶段。

供应链数字化项目可能需要多年分阶段地实施计划。它概述了作为整个项目组合实施的每一部分将在不同时间点实施落地的流程和系统功能。它是未来企业数字化供应链路线图活动概况，重要的是要确定每个子项目随着时间推移而产生的影响。当然，在项目实施的同时，项目小组也需制定组织赋能路线图，企业应该根据数字化供应链的蓝图框架和系统部署来规划如何培训组织内的人员，以最好地实现我们在每个子项目中想要达成的目标，并确保企业拥有正确的数字化技能水平来实现预期的结果。

供应链数字化项目组合的实施、监控、优化调整与总结反馈阶段与一般的项目组合管理差异不大，不再展开讲述。

第6章　供应链数字化评估

6.1　供应链数字化评估框架

6.1.1　供应链数字化评估的作用

评估是供应链数字化转型的关键步骤。供应链数字化转型是一个创新活动过程，而且这个活动发生在企业内外部供应链复杂多变和数字化技术日新月异的环境和背景下。通过有效的评估，才帮助建立完整的PDCA过程，促进数字化转型的持续改进。

基于企业与项目辅导经验，供应链数字化转型有以下价值与作用：

量化效果：帮助企业量化分析阶段性的效果，为下一个阶段以及整个数字化转型设定更为明确的目标和指标，通过定量数据衡量改进效果，确保投资产生预期的回报。基于想要达成的效果，建立量化目标，能够更科学地进行效果与目标的差异对比与分析。

能力对标：运用市场通行的指标或结构化模型，企业可以更好地了

解自身在数字化方面取得的效果与组织能力在市场中所处的位置，确保
数字化为企业带来相对竞争优势的提升。

调整优先级：帮助企业确定哪些领域需要更紧急和重点的关注，从
而在数字化转型中合理分配资源和时间。优先级还会随着业务重点和数
字化转型阶段性效果的变化而变化，进行周期性的评估，能够帮助企业
确保优先级始终处于最合理和优化的状态，避免出现刻舟求剑的情况。

优化数字决策：基于阶段性或周期性评估结果，企业可以更准确地
做出决策，选择合适的技术和解决方案，避免盲目投入资源。同时可以
通过对照数字化转型的目标与评估结果，建立量化分析模型，运用评估
结果产生的量化结果，提升未来技术和解决方案决策的效率与准确性。

跟踪进展：评估不仅可以用于初始状态的评估，还可以用于后续跟
踪，以衡量数字化转型的持续进展和成果。周期性和阶段性评估可以让
复杂多变的供应链数字化转型过程管理变得可计量化、可监管化，管理
层、内外部客户和全体员工可以通过评估更直观地了解数字化转型的进
展程度。

推动变革：评估结果与人员绩效和激励机制挂钩，可以让组织成员
产生更强的自我效能感。定量以及结构化的评估设计，能够帮助组织成
员更清楚地了解数字化转型的重要性与优先度。评估数据化与可视化本
身就是数字化转型的实践，推动落实过程评估，有利于推动组织内部的
文化转变，增强数字化意识和积极性。

持续改进：评估可以促使企业持续改进机制，不断优化数字化转型
策略和实施，适应市场变化和新技术发展趋势。评估可以揭示供应链中
的短板和不足之处，帮助企业识别改进的机会。

基于一些供应链数字化评估的误区以及失败教训，我们必须要强
调：供应链评估的核心目的是阶段性地总结过去，以明确未来的改善方
向，而不是为了考核或是奖惩，更不应该成为各流程、各部门负责人相
互吐槽和指责的依据。各级管理层应基于供应链数字化评估结果，来共
识自身的优势与改进点，并在企业层达成共识，确定行动的优先级。这
种共识应当被广泛传播并渗透到整个组织的全体员工。

（1）供应链数字化转型/改善的根本目的是提升产品和服务的竞争

力，让企业获得更大的竞争优势。

（2）供应链数字化转型/改善本质上是新一代信息技术驱动下的一场业务、管理和商业模式的深度变革重构，技术是支点，业务是内核。

（3）数字化转型面临的挑战来自方方面面：从技术驾驭到业务创新，从组织变革到文化重塑，从数字化能力建设到人才培养，它是一项长期艰巨的任务，多数企业需要3~5年甚至更长时间才能取得显著成果。

6.1.2　供应链数字化评估设计

供应链数字化评估可以采用多维度设计，看结果，也看过程；看业务，也看技术；看内部，也看客户，以尽可能实现全面且客观的评估。

以下是我们设计并使用过的一些评估供应链数字化的标准与指标常用的维度，以及部分样例——每个维度至少要包括一定数字的评价指标、指标的描述、计算公式以及数据来源。实际使用中，大家需要根据企业的具体需求和情况，增加、调整和优化内容（见表6-1至表6-9）。

表6-1　　　　　　　　　　投资效益维度评价指标（示例）

评价指标	描述	公式	数据来源
投资回报率（ROI）	衡量投资相对于收益的效果。ROI越高，投资效益越好	（总收益-总投资）/总投资%	财务报表（收益和投资数据）
投资成本与效益比	衡量投资成本与实际效益之间的比例。较低的比率表示效益较高	总投资/总效益	财务报表（投资和效益数据）
收入增长百分比	衡量供应链数字化转型对收入的影响	（新收入-旧收入）/旧收入%	财务报表（新旧收入数据）
成本降低百分比	衡量供应链数字化转型对成本的影响	（旧成本-新成本）/旧成本%	财务报表（新旧成本数据）
业务增长速度	衡量供应链数字化转型后业务增长的速度	（新客户数-旧客户数）/旧客户数%	销售数据、客户数据等

表6-2 **效率提升维度评价指标（示例）**

评价指标	描述	公式	数据来源
生产效率提升率	衡量供应链数字化转型对生产效率的改善程度	（新生产量-旧生产量）/旧生产量%	生产数据、产量数据等
出货时间缩短率	衡量供应链数字化转型对产品出货时间的改善程度	（旧出货时间-新出货时间）/旧出货时间%	出货记录、订单数据等
库存周转率提升率	衡量供应链数字化转型对库存周转率的改善程度	（新库存周转率-旧库存周转率）/旧库存周转率%	库存数据、销售数据等
供应商响应优化率	衡量供应链数字化转型对供应商响应时间的改善程度	（旧响应时间-新响应时间）/旧响应时间%	供应商数据、交付时间记录等
订单处理优化率	衡量供应链数字化转型对订单处理时间的改善程度	（旧处理时间-新处理时间）/旧处理时间%	订单处理记录、流程数据等

表6-3 **客户满意维度评价指标（示例）**

评价指标	描述	公式	数据来源
客户投诉降低率	衡量供应链数字化转型对客户投诉率的改善程度	（旧投诉率-新投诉率）/旧投诉率%	客户投诉数据、服务记录等
客户满意度提升率	衡量供应链数字化转型对客户满意度的改善程度	（新满意度-旧满意度）/旧满意度%	客户调查、反馈数据等
交付准时提升率	衡量供应链数字化转型对产品交付准时率的改善程度	（新准时率-旧准时率）/旧准时率%	交付记录、订单数据等
售后响应提升率	衡量供应链数字化转型对售后响应时间的改善程度	（旧响应时间-新响应时间）/旧响应时间%	售后服务数据、反馈记录等
产品质量改善率	衡量供应链数字化转型对产品质量问题数量的改善程度	（旧处理时间-新处理时间）/旧处理时间%	质量报告、问题记录等

表6-4　　　　　　　**转型成熟度维度评价指标（示例）**

评价指标	描述	公式	数据来源
数字化转型进展程度	衡量数字化转型在供应链领域的推进情况	完成的数字化项目数/计划的数字化项目数	项目管理系统、进度跟踪等
数字化技术应用广度	衡量数字化技术在不同业务领域的应用程度	使用数字化技术的业务领域数量/总业务领域数量	内部调研、技术应用记录等
数字化文化渗透度	衡量数字化理念在企业文化中的渗透程度	参与数字化培训的员工人数/总员工人数	培训记录、调研问卷等
决策基于数据的程度	衡量决策是否更多地基于数字化分析和数据	数据驱动决策的决策数量/总决策数量	决策记录、数据分析报告等
数字化创新活动数量	衡量数字化转型中的创新活动数量	新的数字化创新项目数	创新项目记录、内部报告等

表6-5　　　　　　　**数据质量维度评价指标（示例）**

评价指标	描述	公式	数据来源
数据准确性	衡量数据的准确性程度	（准确数据数量/总数据量）%	数据验证记录、质量检查报告等
数据完整性	衡量数据的完整性程度	（完整数据数量/总数据量）%	数据验证记录、质量检查报告等
数据一致性	衡量不同数据源之间的一致性	（一致数据数量/总数据量）%	数据对比分析、一致性检查等
数据及时性	衡量数据更新的及时性	（即时数据数量/总数据量）%	数据更新记录、时效性报告等
数据可信度	衡量数据来源的可信度	（可信数据数量/总数据量）%	数据来源评估、质量检查等

表6-6   **转型可靠性维度评价指标（示例）**

评价指标	描述	公式	数据来源
数据质量	衡量数字化系统中数据的准确性和完整性	错误数据数/总数据数	数据质量报告、质检记录等
准确性	衡量数字化过程中关键数据的准确性	（正确数据数/总数据数）%	数据验证、审核记录等
可靠性	衡量数字化系统运行是否稳定，不容易出现故障	（故障次数/运行次数）%	维护记录、故障报告等
预测准确性	衡量数字化系统中预测模型的准确性	（实际预测值−实际值）/实际值%	预测结果对比、模型评估报告等

表6-7   **供应链可视化维度评价指标（示例）**

评价指标	描述	公式	数据来源
物流可视化	衡量物流过程是否能够实时追踪和监控	物流可视化覆盖节点数/总节点数	物流追踪系统、监控报告、数据平台等
库存透明度	衡量企业库存信息是否实时可见	（可见库存/总库存）%	库存管理系统、数据报告等
订单状态可查	衡量客户是否能够实时查询订单状态	（实时订单状态数/总订单数）%	客户查询记录、订单系统等
供应商可见性	衡量与供应商合作过程中信息是否透明可见	（可视数据/总交互数据）%	合作记录、供应商平台等

表6-8   **供应链创新能力维度评价指标（示例）**

评价指标	描述	公式	数据来源
创新项目数量	衡量一段时间内实施的创新项目数量	创新项目数量	项目记录、创新管理系统等
创新投入占比	衡量创新投入占总投入的比例	（创新投入/总投入）%	财务报表、创新投入记录等
创新成功率	衡量创新项目成功实施的比例	（成功项目数/总项目数）%	项目记录、创新管理系统等
创新效益提升	衡量创新项目带来的业务效益提升情况	（效益提升金额/总效益）%	效益数据、财务报表等

表6-9   人员参与度维度评价指标（示例）

评价指标	描述	公式	数据来源
参与项目人力	衡量参与各类数字化活动的员工资源	参与人天/小时	项目记录、活动记录、会议记录等
员工建议数量	衡量员工提出新建议的数量	建议数量	财务报表、创新投入记录等
培训覆盖率	衡量参与相关培训的员工占总员工的比例	（参与培训人数/总员工数）%	项目记录、创新管理系统等
数字知识提升	衡量员工数字意识的提升情况	训前考试成绩 VS 训后1周/3周后成绩	员工反馈、培训测试等

6.2　供应链数字化成效评估

6.2.1　供应链数字化绩效评估

第3章第3节中我们提到供应链绩效可以从三个层面进行构建：组织层、运营层、操作层。而三个层面的构建都始于公司的供应链战略导向，并可以通过不同的市场和产品的组合去构建供应链的绩效。同样，供应链数字化转型绩效管理也可以用同样的逻辑明确需求和评估指标。三个层面都需要有明确的标准以反映客户对产品和服务质量、数量和供应链交付表现的期望。供应链数字化绩效评估的指标设计要考虑组织、流程以及各操作步骤的结构中需要的配置，以使流程的设计匹配组织目标的有效达成。

绩效也需要进行管理，管理绩效的每个层次的主责人不同，但每一层的管理是需要通过流程的保障和实践来确保当下和目标的差异可以持续改进以及与时俱进的目标提升。

其中，组织层要做到：组织战略和愿景明确说明并有效沟通，战略对行业的外部威胁和机遇以及内部的优势和劣势充分理解，企业员工充分理解战略绩效；所有相关的流程都准备就绪，所有的流程已经分解，并确定当前跨部门的流程绩效主责人，组织架构支撑战略并强化了系统的有效性；组织及职能设定符合战略目标，定期检视相应的战略目标，保障战略目标的资源分配适当。

运营层要做到：区分关键流程的目标和客户及产品；识别流程对应目标，或已经实施改善；监控跨职能的流程节点，流程的目标和流程的分解对应，每个流程的资源被有效分配。

操作层要做到：基于流程分解操作步骤和标准，确定操作步骤的绩效标准；操作步骤都明确主责岗位，操作流程绩效考核明确；操作人员了解操作层的目标并每日或每周了解绩效达成情况，有效实施绩效的考核和岗位的奖惩；管理者了解每个操作流程的差距并有改善的行动，以及了解绩效的差距和人员资源的改善措施。

从以上描述，我们可以看到端到端供应链绩效评估逻辑。供应链的挑战是根据市场和客户的要求并严格在企业的战略框架下真正交付客户完美订单。当战略的目标无法达成，就是流程有了问题，需要我们像剥洋葱一样一层层地剥开直至细部流程的问题得以解决。

企业管理和咨询的经历告诉我们，强大的管理计量化和指标可以产生深刻的变革。虽然实现完美订单很难达到，但绩效的设计管理代表着目标和企业为最终目标而努力的过程，并通过这个管理的过程了解如何改进或提升供应链流程，以满足客户的需求并提升企业的竞争力。

我们遇到过企业为了超过绩效而夸大数据，并没有真正反映客户需求和真实的情况；也遇到过有些企业为了鼓励津贴和奖励，夸大了绩效的表现。这些做法会造成虚假的组织信心，导致供应链部门与销售和市场的关系紧张或流程管理者的懈怠。所以，无论如何量化绩效，企业都应该以流程提升的方式来评估和管理，专注于流程，而不是数字本身。也就是让量化本身来评估流程，而不是只是归责到人。

领导克服恐惧，充满信心，问题也就迎刃而解了。设计和管理供应链绩效量化、正确应用，才能直击供应链绩效的有效杠杆。好的供应链绩效设计是评估端到端的供应链是否按照企业需要的方式在运营，是否在满足客户要求的前提下总体交付成本合理，包括端到端成本、货物到达、材料采购、库存损失、制造生产、产能损失、运出货物日常开支、关税、税收工具作业等。绩效的透明也是流程的数字化的方式，它可以让企业知道目前的情况和变革的动力，以及我们不断进步的信号。

以下我们通过一个案例来理解绩效是如何构建和设计的，然后了解绩效是如何对应流程的。

MH公司为一家外资的汽车零配件生产厂家，它不仅在国内有生产企业，也有贸易公司。生产工厂负责国内的生产，并保供整车厂。其中部分零部件为进口件，由贸易公司进行采购，并供给国内的整车厂和4S店。

第一步，我们先通过供应链矩阵和泳道图定义和描述供应链

根据该企业的两个不同的供应链：一个为制造供应链，一个为贸易供应链，以下展现了两个供应链的泳道图。在两个泳道图上我们可以了解MH企业目前的计划、采购、增值（制造）、交付流程及策略。通过这两幅图，我们可以发现该公司不论制造还是采购策略均为按库存制造和按库存采购备货的模式。

第二步，定义绩效金字塔

根据现有的企业框架和供应链模式，在和企业高层进行讨论后，定义了供应链绩效的金字塔（如图6-1所示）。

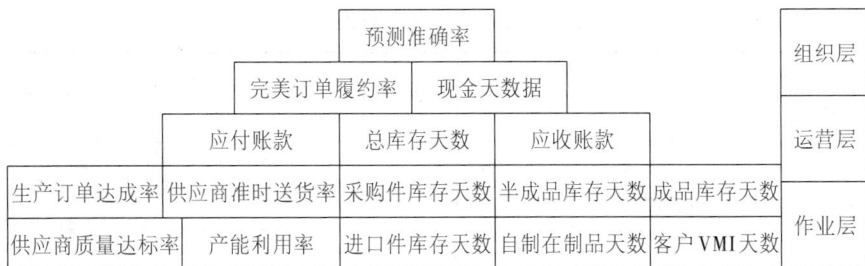

图6-1 绩效指标金字塔（示例）

由于该企业是按库生产和采购备货的模式，所以预测率最后被决定为最需要关注的指标。在这个指标下，企业把完美订单履约率和供应链及现金流作为组织需要关注的绩效。

针对以上的绩效，又分解到不同的运营层关键绩效，并分解到操作层绩效。这些绩效只是在没有数字化系统的情况下搭建的。如果企业有数字化的系统作为工具，或者供应链数字化控制塔平台，完全可以继续

细分绩效的拆分和细节步骤的拆解。

第三步，将绩效指标与影响绩效指标的关键流程进行匹配

根据以上分析结果，项目组选择了匹配MH业务和战略的3个核心流程进行重点分析，分别是计划流程、生产订单管理流程和交付流程。

当关键流程梳理出来后，就可以将流程进行拆解。例如，原材料的库存设计可以分为进口件和自制件，也可以根据不同的供应商的交付地点进行分解，或可以通过不同的材料类别进行分解，针对库存进行SKU定位分析，并将分析出来的结果在系统中进行主数据设定。

当然，在整体构建企业绩效指标及指导流程改善时，这是不够的，还是需要把所有的流程梳理出来——进行匹配。

6.2.2 供应链数字化成熟度评估

供应链数字化成熟度评估需要公司关注的一些过程性或能动性维度指标并建模，以确保在整个供应链数字化转型过程中，有一个整体性、一致性的过程评价基准。

下面是一个简单的供应链数字化成熟度评估标准的样例（见表6-10）。

表6-10　　　供应链数字化成熟度评估标准表（样例）

成熟度维度	萌芽阶段	基础阶段	功能阶段	融合阶段	领先阶段
战略管理	制定了明确的数字化战略和计划	数字化融入长期发展战略	开始推动模块化的数字化项目	数字化成为整体战略的核心	数字化创新的持续推动
组织能力	数字化成为企业文化表述的一部分	数字化在企业文化的宣传或制度中得到体现	建立数字化创新团队和鼓励实验文化	数字化文化在不同部门之间传播和共享	数字化文化在全员范围内得到全面参与
技术应用	具备支持数字化的基础技术设施	建立统一的数字化技术基础设施	开始实施功能化、模块化的数字化解决方案	开始实现不同数字化解决方案的整合	建立研究和应用前沿技术的中心

续表

成熟度维度	萌芽阶段	基础阶段	功能阶段	融合阶段	领先阶段
智能业务	开始对一些流程进行数字化改造	建立统一的数字化技术基础设施	开始整合不同流程和数据的尝试	实现整个流程的数字化和数据流通	实现产品全生命周期的数字化和智能化
全员参与	员工接受数字化培训与水平评估	员工积极参与数字化相关活动	不同部门间开始跨部门合作进行数字化	员工间实现了跨部门协作和知识共享	形成了数字化领导力和高水平数字化能力

这个供应链数字化成熟度模型从战略管理、组织能力、技术应用、智能业务和全员参与 5 个维度，通过这 5 个维度不同程度的事实与表现描述，将成熟度分为萌芽、基础、功能、融合和领先 5 个阶段，形成了一个企业供应链数字化成熟度矩阵。通过阅读矩阵中每一个单元格的简要描述，大家可以理解从左到右成熟度的程度提升以及从上到下，每个成熟度中不同维度的对应关系。

大家通过对比上面多维度指标清单和这个成熟度样例，就可以理解成熟度评估模型构建和使用的方法。结合企业自身在供应链数字化转型中关注的重点维度，以及转型的目标与愿景，同样可以构建企业级的供应链数字化成熟度模型。进一步明确每个描述背后的事实，并设定量化的指标和进行数据采集，可以制作成熟度的图形化看板。

如果想更多进行行业对标或参考，也可以选择 ASCM、Gartner、麦肯锡等一些研究和咨询机构的成熟度模型，甚至借助第三方力量进行评估和对标。

6.3　卓越供应链数字化对标

我们也可以通过对标卓越数字化供应链企业，来自我评估自身公司的供应链转型所处的阶段或是阶段性效果。

下面是一套卓越供应链数字化对标评估框架，描述了不同的管理或业务流程数字化转型的具体表现。这种描述对标法常被用于行业或企业内部审核与评估。企业可以对自我评价，并对照自身现状与基本要求和卓越表现描述中的差异，用5分制、7分制或10分制法，量化自己超越基本要求的程度与距离卓越表现的差距。在打分时，为了尽可能客观，一般会要求列举事实佐证是否能够得分。

这个评估框架也有助于企业对标卓越供应链数字化前景或蓝图去评估自身的竞争力，明确未来方向并优化战略。

6.3.1　数字化供应链战略

评价点	基本要求	卓越表现
管理承诺	管理层学习过数字化供应链的概念，已经将供应链战略和企业战略相联系	管理层精通供应链数字化知识，设立正式的数字化组织与领导职位，确定管理层每个人的数字化角色和责任
愿景战略	高层有书面的供应链愿景、使命和战略，并且对此与管理团队沟通	高层有一个制定好的，对于所有数字化供应链框架的愿景，已经制定了执行数字化供应链的战略，已经有了能够充分支撑愿景的运营目标
	IBP的重点转向跨职能权衡决策的调整和框架，同时在中期时间范围内平衡需求和供应	存在有效沟通战略机制，以促进以固定周期为基础的进展和机会的双向沟通
	一个有目标的供应链数字化项目团队	整个企业完全参与执行数字化供应链的愿景、使命和战略
	在要求或提醒下，战略管理考虑数字化因素	管理层自觉运用数字化协调战略要素，影响系统化决策，形成价值观和目标一致的战略举措
文化	数字化供应链文化变革流程已经开始	员工认识到了数字化转型带来的机会，在所有层面自愿地配合数字化转型
	建立交流平台或论坛	员工理解他们执行改变的能力水平
	变革要求已经确定并向全体员工发布	员工意识到数字化转型对自己工作的必要性
	变革的基层领导已经确定，并教育他们了解变革的需求和如何影响变革	

评价点	基本要求	卓越表现
组织架构	基础的数字化供应链新架构已经引起员工重视，并完成基本沟通	已存在数字化设施和组织
	基础架构在发展过程中	促成者、团队领导、培训方法和工具得以发展
	在组织层和流程层，已经确定关键人物	积极实施数字化变革管理并已有成效
	拥护者已经被确认	
供应链战略范围	在 CEO 的直接领导下，跨职能流程支持业务战略，流程和功能向区域和全球模式发展	供应链生态系统超越法律定义的组织和合同界限，通过伙伴关系创造共同价值
战略绩效	已有供应链战略各关键点的绩效考核要求	针对客户价值和企业价值定义供应战略绩效考核并进行关键流程挂钩
培训	培训部门组织人员开始接受数字化供应链的培训，并向每个培训人员传输使命感	所有业务领导和关键人员已经在数字化供应链的概念方面获得培训
		所有相关业务人员在数字化供应链方面和对他们职能工作必需的特殊工具方面得到培训
		所有运营部门将培训目标作为年度业务目标的一部分
		把数字化供应链基础知识纳入新员工培训手册中
		对于所有管理层来说，持续数字化创新是培训的关键理念

6.3.2 从计划到下达

评价维度	基本要求	卓越表现
需求感知	需求可见性通常仅限于渠道销售；一些事前需求塑造分析	影响需求感知和塑造过程，并与主要生态系统合作伙伴一起推广
需求预测流程	预测流程管理，分配明确的责任	具体一个正规的结构健全的流程，从不同的来源收集市场情报
	利用市场情报（不仅是简单的出货数据）来进行长期的预测	建立了一个从客户至供应商的需求管理流程并由多元素组成（市场评估、产品规划和生产、计划调整周期、推广计划、定价优化、生命周期、季节性计划、短期应对计划体制）
	市场情报是有步骤的、可及时分析传播的	利用方法论使得计划一致，调解资源简单不平衡，并同时考量每个投入预测的准确性
	预测中考虑产品、服务、计划的变化	预测流程在企业中有较高的优先权，目的是获得企业供应链竞争力
	已经和关键客户进行协同预测	针对特定客户，在年度规划的基础上进行分解预测
	预测的绩效是可以被量化的（精准性、偏差、偏移和稳定性）	基于预测变化、订单变化、市场情报等的迅速决策（每日或更短时间）
	至少每月评估预测数据，并尽量做到每周检视	利用计划时界减少影响供应链流程的"噪音"
		整个企业致力于并依赖于一套有共识的预测方法
		供应上下游成员实时数据交互
预测系统	利用简单流程修改历史需求	确定预测日历并严格遵循

评价维度	基本要求	卓越表现
预测系统	基于相关人员、客户和供应商提供的月报，更新市场情报	对特定市场、产品、客户周期数据进行适当的评估手段、方法和算数模型
	使用适当的方法对最底层产品或零部件/原材料进行预测	统计分析月市场情报并与之相结合以预测趋势
	所有数据来源均经过精确性评估	使用具有仿真和模拟能力的跟踪成熟的工具（包括预测模型、客户画像等），需求计划包括基于属性的建模，并包含更广泛的外部输入和属性的建模
		通过与相关人员、客户和供应商的合作，持续分享数据并更新市场情报
		利用合理的流程和系统细化库存单位，并对 BOM 的原材料和半成品进行预测
销售与运营规划-S&OP	S&OP 将分离的市场、销售运营和财务功能整合成一个整体	每月例会并每周更新，将企业战略与详细的设施和能力安排联系起来。用数据进行评估，包括销售预测变化评估、资源评估和库存评估
	每月召开例会，研究企业绩效问题，将企业战略与运营能力联系起来	根据资源数据提出决策需求
	具有满足市场要求的功能协同手段	将新产品管理纳入计划流程
	由口径一致的预测，带动其他所有部门的预测，并分析出和财务预算的差异	整合产品生命周期与 S&OP 流程，并特别关注退市计划和退市后库存计划
		实时比较计划和目标差异

续表

评价维度	基本要求	卓越表现
库存计划	根据计划和缓冲分享技术设定库存水平，并根据预测经常进行检视	库存缓冲管理成为在供应链中基础优化库存计划的一部分
	库存水平基于客户服务要求确定（比如用标准管理方式和客户分类进行系统设定）	目标库存水平根据客户和产品进行调整
	考量服务水平时同时考量了断供的风险和影响	为采取适当行动，可以时时动态检视库存的健康情况（包括活跃、不活跃、过期等分类）
	对库存天数和库存周转率每月进行检视、调整和跟踪	SKU 的提前期、可供性、供需变化等因素，系统可以自动模拟库存水平
	经常对 SKU 进行过期库存检视	以库存成本金额、数量考量库存绩效管理
	所有库存决策的制定利用了相关成本和连带风险数据	系统根据产品生命周期和库存 ABC 分类每月/每周检视并自动调整库存水平或提供数据进行决策
		引入处置后市场技术来处理过期、不活跃或受损库存

6.3.3 从采购到付款

评价维度	基本要求	卓越表现
战略采购策略	战略采购要确保有可靠的、具有成本竞争力的产品供应。按地区或市场调整的站点，并定位于利用资本效率、成本和税收	联合改进措施，以系统化降低采购成本

评价维度	基本要求	卓越表现
战略采购策略	与供应商分享流程和信息系统的应用，以利用他们的专长	与供应商签订联合服务协议，定义柔性供应水平和在规定的提前期达成一致的前提下的资源可得性
		在产品/服务的开发阶段，采用自动寻源系统和数据分析评估可用物料来源
		利用市场情报和供应商历史数据表现，自动采集供应商关键性绩效评估，并确定创造最大竞争力的有效策略
		通过多层流程功能的实时可见性实现敏捷性。联合创新，在整个合作伙伴生态系统中创造价值
采购合同管理	从总体采购成本触发与长期合作的供应商签约	基于总体采购成本与战略伙伴签订契约，并分享流程的改进和收益
	合同要求通过"持续改善"方法，在合同采购进程中不断降低成本	针对不同品类，采用标准化、电子化合同管理
	签订长期协议、允许跨年度、单一货源确保成本降低和供货稳定	绩效标准可视、透明并包括双方的关键性业绩指标
		年度、单一供货合同形成后进行系统链接，令供应商获取采购及库存计划的透明信息
		在合同中规定日常电子表单（包括发货、送货、订单等）在系统中呈现

续表

评价维度	基本要求	卓越表现
供应商选择和整合	在 RFI/RFP 流程之前定义选择标准	在 RFI/RFP 过程中，与潜在供应商共享选择标准并让供应商提前获知这些是未来的绩效参考指标
	采用和强化供应商认证程序	选择程序考虑到企业各个部门中的协同以提升合作竞争力
	选择程序考虑建立长期合作伙伴关系确保稳定及成本下降	基于买方特性的价值标准，以企业的竞争优势要素对供应商进行资质评审
	在专业领域中进行供应商能力分析	跨功能的团队介入认证过程并在系统中保留评价数据
	强化部件/品类的单一货源（受供应商产能限制的除外）	对任何指定的物料采用单一货源，另外的物料建立有类似能力的采购备用货源
	识别并量化部件/品类的备用采购策略	识别、量化、审核物料的备用采购源
		在指定供应商整合措施，考虑地理因素
		采用风险评估和规避措施分析，对可能的供应链中断实施监控和管理
供应商审计	由供应商谈判和审批流程之外的第三方审计流程	要求对关键供应商进行全面认证，并进入持续审计的评估程序
	审计发现的问题通常在发生的时候得以重视	采用客观的第三方审计，发挥其审计能力，改进整个评估流程
		构建好的流程，程序化、信息化地明确整体审计要求

评价维度	基本要求	卓越表现
战术购买 （直接和间接物料）	总括购买订单期间的需求	日常采购通过数字系统（如看板、SRM）自动生成并下达
	根据期间需求生产的总括订单，使用通知到货	系统自动生成采购订单并省略采购申请审核
	清楚地了解供应商的生产能力，在提前期和购买系统中反映出来	对于供应商交货不及时影响到齐套的物料有系统警示
		供应商可自动或通过系统下载生成订货计划和补货计划
		MRO物料提供供应商名录和标准采购价格，或在采购平台上进行采购
采购授权	明确基于成本的各管理层采购审批和授权	系统设定采购授权参数自动分配授权信息
	授权以正式的业务规则为基础	采用预算方式和监控，控制分散采购并降低管理成本
采购收货管理	和供应商有一部分信息交换，主要通过定制界面自动进行	通过互联网、物联网、系统EDI等技术全部自动进行信息交换
	信息交换使用行业标准化交换格式	采用条码、二维码和RFID兼容技术以及数据格式和标签技术进行数据交换
采购计划	根据预定时间按计划送达	对于每月按订单制造的物料，直接送货到库存点
	在使用之前，在每个生产班次结束时直接送到生产线	对于按库存生产的物料，直接送达当班生产线
		运送单元按照使用的顺序，以便先使用的物料先从装料容器中取出
支付系统	根据总括订单集中开具月结发票	适当通过自动开票系统，价格稳定、反冲、在线支付和电子资金、物联网等手段进行交易
	按收货支付、对高交易量供应商采用自动开票系统	支付以使用点的消耗触发

6.3.4 从商机到收款

评价维度	基本要求	卓越表现
订单信息系统	与连接到ERP系统的某些单点解决方案通用的电子表格	需求塑造优化分析和用于需求感知的完全扩展的企业订单管理系统。创新需求分析的选择性测试
	增加电子订购和发票，订单数量和提前期政策反映客户需求，承诺规则和ATP逻辑支持提高速度和准确性	可配置产品的定向订购和支付系统，面向低端客户的高度自动化场外交易，独立的电子商务功能
	基于ERP的交易订单管理系统，具有集成的价格、信用和监管检查。单独的WMS和TMS应用程序	灵活的系统功能支持订单配置、支付系统和多样化的客户需求。集成连接，实现控制塔可见性和协作
营销和客户服务	市场营销管理层已经意识到数字化转型的必要性	市场营销和销售人员承认客户关注是全公司层面的问题，即将参与制定全公司客户意识计划
	营销和销售人员已经认识到有必要建立客户服务目标和标准以有效和客户对接	客户要求和客户需要被视为公司的关键指标
	他们即将追求发展和关键客户的必要关系	客户服务法规计划是一个持续的流程，客户投诉被给予最高优先级以便拿出解决方案
	企业其他部门正在被考虑作为客户服务组织的一部分	把所有相关成员作为客户代表进行培训，随时准备处理客户问题
客户体验	提供的电子商务是可靠的，能积极回应客户要求	采用信息的可视和可听界面，强化可靠的、敏感的客户定制式的电子商务体验

续表

评价维度	基本要求	卓越表现
日常报价管理	有正式的流程管理普通客户的日常报价要求	以自动的和自我服务方法使客户获得日常报价
	报价通常以成本加成为基础	搞定透明的成本因素驱动报价流程
	报价考虑到企业内部产品的可供性，包括制作资源和原料	报价能结合企业内的可供性以及供应商能力和原料可供性
订单接受和输入	有能力通过电话、传真、电子邮件和电子数据交换形式接收客户订单	在订单输入时对产品准确定价，包括对产品配置的调整
	对有既定的区域的所有操作者，订单进入单一数据库	使用 EDI 或互联网支持的订单管理系统，允许远程订单输入、订单配置管理、订单状态更新等
	销售代表具备支持销售地域所需的语言技能	在线订单输入系统具有处理多种语言和货币的能力
	架构表定期更新，手工确定价格	与零售商终端销售点系统链接，当达到目标存货水平时释放信息
	对选择的交易伙伴有基于网络的订单输入方式	订单输入时包括外向运输选择和定价
	出口订单被拒方检查	自动的交叉交易/促销能力
	订单交付的 KPI 达成率较高	订单交付的 KPI 达成率卓越
	所有相关的日期和事件的数据包括处理中心、装运和客户位置的时区，都在系统中标识	
订单鉴别	根据预先设定的水平，参照系统数据库中保存的信用记录，手工或自动确认信用状态	采用适用技术，确认以规则为基础的价格、前置期、测量单位、多方面信用检查（数量限制、信用天数）、客户/产品限制和出口协议
	按照拒绝方清单对是否适合出口进行人工或自动检查	对客户的邀请准确报价，考虑到价格分级、多渠道、溢价和产品可供性

评价维度	基本要求	卓越表现
订单鉴别	通过公共数据库中的客户/SKU 列表，确认客户购买特殊 SKU 的资格	有能力在必要的情况下在多个地域执行单一订单，以满足客户交付要求
	以预先定义的业务规则为基础确认客户	
订单确认	以公共数据库为基础手工检查产品可供性	通过对库存和新产品的动态修订，提供可承诺量（ATP），通过与产品计划制定系统的衔接，考虑产能、原料、库存和替代品等因素
	根据订单，手工分配库存	通过电子邮件/在线方式以书面形式进行自动订单确认
	根据收单时间当天或第二天进行订单确认	根据运输提前期和可靠性，向客户预报预期接收的日期
	确认文件可按要求使用当地语言	
订单处理	如果收到订单是当天，要保证当天输入系统	在不影响其他客户承诺的保证日期的情况下，处理非计划的客户订单
	如果需要，由工程/销售代表计划产品安装	根据服务水平要求、产品特性和成本，自动选择运输方式和承运人
	根据批次安排生成仓库拣货单证	决定适合的分拣战略（批次、单一、区域）
	所有来自客户的要求，要在 2 小时内反馈，在 24 小时内处理完成	订单执行时间周期（前置期从订单接收到支付完成）
	根据数量和产品线统计订单满足率	订单执行差异
	根据订单统计订单满足率	

评价维度	基本要求	卓越表现
交易监测	客户关注团队对于主要客户的询问提供畅通的和专门的回应	追踪承诺的装运期、计划的准制造日期、实际准备制造日期、客户要求日期和数量,以及实际装运期、实际客户接收日期和数量,作为绩效指标的数据
	存在适当的流程,如果装运期超过一天,在计划装运期前通知客户	自动化的信息系统用于报告正常的确认和例外信息
	客户团队能实时可视积压的订单、订单状态、计划装运期、客户分类、客户盈利能力、客户信用历史和当前客户库存位置等	客户有能力监测跟踪订单处理、履行和装运过程
	根据计划的装运日期和客户要求的交付日期,跟踪和报告实际装运期	按业务活动的总时间周期完成
	按承诺的要求准时交付	
交付处理	有能力接受支票、电汇等电子支付	按照条款,在收到货物后自动授权安排支付
	账户款项的支付在一个工作日内完成	主要客户通过EFT接收支付,能够保证实时处理支付
	保证所有支付和交易信息的安全和保密	支付能够使用当地货币

6.3.5 从设计到发布研发

评价维度	基本要求	卓越表现
新品开发	新品开发团队已经开始形成跨部门的开发团队	新品开发流程由各部门参与并整合产品团队驱动开发(包括兼职、全职)
	企业大部分部门都被邀请至新品开发流程中(除客户和供应商)	客户关键供应商参与到开发团队中

评价维度	基本要求	卓越表现
新品开发	了解多少研发人员熟知精益理论，成本和进度的开发流程中的重要绩效	新品开发注重市场和客户需求，并注重产品的目标价及保障快速投产
工艺流程设计	客户和供应商参与某些设计	使用并行工程设计
	与部分供应商建立合作关系	采用自动化、智能化系统协助工艺流程设计
	批量制造在产品设计完成后投入	传统的产品已经持续进行优化并且被创新设计替代
		虚拟设计、3D打印技术等科技已经运用于产品工艺设计中
系统支撑	对于大多数面向客户的员工，有一个有效的设计/配置系统	以实用为目的，使设计/配置系统与价格、成本和订单输入流程充分整合，简单明了，并使员工、客户和供应商方便、可得
	某些客户和供应商能够接触有限的设计/配置数据	
产品/服务创新	现有技术能从总体上充分支持目前的业务目标	由技术来支持目标或驱动产品/服务的引入和创新
	必要时进行创新	存在持续的流程来评估新兴技术的应用
		以客户和市场反馈为集成持续进行技术改进
		与技术供应商/研究者建立起关系，以确保在适当的情况下尽可能早地评估和采用新兴技术
		技术被视为产品/服务引入和创新的一部分

评价维度	基本要求	卓越表现
引入新产品/服务	过去12个月内引入了某些新产品/服务	在过去一年内，在提供的产品/服务中引入重大改进和变化
	对于新产品/服务存在清晰的目标和措施	存在一个在未来引入产品/服务的清晰的计划并能执行
	采用模型和原型开发新产品/服务	存在产品/服务孵化器以开发新方法、新服务
		具有正式流程，以理解客户需要作为提供新产品的关键驱动因素
改进产品/服务	在销售和运营计划制定流程中处理好产品/服务的改进计划	存在正式流程以了解客户需要做新产品的关键驱动因素
	持续评价产品/服务与竞争情况	使用由质量指标和价值指标驱动的流程来管理产品/服务改进
	坚实的绩效指标驱动产品/服务改进重点	客户数据支持产品/服务改进
产品/服务生命周期管理	在销售与运营计划流程中管理产品/服务生命周期问题	有详细的计划控制产品/服务生命周期的每一个阶段
	存在管理各种提供的产品/服务生命周期计划，并得到执行	按时间计划程序式地改进、修正或放弃/取消产品/服务
	对于产品启动和逐步推出多功能的协调和方法	
	最大限度地减少零件或工艺的重复使用。考虑产品变体激增，而不考虑对产品组合或供应效率的影响	跨合作伙伴的开放式创新。通过集成解决方案创新实现生态系统价值最大化
	对现有产品变体的延续或逐步淘汰进行基于收入的评估	模拟和建模客户成果与运营和财务对生命周期产品组合复杂性的影响
	跨职能部门共享的单一产品信息来源。由具有明确所有权的通用主数据集成的功能应用程序	应用程序（包括合作伙伴系统）的无缝交互，管理开放式创新和所有产品生命周期流程
	对ROA和资产效率的影响，其他指标包括设计变更、产品可变性、产量和现场性能	成功基于整个生态系统的价值来衡量，包括合作伙伴创新、网络成本和客户成果

6.3.6 从派单到制造

评价维度	基本要求	卓越表现
生产计划	生产周期明确，整个工作按照既定工作标准和流程有序进行	循环时间标准化，等同于或稍微少于可占用时间之和
	员工可以自行排序自己的工作步骤	具有整合的自我管理/优化管理系统（比如看板管理）
	管理层定期根据计划检视进度	为客户提供全天候标准化服务
	存在提示或预警以防止潜在的过失的发生，比如错过最后期限	具有客户订单、客户优先级、分批的利润和原材料可供性驱动的动态排程能力
	员工依靠监督者来管理例外事件	组织已经采用和实施了适用于他们的市场、流程和产品的生产哲学标准，比如以语速为基础的计划、大规模定制化、精益制造、JIT/质量控制
	生产计划包括价值链的能力和限制。库存支持特定位置的成本和服务权衡	在每个新产品的开始阶段与客户一起举办产品投放会议
	先进的生产计划，实现差异化能力和MES集成	采用预测性分销，避免产品和原材料短缺等问题
		配置、优化和响应功能的适当组合，以确保基于分析和业务规则对事件的适当网络响应
		精细、实时、多层生态系统可见性。规划创新系统使规划与执行趋于一体，以增强响应能力
过程设计	书面化和公布所有程序/表格	标准工作综合点检表向每个标准工作布局位置上的每个操作工展示

评价维度	基本要求	卓越表现
过程设计	尽管必须阅读详细的工作说明以理解工艺流程，还是按规实施	在整个过程中，产品流、标准在制品和工艺文件/展示的程序/表格严格匹配
	根据产品线摆放机台，但没有以单元式摆放	整个设施完全按单元式布局，在适当的时间同步给下一单元，单元之间无库存
	使用某些可视化控制技术让监督者能分辨工作区域是否正常运转	多技能工人在工作单元中被安放
		执行的实时状态明显，视觉控制清晰
		限制条件事先设定，在危及客户利益之前就对员工进行警示
		对任何不良表现，工作单元的视觉控制体系都能迅速做出反应
生产平衡	存在小批次和较短的提前期	提前期接近于过程时间
	工作单元或生产线的瓶颈得到快速应对，并由管理层解决，但是工位之间存在存货缓冲	工作标准化、产量均衡化，以周（甚至天）匹配基础销售
	工作水平相对平稳但或许与销售组合不是很匹配	通过对看板和节拍时间建立一体化工作流程，用于通过工作单元拉动工作
	生产在已建立的节拍时间的上下20%幅度内运转	节拍时间控制流程节奏，在操作岗位之间除标准在制品外没有多余零部件堆积
	建立了WIP目标	实际生产运转时间等于节拍时间，并且执行结果可视
		用在线排程技术以解决需求/供应约束问题

续表

评价维度	基本要求	卓越表现
生产协同	协同制造或服务交付的布局最大化产品/服务流	设备以灵活的单元组织形式或其他合适的布局做分布方式摆放和组织
	工作站是集成化的	原材料和员工的布局和站位完全流线化
	原材料和在途距离是最小化的，但没有完全整合	建立 Jidoka 手段，设备能够识别不可接受的质量
	启动时间得到持续性测量	设备的组织负荷 JIT，利用合适的电子看板手段
		将精益看板流程整合设备，形成自动化生产线和数据展示
过程控制	有部分无差错识别系统设备和培养良好的操作人员	广泛配备无差错识别系统设备和培养良好的操作人员，以及图表化或电子化
	具有基本过程系统，用于分析流程事件或问题	当失控条件出现时，设备能够自动终止流程
	有操作工指导或监督类似流程，经过认证的操作工，经过自我检视，不需在后续工序再次检查	在用的流程实行 100% 的自我核实，但可以要求例外，如 ATP 检测、震动测试、环境测试等
		采用一套先进的统计流程控系统并实时分析结果
		定期回顾、审计和持续改进统计流程控制
		统计流程控制结果反馈到流程设计以合并进生产过程
生产变更	分析和理解改变方法	在改变的时间和效果中应用持续改进实践
	在运行时间内完成所有额外的作业	采取措施使改变有效实施

续表

评价维度	基本要求	卓越表现
生产变更	多数内部流程运行顺利	在改变中整合应用最优排产技术
	采用正规流程以管理和执行工程变更和通知单	用电子手段，通过网络支撑的程序管理工程变更，从要求移动到生产环节，使变更能够被理解
	在生产变更的第一时间内对第一件产品进行检查，确保产品/服务的质量	与合作伙伴分担变更成本，积极均衡生产变更的成本并使成本识别变得容易
绩效控制塔	以 JIT 为基础，定期收集数据进行分析	全球化标准措施和定义存在于公司各个部分以及供应链合作伙伴中
	在管理层的监督下，质量控制或工作组团队以客户绩效目标设定企业运营目标	关键考核具有卓越的导向作用，并且做到目视化。关注客户价值，保持客户和公司目标一致
	由自动化系统支持的区域管理流程，调度管理短期约束	控制塔支持跨生态系统的物料流动态编排，以最大限度地提高联合价值并降低风险

6.3.7 从仓储到配送

评价维度	基本要求	卓越表现
仓库收货和检查	通过提前计划所有拖车的移动和在场内的停靠，检视拖车转换次数	通过提前发货通知预收并提前腾位以加速货物的接收
	及时卸货以避免直流/逾期	将实物装卸和检查职能相结合，既可以增加人员对库存准确性的责任，也可以消除不必要的劳动时间
	接收后需立即出货，入库的货品必须能完全识别	制定货台排班，对于如约到达的车辆，承诺2小时内卸货
	人工安排拖车到达以使人工和货台空间利用最大化的地点	按照 ASN 系统，采用条形码/二维码扫描确认货品接收，系统直接分配仓库位置

评价维度	基本要求	卓越表现
仓库收货和检查	人工安排没进仓但目前订单所需的收货进行入库，发出立即补货要求	系统能够提示对进入货物的及时补货
	人工处理立即补货要求	所有收货能及时获知、安排，并在接收时放到可用的位置上
	绩效标准清晰并提前告知	全自动的无纸化接收（ASN链接）
	所有接收货品应当天处理	通过双重扫描和重量确认检查，监视、报告和控制装运错误
	充分检查以识别不合格品，并进行检验以防止被使用	在需要时，有能力接收根据RFID电子商品编码的货物
	将不合格产品在规定的时间内反馈给供应商	
	收货错误、装运错误、破损水平和溢出短缺水平保持低于与客户达成的协议要求	
	KPI，卸货次数	
物料搬运	有效的物料搬运，如停靠位置有序、通道畅通、位置标志清晰	灵活有效的物料搬运，合适的自动化水平，符合当前预测的业务需要
	保持好的内务走廊和工作区域畅通	系统能够提示即将到来的产品的即时订单要求，在接收时安排越库和立即补货任务
	空间立即装运（越库）产品必须适当处理	
存储	存在基本产品体积数据，但没有储存在系统中	订单管理技术和包装、存储和处理技术整合，同时包括所有产品数据特征
	对于存储位置进行年度评估，以确保最方便取货和恰当制定规格	存储系统设计优良以适应当前的存储类型混合，需每季度重新评估

续表

评价维度	基本要求	卓越表现
存储	高价值的 SKU 存储位置是相邻的，先进先出车队在确保合适的批量控制	订单管理、仓储管理和运输管理系统整合
	对所有高价值和隔离品种，采用笼式管理和控制取货	
	对于散发异味，具有火灾危险或要求温控的物品在专门区域摆放	
集运/装货	按照停站装货顺序安排（比如手工卡车目的地的货物最后装等）	采用最优化的 3D 装车方法
	有适当的流程，将所有单程装货公示订单和客户规定的时间窗口结合起来	合并装货并在远端（卸货点）进行分件处理
装运文件	按客户和出口（海关）要求制定所有装运文件、标识装运货物（比如零售商定制标签）自动识别标签和标识，所有客户一致（如果提前发货通知是最低要求，与客户要求一致）	从系统记录中自动生成和下载装运单
	提前确定所有出口/海关税费和结算流程	提前发货通知通过 EDI 或网页自动发送
	所有客户可通过 EDI、传真或电子邮件获得提前发货通知	使用条形码或无线射频装置，提供包括定位在内的整个发运信息，能实现统一的扫描收货
	自动装运清单生成系统可追踪	在货台装运时贴上与客户一致的自动识别标识/标签
	根据需要生成合适的危险品单证	
	根据需要生成合适的国际单证	

评价维度	基本要求	卓越表现
装运文件	根据要求保存出口记录	
仓库管理系统	正规的仓库管理系统（WMS），混合使用的人工和计算机记录	安全系统驱动的仓库管理系统或自动物料处理系统，持续进行到SKU的存储管理
	存货控制和协调操作确保存货准确率	WMS和其他业务系统充分整合
	仓库管理系统处理接收货物、货位分配、存货和摆位	WMS支持以作业为基础的成本核算/管理
	整合订单管理和制造系统，以实现可视化	WMS支持"价值增值服务"和延迟
	WMS提供报告支持选定的KPI	动态货位指派系统包括批次控制、分区摆放、质量保证、存取的ABC频率。棉线WIP或看板越库
交付证据/在途可视	如果要求，交付证据可从承运人处获得	每单运输都提供电子交付证据
	运输位置和交付状态可以非在线提供给客户销售代表	能够连接到承运人的GPS系统，向客户销售代表提供实时可视信息
		装运位置可通过电子数据交换获得
运费支出/审计	装运单与装运位置和日期单对比，以避免重复支付	利用装运评估单实现"自动记账"，进项运费成本和承运人绩效可视
	批次批准的装运和支付计划	EFT支付
		有运费支付审计系统，以确认费率，避免重复支付
运输管理系统	线路指南对采用哪种运输线和承运人提供指引	自动化的运输管理系统TMS以多种标志为基础提供承运人选择和路线选择
		运输管理系统可以使用自由系统的一部分或者由第三方物流提供商提供

6.3.8 从售后到退返

评价维度	基本要求	卓越表现
可追溯性	系统能够使所有批次产品被准确追踪，知道装运点	符合 FDA 和 GMP 要求的辅助系统，单个产品和服务从零件/部件采购到客户交付的状态完全可追踪
	零件/部件能追踪到供应商的原材料批次	进货批次信息在收货流程中电子化接收
	可追溯性贯穿于供应商的制作过程、产品线和专门的工时	有产品的批次信息和可读的编码格式
	存在清晰的批次定义和识别	
获取客户退返信息	客户通过网站跟踪了解回收品从运回厂家直到处置全过程	客户可通过互联网发出退货申请，接收 RMA
	网络提供回收品装运跟踪信息	RMA 承运伙伴通过对接的互联网系统跟踪信息直到计划上门取货
退返客户的产品	正确识别和标识修复产品，确保产品回到正确的顾客处	修理部件都贴有条码或 RFID 必备追踪
	有跟踪要求的产品和零部件得到正确标识	修理单上有条码，提供员工修理的准确率
	对每个特定维修的产品单元分配单独的修理单	零部件服务期限到期前，告知客户相关信息
	在修理结束之前，主要是通过电话、电邮提前通知客户，从渠道向客户授权	允许用户特定的修理和翻新程序
	考虑对提供维修服务的单位的所有附加保修或政府强制修理问题	系统自动执行用户通知/修理授权流程

评价维度	基本要求	卓越表现
退返客户的产品	准确履行修理单承诺并提供修理单状态信息以供查询	每个修理单都能查到相应的人工和物料消耗量。获得保修客户收费的详细清单
		临时性因修理产生的"外协成本"计入最终向用户收取的修理费中或质保成本中心
		经理缩短平均维修时间
		根据数量、寿命、已使用年限以及零部件使用情况及损坏率预测对零部件的需求
		采取科学的方法设定零部件库存水平
退返至修理库的产品	采用严密的目测、电子或液压等手段检查零部件，以确保返修产品的质量	所有此类的修理品都附有相应的条码或RFID标志
	有跟踪要求的产品和零部件得到正确标识	翻修所耗费的人工和原材料与正常制造流程分开记录
	修理时优先使用旧配件，其次再用新配件	对零部件的需求预测会考虑其数量、寿命、已使用年限以及零部件的使用率及损坏率
	修理完工的产品要通过与新产品相同的质检	采取科学的方法设定零部件库存水平
	翻修的产品得到正确标识，包括平均翻修品达到水平的信息	向存货管理系统提交在修品的信息
	维修完的产品与新产品分开存储	

6.3.9　数据管理

评价维度	基本要求	卓越表现
数据准确性	所有系统内的数据准确性超过96%	主数据准确性超过99%以支持战略、战术和运营计划流程
	有持续的改进流程以提高数据准确性	在线修正问题数据，并进行审计跟踪
	客户数据安全性符合法规	
数据安全性	所有的系统进入由用户名和密码控制	通过多重防火墙加密的DMZ分隔实现互联网进入
	客户和供应商不能进入支持其他客户和供应商的数据库	客户数据和指数产权被完全保护
	内部系统不能从互联网上直接进入	
数据标准	对于与项目、商业交易等相关的数据，完全使用和指出行业标准格式	在内部业务应用中，进行数据标准的内部整合
	是行业协会和/或其他行业组织会员积极参与标准制定的	参与行业标准的制定

6.4　供应链数字化实践评估

　　数字化供应链流程的构建在行业中有很多好的经验和实践可以萃取，通过这些优秀行业的经验，企业可以跟踪自身的情况，站在巨人的肩膀上进行创新和优化自己的供应链。

6.4.1　数字化供应链实践

1）研发数字化

制造业的研发和设计部门是制造的源头，在科技引领行业发展的当下，产品、服务不断推陈出新，为的是让客户的满意度不断提升，并能让企业的研发新品首先进入市场的蓝海徜徉。随着产品生命周期的不断缩短，国际型企业每年都会投入很多的研发费用，国内优秀的企业也不断在研发上给予投入，并进行开放式的合作模式，让一个新产品从创意到大批量生产。而数字化整合的思路让研发的流程更加缩短，并让研发产品的可靠性不断增强。

下面是国内一个知名的厨房电器的制造商的经典案例。一位家庭主妇在创意社区抱怨夏天做饭真的就是一种煎熬，每次做完饭都是汗流浃背。厨房里面又不方便安装空调或风扇，那该怎么办呢？而这个话题引发其他用户共鸣，1个月内有28.7万人参与讨论提到自己深有同感。

研发部门的工程师在开放创新平台发布了技术需求，这个发布需求的开放创新平台是一个标签匹配和大数据技术平台，有7家研发企业共同给出了研发的想法和建议。经过一次洽谈评估会，确定由国内两所高校的研发团队分别承接结构设计和供货任务。在很短的时间里，能让"夏天做饭不再汗流浃背"的制冷油烟机研发成功。该新的智能油烟机跨界整合了冰箱制冷技术，利用"制冷&感应"技术使厨房烹饪用户在几分钟内即可感受到空调般的轻柔凉风体验，用户炒菜不再是煎熬。新产品的研发从第一个客户提出的"痛点"到解决客户"痛点"只用了短短的3个月时间。这在传统的研发流程中是无法理解的。从数字化平台的用户需求收集，到开放式地和社会研发资源结合、再到融合研发模式的数字化整合，至最后的大数据提供的研发信息和模拟技术，数字化推动了整体从设计到制造的流程大大缩短。

2）制造数字化

大量制造业案例告诉我们，数字化转型是提高生产力，从整体上带动实现价值创造的关键杠杆。要取得数字化的制造目标，工业4.0的推动是本轮数字化转型最重要的动力，与传统的做法不一样，在数字化转型当中，通过一个平台，把分析数据和交易数据实时地融合在一起去推动整体的流程改进。

数字化转型在增值制造上的整合和提升基于制造流程向精益数字化

制造推进。它是一种流程化的系统化管理方法，通过构建层级和端到端的制造，让数字化精益制造战略和现场自动化及 IT 系统相关联，形成系统的动态和管理循环。数字化制造流程可以通过完全的自动化或显著减少流程步骤，带动业务的优化。目前业界比较常见的手段包括通过工作流和相互链接的交易系统，实现流程步骤的自动化，通过机器消除一些不必要的流程步骤，通过机器来做人的工作。

通过以上电子行业的数字化制造案例，数字化技术可以让人的工作方式得到根本性的变化，可以让员工在任何的设备上都能够及时访问到正确的信息，提高企业的生产率和利润。自动化的工业设备应用在生产车间，通过车间的数字化的物联网和服务联网实现制造数字化。物联网的广泛普及已经和我们生活中很多产品联系起来，例如轿车里的发动机、刹车装置、安全带、气囊，家用微波炉、洗衣机、冰箱里也有芯片。当这些芯片运行在工厂制造车间里，就可以采集庞大的数据，这些数据通过大量的传感器和生产流程的并发又进一步产生更多的数据。

数据的采集能够让人和提供服务的对象和系统联系起来，并提供快速而简单的服务和应用的组合，实现制造流程的调配和部署，实现整个制造流程中数据的全面安全和可靠备份，提供从传感器到用户界面所有环节的安全保密和可靠的数据传递，支持移动端的设备，支持数字化制造的可能。另外，在物联网开放的环境中，信息通过机器对机器的通信及人对机器的通信，这些数字化通信的内容让现场的管理者获得运营及时的信息并进行判断。

很多智能工厂的创立，进一步推动制造资源形成一个可循环的网络，包括生产设备、机器人、传送带、仓储系统和生产设施。该数字化网络具有自主性，可以根据不同的情况进行自我调控和自我配置。基于知识配备了传感器，分散分布，并包含相关的计划和管理系统。

在数字化制造的前提下，智能产品也是其中的一个拓展。很多产品能够在生产和移动的过程中自动地被识别出来，在任何制造的节点，能让管理者获得整个制造中的细节，这就意味着在某些领域智能产品能够自主地控制自己在生产中的节奏。

随着客户的需求和定制化生产的需求增加，包括产品生命周期的不断缩短，新品的迭代让大规模定制这个概念在制造业中被提出。这就意味着将单个客户和单个产品的特定需求直接纳入产品的设计装配、订货、定计划、生产运营和回收各个阶段，甚至有可能在生产就要开始的时候或者生产过程当中，将最后一分钟的变化需求纳入进来。通过数字化制造和智能制造，也可以通过某些先进的现场虚拟AI产出模拟，让最后一刻的变化不再需要重新校验和监测，客户定制化产品和产品在制造中的变化变得更加灵活。

数字化制造可以将技术类员工从例行任务当中解脱出来，从而使员工能够更加专注在创新和高附加值的活动上。数字化制造的运用，也能通过数据的电子板块将现场的情况反映出来，真正做到精益生产中的"看板管理"。而这些数字化看板在生产现场的数据展示能让现场管理者实时监控每个机台的运营情况和产出，并且能获得产品质量的信息进行质量损失的预警和干预。当然，数字化制造的生产数据形成的电子看板，就是很多企业在运用的"安灯"系统也能让物料的补充和计划变得更加及时。

生产效率的提升、质量的可控、物料的及时补给、客户需求拉动制造的快速应对，这不就是我们在生产中提到的"精益"的卓越目标吗？

3）需求管理数字化

现在很多制造业都感受到互联营销这一概念。目前的消费者，无论在家中还是在交通工具中或在工作中和商店中都能被联系起来。他们需要一个完整的不被中断的，从开始到结束的完整的购物体验。客户不管在哪里，无论是如何被连接，这一体验都涵盖了整个销售流程，包括售前、售中和售后，因此需要一套混合的数字化解决方案，以支持各个渠道各种场景里的消费者的无缝体验和商业模式的创新。

所以那些B2C的制造型行业就要建立能够支持移动端和PC端的网上渠道要求。虽然在今天这种建立是非常容易实现，但是如果考虑到全渠道的融合，那涉及的面还是比较广的。企业能够做到让客户独立完成商品的浏览、搜索、对比、选择、下单等全流程，而且需要后续的订单状态跟踪履约确认、补价、历史保留、个人购物、历史管理等。这就要求企业系统能够包括成熟完整的商品体系、订单体系、库存体系、定价体系、促销体系、会员体系、服务体系和营销体系等。

另外，如果该企业的 B2C 业务还包括实体门店。我们设想一下，顾客走进一家门店，如果发现某一个牌子的产品非常合适，希望购买。但他发现想要的这个尺寸或规格该门店没有，店员在门店的库存系统中查到其他门店有顾客需要的规格的产品，提出调货建议，并保证三天后送到顾客家中或在本门店自提。否则这个客户就会流失。

可见，门店渠道和线上渠道完全融合，是多渠道转向全渠道的关键。针对于全渠道的数字化接单方案，要解决的是电子商务的技术。目前该技术已经发生了根本的变化，以前的做法是建立一个网站，在不同的接触点上采用不同的解决方案和技术，而如今的做法是选择可以跨多个客户接触点的技术来管理市场销售和服务。为了实现这一点，企业需要一个核心平台，以产品管理订单和客户数据和企业的系统相联系。另外，随着移动互联网设备的普及，电子商务的领导者也慢慢开始打通不同的客户触点。这就需要引入另外一个订单管理数字化系统，以应对不断提高的执行复杂性，和业务模式的差异性。

有些制造业针对自身的产品有不同的品牌和产品系列，这就要支持在共同的架构上构建多个地区数字化营销体系。多渠道业务、多个地点、多个品牌的特征，带来了更多的与客户展开特定目标营销的机会，甚至可以通过更加针对性的术语和原始数据来优化搜索的结果。

这些顾客的需求通过电子商务解决系统和制造工厂的 ERP 系统进行打通。通过云技术，顾客的订单在每一个节点上的需求感数据就可以传递到企业的 ERP 计划系统中。这里谈到的需求感知和需求计划不同，需求感知是一种监控实际需求的能力，前者利用的数据除了客户端的数据，还来自社交媒体的数据，并且包括零售预测数和历史数据等，需求感知完全可以通过数据驱动，它通过大数据的技术，由数据推导数据，然后是通过预测模型，给予企业一个未来的需求计划。

4）计划和 MES

生产现场的管理对于所有的制造行业来说都是一个难点。特别是客户对产品配置和交货期的严格要求，新产品的引入和旧产品的不断更新迭代，更复杂的智能生产设备对这些设备的调整，新工艺的采用，都会使企业的管理者意识到计划和制造必须要考虑实际的作业执行状态，而不只是盯着物料和库存来控制生产。

而传统的ERP系统，很多企业使用下来后应该会感受到计划还是比较粗线条的，但如果传统的生产现场管理是一个黑箱的作业，就无法满足企业应对当下复杂多变的竞争需求。

在整个生产现场乃至后端的供应链上，无论是客户订单生产控制还是物流运输，其最小的单元是一件产品，这对生产现场的管理提出了很高的要求。制造执行系统MES无疑是互联网解决方案的核心之一。

MES通过信息传递，把订单下达到产品完整的整个生产过程进行优化管理，当工厂发生实时事件时，MES能对此及时作出反应和提醒，并用当前的准确数据对产品进行指导和处理。这种对状态变化的迅速响应是MES数字化管理的好处。因此制造车间内部就不需要大量的生产班组长进行计划工单的下达和人为的监控，没有附加值的管理活动大大缩减。

另外，MES还通过和ERP系统的数据双向直接交换，向企业内部和整个供应链提供了产品行为的关键任务信息。目前ERP系统没有考虑这些实时交易的数据，所以把MES和ERP系统中的计划模块进行对接，就能够实时将生产过程、工单报工信息传递到计划模块中。ERP和MES垂直集成的生产流程当中，所有的主数据包括零部件、物料数量、BOM、工艺路线、客户订单、主计划等信息都被传递到ERP中。产成品在生产的过程中可能碰到的变量的差异也被反映到ERP系统中，可供财务分析计划和实际成本之间的差异。

好的MES系统是制造业的分析师，它可以把来自任何数据源的数据进行展示，生产经理可以对生产订单进行数据钻取，同时获取生产的汇总信息，以及在制品的质量评估，还可以通过系统中的流程控制引擎，提供不同批次的关键质量指标的变量属性和图表。

运营总监可以将各个工厂的生产情况进行汇总，比较、观察多个制造点的效率，还可以钻取实时的数据，对生产和质量问题进行分析，并对制造环节上的意外事件作出适当的反应。

5）采购数字化

传统的实体企业采购往往要三家比价，寻源和采购并进行供应商管理。如果一个企业有几百家供应商，采购的品类有几百个，实际采购的物料SKU就可能有成千上万个，这会导致采购人员的事务性工作增加。企业通过采购数字化系统的搭建，可以建立统一的集采管理平台。在采购平台上进行全面的主数据管理，包括梳理标准化品类管理，对各品类的采购战略进行分析，形成了清晰的各品类采购策略并在数据库中标识。企业通过收集每个工厂需要采购的物料SKU信息，统筹通用件和原材料采购需求，精简供应商数量，增加采购合同的数量，并通过合同数量的增加获得价格杠杆的效益。

在搭建数字化平台的同时对供应商管理的流程进行标准化管理推进，启用供应商门户Portal，协同整合供应商资源库。同时，对各品类的采购物料进行标准化全生命周期的流程管理，通过供应商供货历史数据的采集和实时供货质量、时间、数量的监控，对供应商进行全面的绩效分析。

在企业内部，数字化采购平台把采购需求标准在线上进行流转，精简了采购审批流程，让预算制和绩效捆绑采购量和金额，让从BOM触发的生产类寻源定价全流程线上协同，并支持供应商线上报价。竞价同时，系统自动根据物料和服务的要求设立技术标准和商务标准的配比，系统自动对报价分析和比价支持并透明化供应商的选择。

对于长期合作的，和那些新进供应商的采购计划管理进行数字化协同，与供应商订单交互确认线上管理，对供应商发货、收货线上监控，和供应商的对账自动线上处理。

6）物流数字化

供应链的物流交付的数字化，其实现在国内已经做得非常不错了。有赖于中国电商快速发展对物流数字化的推动，很多电商的运输网络的规划，全面考虑了从干线运输到前置仓的物流网络运输规划和库存规划。

很多实体企业不可能学习电商对物流数字化投入太多，但如果你的客户在全球各地，制造型企业还是要思考供应链网络中的物流配送。企业可能要考虑以下几个点：首先考虑的是生产厂应该在什么地方生产？不同的工厂应该生产哪些产品？企业应该建或租多少仓库？应该把仓库建在哪里？哪个仓库应该是服务哪些客户和市场区域？每一个工厂或仓库应该生产或储存哪一类产品线？主配送中心或者区域配送中心相对于现场仓库或者本地仓库的作用分别是什么？应该有哪些采购渠道采购物料？应该有哪些产品渠道进行全球市场服务？应该如何综合使用公共仓库和自有仓库？为了满足市场需求，应该有哪一些服务商提供的增值服务？

供应链网络的设计，特别是运输网络的设计相当复杂。它可能涉及大量的数据，特别是它的复杂性是因为采购、物料、产品、仓库、配送、工厂、市场和产品的选择方案很多，涉及大量的数据分析。在整个的设计的逻辑当中，通常使用某些优化的系统来模拟评价设计方案，设计方案包括供应商、工厂、仓库和产品储存战略的组合，模拟优化的系统模型可以考虑到客户的总体需求、生产商的供应能力、可能的物流配送点，也包括潜在的中间点和运输方式，以及其他仓库处理等环节涉及的运作成本。

目前市场上有很多类似的供应链物流网络规划的软件，可以在考虑到相关约束的条件下对不同的方案进行评估。当然，任何的软件需要建模就需要有很多的数据作为支撑，这些数据要包括市场产品、网络客户需求、运输费率、可变成本、固定成本等等。

在整个的物流配送中，还有很重要的一块，即库存分析决策。库存分析决策的重点是确定最优的库存管理参数，以最少的投资满足期望的服务水平。库存参数指的是安全库存、再订购点、订货数量以及对特定设施和产品组合的评价周期，这种分析可以定期或者每天对库存参数加以完善。每天的完善可以使库存参数对环境变化更加敏感。当需求水平或者运营周期时间发生变化时，就会导致库存数据的波动。

在供应链网络规划的管理软件中，一般有两种库存模拟方式：第一种是库存分析法，是基于期望的服务水平来确定理想的库存的一个参数。在这种分析方法中，计算最优的库存参数的输入信息，包括服务目标、需求特点、运作周期特点、物流系统特点。从库存管理的角度来说，服务目标通常是订单履行率，需求特点描述了每个周期客户需求的平均值和标准差，运作周期特点描述了补货运作周期的平均值和标准差。供应链网络规划系统可以针对库存管理决策的分销阶段分析不同层次的库存数，也就是我们通常说的总仓库存和分仓库存的分别建议。第二种是库存模拟法，模拟法可建立一个数学和概率模型，模拟实际的物流运作环境。模拟法类似于为供应链网络和运营政策创造一个实验室的环境。模拟法和分析法类似，但是库存参数的服务水平的作用则是相反。在模拟法中，如订货数量和再订购点这样的参数是待检测的，库存参数是通过模拟法输入的，这些输入信息决定了检测的环境。模拟法的主要输出结果是检测环境的服务水平和库存绩效特点。事实上模拟法是针对某种具体情形的绩效进行评价。如果报告没有达到期望的目标，必须改变库存参数来模拟新的环境，有时需要多次模拟。

在供应链网络规划中还需要决策的是运输线路规划。运输的分析重点是对于运输设备制定路线、计划，以提高运输工具和驾驶员的利用率，同时满足客户服务的需求。运输决策可分为战略运输决策和战术运输决策。战略运输决策考虑的是长期的资源配置，战术运输决策考虑的是短期的资源配置，包括每天或者每周的路线。运输分析的目的是使配送产品需要的运输时间和距离最小化。

常见的运输系统可以帮企业制定运输路线，并针对客户的最佳的送货顺序提供运输服务。在配送的同时，确定每条运输路线应该分配哪一种运输工具，并确定针对不同的客户类型，用哪一种运输工具最佳。在排布运输路线时，也会根据客户的重点、地理位置的远近、未来满足客户的需求并在考虑到运输成本的同时，安排发货顺序。

运输路线数字化分析，也算是一种常见的物流分析，是指在具体的运输路线上的运输移动。线路分析关键的重点是发货地和不同目的地，以及不同方向目的地之间的货运量的平衡，为了使车辆的利用率最大，那么两个方向的货运量应该平衡或者是基本相等，运输路线可以包括两个或多个点，通过在供应商、制造商和客户三点之间对物料和产品运输进行组合来协调运输活动。

　　仓储管理、仓库布局和设计的设备的改进，作为物流流程整个系统的枢纽。仓库的设计布局是否合理，影响着整个库内的运作效率。在确定仓库管理系统时，仓库的人员在指挥中心的作用不可能被技术所替代，特别是物流规划的人员需要在大量的数据的基础上，对有限的资源进行最佳分配。

　　目前在仓库规划的时候可以关注以下几点：第一，人工管理技术可以帮助那些受员工数量困扰的仓库作业辅助管理者决策所需仓库员工的数量，并且可以采用工程劳动标准和支持性系统评估仓库人员的绩效。第二，仓库布局和设计的设备，作为物流整个系统的枢纽，仓库的设计布局是否合理，影响着整个仓库作业效率。可以把仓库按产品类别分为不同仓储区域。第三，仓库开展额外的增值服务，仓库的功能在现今不仅仅是单纯的储存，现在的仓库可以提供一些增值服务，包括流通、加工、组合包装、贴标等等。第四，仓库内的中枢指挥系统，这就是现在很多制造型企业仓库用的数字化仓库管理系统WMS，中枢指挥系统如同管理中心，指导库存的完成，报告执行结果以及每一步的进展情况。同时WMS系统也是外部客户联系仓库指挥中心的工具。仓库管理系统除了能够实现包括进出货管理、库存管理、订单管理、拣选复合商品和货物、基本信息管理、捕获策略、库内移动组合等仓库内的系统功能之外，还能够让仓库管理系统、运输系统、客户管理系统、员工系统和ERP系统进行衔接。

　　仓储有太多的不确定性，仓储的作业是社会经济活动中一个重要工作。仓储设备的选择，仓库规模的确定，仓库的商务管理，特殊物品的仓库管理、库存、货源组织、仓储计划，仓库作业（包括包装和养护），仓库的自然消防生产安全，仓储经济效益分析，仓储货物的保税制度和政策，库存控制和管理，仓储管理中信息技术应用的大量数据有利于对现有的仓储系统进行优化。

　　目前很多自动仓库技术也被某些企业运用，自动仓库作业系统可以替代人工，获取线上订货信息，自动进行货物的拣选、出货。对于产品入仓，可以自动进行收货、上架、仓库内的保管、装卸和作业，场内的管理备货等作业。

另外，在整个仓库的管理和运输过程中，智能集装箱也被广泛使用。智能集装箱采用定位技术，基本上都是通过采取全球的定位系统GPS。智能集装箱自带自动识别技术，是指在整个集装箱运输链条上的各种操作，对集装箱的唯一性标志进行自动化识别的技术。例如在供应链监管过程中，集装箱的装卸船进出码头、堆场或者仓库，以及在每一个节点上的位置的跟踪。集装箱安全和状态监测技术及装备也实现了自身安全检测。主要依靠两种原理，一个是通过安装电子铅封来监测箱门开关状态，以代替传统的铅封。另一个是通过集装箱内的传感装置来监测箱体和货物安全，该装置利用各种技术综合对集装箱的安全进行完全的监控。

7）供应链控制塔

供应链控制塔是一种由技术支持的功能。确保端到端数据的可见性和构建分析能力对于实现动态供应链至关重要。

很多ERP软件公司都开发了供应链控制塔，控制塔一般对三个层次的数据进行采集。

操作层，操作层的数据采集是为了将从商机到收款，从采购到付款，从生产到交付，从计划到库存的所有流程节点中的数据进行采集，让流程的操作人员进行流程运作的细节执行。

分析层，数据的异常带动分析层面从而了解每个流程的情况和输出，挖掘异常流程的出处并进行干预。

监控管理层，是通过数据来进行管理决策，特别是从客户的角度和企业的价值角度确保管理的流程能为企业带来价值。

6.4.2　供应链最佳实践清单

最佳实践是其他企业已经实施，并取得成功的工作方法。从流程角度，对照自己企业做法与最佳实践的相符度，或者看最佳实践清单中，自己企业应用了多少，也是一种有效的供应链数字化转型的评估方法。

1）计划供应链最佳实践

■ CPFR-供应链成员间的数字化连接。

■ S&OP流程成为公司的运营习惯并纳入产品获利性分析。

■ 全流程精确的在线可视（需求优先级资源情况），在线供需资源可视化，并可进行ATP检查。

■ 系统支持供需平衡决策确定（供应链高级计划）。

■ 供需流程高度集成–高级计划支持排程和供应链事件管理，高级计划系统协同扩展到客户，包括计划、重计划、商业规则、计划变更。

■ 每日平衡全供应链供需（客户的客户到供应商的供应商）。

■ 确定和管理供应链对环境的影响和环境对供应链的影响。

■ 可以模拟"What if"的供需平衡，运作策略团队协同，ERP与APS的集成协同；软件为供应链计划流程提供多个数据模型以及运算法则的驱动。

■ VMI和寄售模式，采用库存延迟策略并和供应商共担风险。

■ 联合服务协议（JSA）–协同计划系统。

■ BI对数据的分析（计划主数据，商业规则，业务主数据）。

2）订单管理最佳实践

■ CRM（通过所有渠道了解和掌握客户需求）需求变更信号实时驱动计划变更。

■ 全流程精确的在线可视（需求优先级资源情况），在线供需资源可视化，并可进行ATP检查。

■ 变推式预测信号为拉式信号。

■ 在线询价并链接文件管理流程，减少数据管理周期。

■ 企业级订单及合同费用分析。

3）采购管理最佳实践

■ 用EMS系统选择供应商。

■ 流程确认与供应商有好的环境记录。

■ EDI链接集成供应商资源（库存/能力/可用性等），EDI互联网。

■ 采购环保的材料。

■ 主生产计划反应能力和供应的限制。

■ 销售和运作达成一致保证短期计划的柔性。

■ 能力和供应限制在计划周期中得到充分考虑。

■ VIM或寄售库存管理通过金额和数量进行衡量。

■ 确定供应原材料的可重复利用的资源或绿色产品。

■ 包装的重复利用，与供应商一起减少包装需求。

■ 供应商通过 JSA 分担平衡供需的责任。

■ 基于客户服务要求，实时优化发运方法选择。

■ 评估承运商的准时交货率。

■ 运输管理系统的广泛应用（电子结算，配送预约，运输文件自动化，全程跟踪）。

■ 直接交付到仓库或者使用地，以减少成本或周期（使用才产生应付）。

■ 供应商不良补货（电子标签跟踪的应用）。

■ 数字连接提供实时的需求信息以及处理例行事务，包括电子看板拉动支持生产配料。

■ 产品数据管理（PDM）&电子文件管理支持按产品设计。

■ 采购和生产可循环利用的产品。

■ 在合同中协同环境管理。

■ 长期协议，和客户及供应商形成伙伴关系（VMI/JIT 协议等）。

■ 企业级政策和规则的执行（可通过 Web 的方式作为企业级商业规则的入口）。

■ 电子寻源和议价、报价订单流程（规则&流程）。

4）生产管理最佳实践

■ 减少制造对环境的影响（多工厂供需计划执行），最小化能源消耗，最小化制造排放。

■ 清晰的信息连接，通过快速和精确的通信来确认生产的中断和机会。

■ 在公司的供应资源（包括供应商生产计划、能力、库存以及交货计划）中考虑供应商的物料的可用性。

■ 与供应商的报价、计划，以及客户服务有数字连接。

■ 未计划订单只有在对总体计划没有影响时才能被接受和计划。

5）交付管理最佳实践

■ 物料供应过程中各状态的信息传递是快速和准确的。

■ 预先告知客户来设定期望同时鼓励建立亲切的工作关系，供应链资源的可视化，供应柔性的协定。

■ 客户关系的数字连接提供准确的可视化的实际需求，经由客户预测确定产品计划、生产计划、库存位置。

■ 供应链需求计划与客户的库存系统以及销售时点信息紧密连接。

■ 和关键客户建立 VMI 和寄售管理机制，保障客户单一供应源地位。

■ 合理库存—基于日和周的供应。

■ 保证季节性以及促销供应的柔性。

■ POS 数据以及库存数据之间的电子匹配。

■ 消除"特殊交易销售"来减少退货以及改善预测的准确性（减少不确定性，降低安全库存需求）。

■ 射频条码以及其他标签使用，应用条码来节约交付检验时间，提高数据准确性。

■ 预测实际客户补货信号或者订单替代。

■ 合计需求减少运输成本，实现燃油使用最小化。

■ 使用可回收包装。

■ 需求优先反映客户关系策略，据此自动分配资源，FIFO 作为默认计划优先策略。

■ 考虑那些在当前计划周期内不能充分满足的条件，每个功能区发展优先推荐给后继的计划期间。

■ 计划应遵循商业规则。

■ 最大装载，最小发货。

■ 明确的计划变更要得到跨模块的相关职能部门的确认。

■ 直接交付到客户仓库或者使用地，以减少成本或周期（使用才产生应付）。

■ 计划如果违背了 JSA，将进行跨智能模块讨论，考虑整体商业影响（利润、成本、质量、客户服务等）。

■ 尽可能利用石油替代品和高能源利用率的运输工具。

■ 电子发票流程。

6）退返流程最佳实践

■ 与第三方物流实施计划逆向物流、Milk Run、区域内循环运输模式的协同计划与预测。

■ 使用需求计划系统来预测逆向物流，和需要重新利用的产品或组件。

■ 重新确定销售市场，规划利润流。

■ 使用基于历史的逆向物流预测。

■ 确定回收程序、项目和规则。

■ 实时的回收或逆向收货的预测。

■ 允许供应商对当前的回收情况掌握完全的信息，并能预测回收活动时间。

■ 通过JSA来让供应商分担回收的成本和责任。

■ 快速配置回收的能力。

■ 高级计划引擎应用在回收业务上。

■ 成本会计系统确定最佳回收流程，遵循商业规划的远景成本。

■ 动态减少回收再仓储的成本，快速将货物重新卖出。

■ 快速动态的配置回收流程满足需求。

■ 回收、逆向收货计划的完全可视性。

7）其他相关协同赋能的流程参考最佳实践

（1）商业规则管理

■ 集成商务与供应链管理，跨功能模块的输入是设定商业规则的杠杆（供应链管理驾驶舱的能力）。

■ 重计划流程将供应链运作和商业与市场策略链接。

■ 重计划流程存在于商业企业间的多层次供应链中。

■ 战略S&OP流程存在并管理在执行层面。

■ 产品数据管理（PDM）&电子文件管理支持按产品设计。

■ 通过EDI技术与潜在供应商进行技术信息的发送和接受。

■ 建立供应商、经销商分级标准（根据交期、质量、价格等）。

■ 相同产品供应网络的合并。

■ 合作伙伴认证程序可以节约认证新合作伙伴的时间，或希望新的合作伙伴提供新技术的担保。

■ EDI 可以用于发送询价和技术信息给潜在供应商，用于供应商开发新产品。

■ 建立供应链环保及合规要求。

■ 在线查看合作伙伴财务状况，开发潜在合作伙伴。

■ 互联网交易。

■ 承运人协议。

■ 确认多级库存配额程序。

■ 根据不同产品线市场情况，每年检视供应链网络规划。

（2）人力资源与绩效管理

■ 根据长期能力和资源计划，统一策略和组织赋能计划。

■ 跨模块团队执行长期能力和资源计划。

■ 考虑环境因素对人员流动和专业人员的保有计划。

■ 根据长期计划、能力计划和业务场景模拟（多个版本）整个供应链的需求平衡（供应链建模能力）。

■ 高效与有效的标杆管理。

■ 供应链各维度指标表现比较分析。

■ 供应链成本数据搜集分析并在绩效表现报告中应用。

■ 供应链环保表现标准的制定并纳入供应商选拔和考核机制。

■ 在战略定制中，供应链表现期望以及商业规则被清晰地明确。

■ 供应链绩效评估体系（根据内外部标准来制定评估体系以保证满足客户或竞争性需求）。

■ 持续改善和发展是绩效评估的驱动和衡量因素。

■ 将绩效和薪资福利和人员发展计划挂钩。

（3）数据与信息管理

■ 集成供应计划-需求计划，供应链计划与供应链执行密切相关，所以需求和执行数据集成和共享在同一组织所有功能区域。

■ 系统按照单一的数据模型和数据仓库，包括同一商业法则，作为需求管理和执行的引擎，BI 对此进行分析。

■ 根据长期能力计划和业务场景模拟（多个版本）整个供应链的

需求平衡（供应链建模能力）。

　　■ 供应商与物料识别（可通过网上入口找到货源信息）。

　　■ 产品和服务识别（可通过网上入口找到产品和服务信息）。

　　■ 基于需求的供应商和货源数据（网上入口进入当前供应商和货源数据）。

　　■ 客户可以通过网上入口获取当前货源数据。

　　■ 通过企业不同部门之间的数据透明性。

　　（4）风险管理

　　■ 供应链各个主流程风险识别。

　　■ 危机沟通计划。

　　■ 供应链风险监控。

　　■ 供应链商业规则配置以规避风险（比如客户优先、产品优先、运输线路等）。

　　■ 构建供应链信息系统以最小化风险（通过与供应链成员分享信息以最小化风险）。

　　■ 供应链风险评估（风险发生的频率和规律）。

　　■ 采用货源开发策略以规避风险。

　　■ 供应链网络配置以规避风险（比如物流节点设置等）。

　　■ 通过货源机会优先级排序来降低成本和保障供应链安全，如通过战略货源来降低总体成本，实现供应链战略目标。

　　■ 与合作伙伴共同控制有风险的项目。

　　（5）资产管理

　　■ 持续改进项目。

　　■ 全面预防项目。

　　■ 消除呆滞资金资产。

　　■ 设施设备环境安全稽核系统。

　　■ 静态库存抽盘。

　　■ 高效节能 HVAC 系统。

　　■ 基于当前状态的实时数据（如基于实际销售计算安全库存）。

　　■ 高效节能建筑。

（6）可持续供应链

■ 通过 EDI 或互联网直接传送文件给收货人和国际货运代理。

■ 跟踪组件和子组件的原产国。

■ 与海关申报系统的直接连接。

■ 跟进国外法律法规要求。

■ 在制造需要时才安排进出口。

■ 遵循经营地和发货地的法律法规。

■ 高效与有效的标杆管理。

■ 良好的项目管理流程与方法论。

■ 可靠持续改善的流程与方法论。

■ 管理环境表现。

■ 企业参与各项社会活动。

此外，还可以参考 Gartner 总结的 2020 年十大战略技术发展趋势。供应链数字化的前景不可估量，企业应从现在开始，直面数字化带来的挑战，尽快进行流程优化和重构。时势造就英雄，虽然供应链中不提倡英雄主义，但审时度势地进行对时代的追逐才能为自己的企业带来不同的明天。

第7章 供应链数字化的组织

企业的供应链数字化转型实际上都是一种"全供应链端到端业务转型"，涉及供应链上下游的方方面面。但人是企业的主体，因此在业务转型的过程中，数字化为企业信息流与决策模式带来了深刻的变化，组织是否能够与业务同步进化，也是影响供应链数字化成败的关键因素之一。

7.1 流程型组织架构

7.1.1 理解流程型组织

著名的管理学家和思想家彼得·德鲁克（Peter F.Drucker）早在20世纪50年代就提出了流程型组织的概念。他强调组织架构应该基于流程和任务，而不是传统的垂直职能划分。

流程型组织是一种组织架构模式，强调以流程为核心，将各个职能和部门组织起来，以实现协同合作、高效运作和灵活适应变化的目标。

在流程型组织中，工作流程和信息流动是关键，不同部门和职能之间的界限相对模糊，更加注重横向协作和跨职能的沟通与协同。在供应链数字化进程中，流程型组织的思想在现代管理中得到广泛应用，尤其在数字化时代，强调流程的数字化、优化和整合。

从数字化转型辅导实践来看，流程型组织与最常见的职能型、事业部型和矩阵型的组织形态划分并不是同一个逻辑，因此，不建议将流程型组织理解为一种新型的组织形态，而应理解为组织架构的一种关键逻辑。

以上面提到的这3种最常见的组织形态为例，其划分的主要依据是组织内部权力、决策分配和工作协调机制这三个因素：

1）职能型组织

职能型组织按照不同的职能部门划分，每个部门负责特定的职能，如市场、生产、人力资源等。内部权力与决策权主要归于不同专业职能，通常需要进行企业级的工作协调。其特点包括：

■ 部门专业化：每个部门专注于特定领域的职能。

■ 决策集中：决策权通常集中在分管的高层管理人员手中。

■ 协调差异：部门内部协调相对较为简单，外部协调难度较大。

2）事业部型组织

事业部型组织将组织按照产品线或市场划分为多个事业部，每个事业部在一定程度上具有独立的运营和决策权。其特点包括：

■ 分权分散：各事业部具有一定的独立性，拥有自己的决策权。

■ 适应市场变化：因为每个事业部可以灵活调整策略以适应不同市场需求。

■ 协调复杂：事业部内跨职能协调相对简单，但不同事业部之间可能会出现资源竞争等问题，难以协调。

3）矩阵型组织

矩阵型组织将组织按照两种或多种划分方式交叉组合，形成复杂的矩阵结构。每个员工可能同时向多个上级汇报，既有职能上级也有事业部上级，以实现跨部门的协调。其特点包括：

■ 双重上级：员工同时向不同层级的上级汇报，可能会导致权责不清。

■ 跨部门合作：因为需要协调不同部门之间的合作，协调工作相对复杂。

■ 灵活性：能够快速调整资源以适应市场变化和项目需求。

根据不同逻辑划分的组织形态类别还有不少，比如：

■ 网络型组织：将组织与外部合作伙伴连接在一起，构建一种生态系统。这有助于快速响应市场需求和创新，但需要灵活的合作和风险管理。

■ 虚拟组织：一种临时性的组织形式，通过联合多个组织或个体共同完成特定项目或任务。这种模式有助于资源集中和快速响应市场，但需要有效的合作和沟通。

■ 团队型组织：强调小团队的自主性和创新能力，适用于需要迅速决策和灵活性的环境的组织。每个团队负责特定任务或项目，但需要有效的协调和沟通。

■ 扁平型组织：通过减少管理层次，促进更快速、灵活的决策流程，增强信息流通和员工参与度，从而提高效率、降低成本，并增强组织的适应性和创新能力。

■ 项目型组织：每个项目设立独立的组织，负责项目的开发和管理。

因此，对流程型组织的理解应当更贴近其基于不同业务流程划分组织的划分方法，使每个部门专注于特定业务流程的管理和优化这一核心，深刻理解流程型组织的特点。

■ 流程导向：组织的设计和运营以流程为中心，强调跨专业、跨团队的工作流程。

■ 协同合作：工作单元之间的合作和沟通非常紧密，促进信息共享和协同解决问题。

■ 灵活性：更强的弹性和适应性，能够更快地优化流程以适应市场和环境变化。

■ 客户导向：关注内外部客户需求和客户价值驱动，以满足客户期望为导向。

■ 无边界团队：合作成为常态，清晰的架构下的团队边界不定，促进创新合作。

■ 效率优化：流程的标准化、优化和数字化提高工作效率和质量。

流程型组织强调协同、灵活性和客户导向，与数字化对于组织创新、高效和以客户为中心等要求是最贴合的，是最有数字化基因一种组织形态。

流程型组织形态可以与职能型组织、事业部型组织或矩阵型组织形态融合，形成更适合特定组织需求的混合型组织结构。这种融合可以根据组织的目标、战略、文化以及市场环境等因素进行灵活调整，以实现更好的业务运作和绩效提升。

下面这个案例应该能够帮助读者更好地理解流程型组织。

案例：中型传统铝制品企业的流程型组织

该企业过去采用的是职能型架构，各部门按专业职能细分，而且每有一个职能需要被重视时就成立一个新的部门，数量众多。但在面对市场变化时，公司发现需要更快速地响应市场需求，加强创新，提高效率，于是他们成立了很多委员会和"铁三角"会议来加强部门间协同，但一直处于应急救火和事后应对的状态。ERP第一次上线失败，数字化转型停滞。于是，公司决定结合第二次上线进行组织架构的调整。

我们在辅导时，先通过工作坊导入了流程型组织的思想，帮助大家树立了端到端流程的意识，并画出了公司业务流程的"清明上河图"。同时通过职能规划工作坊，将公司所有的职能、子职能用画布进行全面梳理展示，让所有中高层管理人员把角色从"部门负责人"转变为"流程负责人"，单纯从"客户价值"和"流程增效"这两个角度评估职能整合，打破了原有的职能壁垒，实现了基于业务流程的端到端职能配置。例如，某一类标准产品从工艺到制造再到销售的整个流程被纳入一个团队的管理，使得决策更加迅速，产品交付更加高效。

　　为了保持专业性和专注性，我们同时为公司保留了赋能和职能板块，保留了资产管理部、采购部、创新中心和行政财务中心等核心职能部门。这些职能部门在流程型组织的框架下，仍然保持一定的独立性，作为业务流程的"动力"和"轨道"，与其他部门紧密合作，以支持业务部门的顺畅运转。

　　通过这种组织结构的融合，公司在保持了职能部门的专业性的同时，实现了跨部门流程的整合和快速响应市场变化的能力。这种混合型的组织结构使得公司在竞争激烈的市场环境中保持了灵活性和创新能力。

7.1.2　设计流程型组织

　　流程型组织需要结合企业的实际情况进行设计。除了上面提到的组织内部权力、决策分配和工作协调机制这三个因素外，还有一些类似的因素在选择组织形态时应考虑：

　　■ 战略目标：公司的长期定位和短期战略目标直接影响流程型组织设计的整体布局、资源配置和"路口交警"（Traffic）的设置，以确保流程与组织绩效的响应和核心竞争力的强化。

　　■ 业务复杂性：业务的复杂性会影响供应链业务流程的复杂度。如果业务涉及多个领域或产品线，可能需要在不同层级或维度设计更有弹性的结构来适应不同的客户需求。

　　■ 市场细分：客户与市场细分的逻辑、市场竞争的激烈程度、变化速度和地理分布等因素会影响流程型组织形态的设计。例如，全球性市场需要根据平衡供应链网络的覆盖范围和不同客户服务等级来做出设计决策。

　　■ 数字技术运用：数字技术的掌握和应用程度对于流程型组织设计影响非常关键，特别是在数字化和科技驱动的行业，会直接影响到组织架构的层级与管理幅度。

　　■ 文化和价值观：组织的文化和价值观对于决定权分配、协作方式和领导风格都具有重要影响，会影响流程型组织的决策点数量与层级的设置。

■ 组织规模：规模较大的组织可能需要多级别流程与架构的匹配，而较小的组织只需要关注某一级流程的贯通。

■ 人才质量：组织的人才水平和规模会直接影响流程型组织对机构数量和层级的设置，以合理分配决策权，并建立高效的协同工作方式。

设计流程型组织一般需要经历以下几个步骤：

步骤一：识别核心业务流程

需要识别并明确定义核心业务流程，特别是企业端到端的业务流程，以及这些业务流程的关键环节，比如前面提到的八大流程，再比如产品研发、生产制造、市场营销、销售与分销等关键职能。在很多企业，这些业务流程往往跨越或散布在不同职能部门，首先需要识别出它们。

识别核心业务流程有一个非常有效的方法就是"订单旅程"——也就是找几张企业已经交付完成的不同类型订单，然后从向客户交付产品或提供服务的开始，向前追溯这张产品或服务订单的完成分别经过了哪些岗位与部门，一直到确定这个订单是如何获取的。销售是如何获取商机并明确客户需求的活动。

在运用"订单旅程"梳理核心业务流程的关键成功要素是同时关注这张订单的信息流（可能是线上表单，也可能是线下单据）和实物流，并到现场去了解这些单据形成、收集和汇总保存的过程，通过查看现场实物与线上信息或线下单据是否匹配，来如实描述核心业务流程的现状。

步骤二：建立流程团队

针对每个核心业务流程，公司可以设立流程团队，这时候的团队肯定是跨部门的——每个团队由来自不同业务或职能部门的人员组成，负责整合和管理该业务流程。同时需要指定分管该流程的高管作为该团队的发起人。有一些公司如果核心业务流程本身就要协同多名高管，那就需要总经理挂帅，或是从高层中挑选一位作为该团队的发起人。根据核心业务流程范围的不同，团队成员的规范与范围可能不同。例如，产品研发流程团队可能包括研发、设计、制造和市场等各个方面的专业人员；而某个业务的全流程团队则可能包括与业务相关的各部门相关人员。

也有一些部门直接就把流程团队定义为新部门的筹建团队。这样做的好处是让团队对于流程与架构的匹配性更有主人翁意识和参与感——自己亲自在设计未来的工作以及与其他部门的协作方式。

步骤三：识别流程绩效

每个团队应该首先识别流程的关键绩效指标，以确保流程的输入、输出与过程可计量、可监控和可评估。通常来说，流程有一些通用性指标，如流程的周期时间、响应速度、成本效益、质量水平、人员效率等；不同的流程也会有一些专门的指标，如售后服务流程中会有客户满意度、服务投诉率等。

同样，如在第3章中"指标架构"部分内容所介绍，可以基于流程建立指标金字塔，以层层诊断流程、子流程、任务甚至是步骤级的绩效。

识别了流程的绩效指标后，就需要评估流程现有的绩效，作为未来架构设计和实施的参考标准——架构只是一种方法和手段，绩效评估结果才是评价流程型组织设计是否有效的关键标准。

步骤四：细分职责任务

与绩效框架的细分同步，流程团队也需要将流程按不同层级进行细分，并运用流程图、标准作业流程（SOP）和工作指引（WI）等将不同层级流程的具体做法和经验诀窍整理固定下来。

这一个步骤也是将原来散落在不同部门的知识经验，特别是Know-how按流程整理和汇总的一个过程，也是确保新设计的架构平衡落地切换的关键。

图7-1比较具体地描述了不同级别流程与职责任务细分的逻辑。

步骤五：设计组织架构

流程确定了各岗位分工的上下游内部客户关系，而上面几个步骤也已经明确了不同的工作任务的颗粒度与评价指标。组织架构只需要结合任务工作负荷、负责该工作的人数以及管理幅度和层级等规律进行架构设计就可以了。

名称	一级流程	二级流程	三级流程	四级流程	五级流程
定义	流程范围	流程类型	流程任务	流程步骤	具体做法
作用	定义不同的职能与职责	定义不同类型的业务处理或管理方式	定义具体工作或任务	定义有顺序的步骤	定义如何做和具体处理方法
关注	关注范围	关注不同的流程能力	关注具体的数据采购、衡量标准、工作与实践	关键完成工作的具体步骤	关注具体执行的细节，高度重复的实现自动化
场景	大范围框架型描述	中等范围框架型描述	小范围框架型描述	具体描述	基于角色与场景的描述
岗位	分管副总CXO	总监高级经理	经理主管	专业经理主管骨干	员工系统用户
示例	采购	按订单采购	采购接收	采购接收的步骤	处理采购接收时数量差异的方法

图7-1　5级流程差异分析图

流程型架构设计也需要同时考虑与数字化转型的适配性。比如：治理逻辑：集团集权与法人自治之间的关系，这涉及未来ERP的站点与财务账套之间的逻辑；财务逻辑：利润中心与成本中心的配置关系，确保未来组织架构的微调不会影响成本中心的配置和财务分析逻辑；效益逻辑：产品效益与业务模式效益的配置关系，如产品单元（PU）制还是业务单元（BU）制，再细分还有产品组合和不同业务模式组合，会影响产品族链。

正常的管理幅度是5~8人，即工作任务的最小颗粒度，从事相同或接近的工作的5~8个人形成一个团队，设置一个管理职位。按照这样的逻辑将每个流程环节的人员自上而下进行划分，就能够确定每个人所在的管理层级了。同类工作岗位越多的团队管理层级越多，反之就越扁平。按照管理幅度，分配好管理层级后，就需要根据各团队管理任务与难度，以及平衡整个公司管理层级的需求，对不同团队的管理幅度进行调整，以确保整个公司的架构平稳。比如很多制造型企业，现场的工人数量比例多，可能最基层团队的管理幅度就需要大幅度提升，比如每个班组可能就需要有10～12人。如果一个管理人员管理能力不足或管理难度过大时，可以增加一个副职，就保持5～6人的相对管理幅度，但管理层级并没有增加。

步骤六：进行工作分析

新的架构设计好以后，不管是否马上要开始实施落地，人力资源团队都需要第一时间进行工作分析。

这时候实施工作分析的主要目的是：

■ 识别新架构下有效的汇报线和协作机制，确保各下属机构部门之间的信息共享和沟通顺畅，包括例会机制等。

■ 部署技术支持与数字化工具、协同工具的群组，项目管理软件、协同平台等数字化工具，以及不同人员系统的信息权限。

■ 上岗与培训，新架构可能会影响原有的岗位与人员分工，有时候可以采用老人老办法，新人新办法，有时候就需要根据工作分析的结果，实施上岗或培训计划，确保新架构下，员工的意识与能力能够快速适应。

■ 持续改进，组织设计是一个持续改进的过程，通过工作分析能够识别业务流程的绩效与岗位人员绩效的匹配性，识别问题并制定改进措施，以不断提升组织绩效和内外部客户满意度。

基于工作分析的输出，企业可以更新岗位说明书，甚至需要更新岗位标准或任职资格等，是公司在新架构下完善人力资源管理和开发体系的基础性信息。

7.1.3 实施流程型组织升级

流程型组织的实施落地也是一个变革管理项目。如果在数字化转型的过程中配套实施，大家可以参考第5章"供应链数字化转型项目"中变革管理的相关步骤与方法。

让我们结合一个案例，介绍以企业数字化转型为目的，先行实施流程型组织架构升级的流程步骤和所用的方法。

该企业是一家年销售百亿的家电组件生产企业。企业在智能工厂投资多年且有成效的情况下，计划先升级组织架构，为后续全面数字化做准备，包括全模块的 ERP 重新上线，PLM 和高端工业设计软件以及 Sales Force 等一系列的部署。

此前，流程型组织架构的设计蓝图已经与公司的业务与系统蓝图一起获批，基于组织先行的理念，公司董事会决定先进行流程型组织升级，周期是半年。整体架构落地实施前，考虑到需要尽量确保业务与人员稳定，基于新架构，我们确定了几个组织原则：

■ 流程为导向：基于流程设计和建立，并确保流程逻辑稳定。

■ 权责均衡：各部门对内对外职能的界面有更为清晰的归类。

■ 先事后人：以先业务逻辑再匹配人员为主逻辑，个别人才进行岗位设计。

■ 扁平化：ABC 原则，确保每一层级履行职责和解决问题的自工程完结。

■ 成本清晰：人与事的成本归属相对清晰，有利于提高公司财务效益。

■ 配置灵活：单元式的底层架构设置，尽量避免未来大范围的组织变动。

■ 虚实线管理：关键岗位与角色的协同与配合。

图 7-2 是我为该企业制定的架构升级的实施路径。

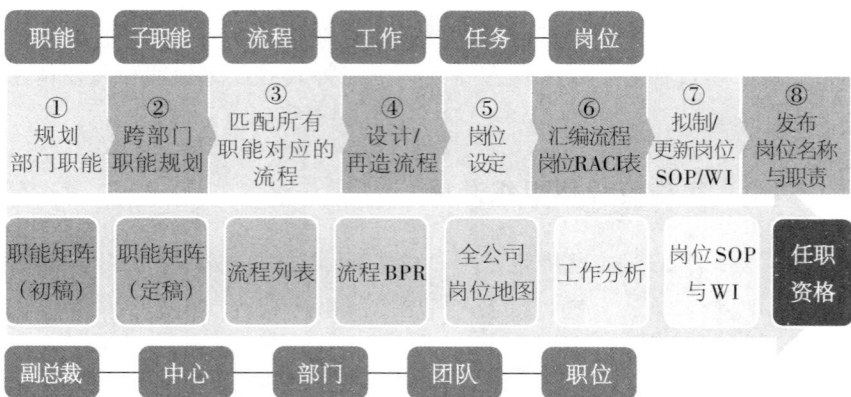

图 7-2 流程型组织架构实施行动路径图

从图 7-2 可以看出，整个架构升级的落地，当时共分为 8 个阶段，每个阶段都有具体的产出。但事后分析，最关键的是前五个步骤。

步骤一：规划部门职能

这时候我们安排了一系列专题会议和一个职能工作坊组织。

通过专题会议，几位副总裁作为业务核心流程和一级流程的负责人委派二三级流程负责人，用焦点小组讨论法，梳理了公司二三级流程的业务环节，并明确了这些业务环节及涉及的管理职能。最后一共整理出了 41 个一级业务或管理职能——统称为"职能"，并将其中除公司治理外的 40 个职能分解成了 133 个二级职能。

通过职能工作坊，我们让现有部门负责人，按照新的流程型组织的规划蓝图，用"世界咖啡"的方法进行引导，让大家从自己的角度和别人的角度去讨论和发表意见，建议这 40 个一级职能和 133 个二级职能应该由新架构的哪个部门主导。最后用"共识法"引导大家形成共识，对未形成共识的，则安排得到支持最多的那个流程负责人主导进行后续步骤。

步骤二：跨部门职能规划

在上一个步骤的主题会和工作坊的讨论中，大家就发现即使到二级流程的颗粒度，也没有哪一个部门能够独立完成，需要流程上下游的输入和输出的配合与协作。因此，我们就安排各流程负责人运用"RACI"表与其他部门去协调某一职能中大家不同的角色与职责。

综合第一、第二步骤的产出，我们最终形成了职能矩阵——行是公司所有的一二级职能清单，列是架构蓝图上各部门名称。通过 RACI 表，所有管理层不仅明确了自己的主责，还理解了与其他部门之间的协作关系。最重要的是，这种理解是自主自发形成，而非第三方顾问灌输强加的。

步骤三：匹配流程职能

一方面流程梳理帮助公司形成了一到五级的流程地图，匹配一二级流程清单和矩阵，我们将三四五级业务流程以及相应的管理职能与管理流程都对应到了不同部门。而基于 RACI 表，每个部门主导哪个流程，在哪个环节上需要与哪个部门协作，如通知谁，向谁咨询，向谁请示都一目了然，形成了一个完整的流程清单。

步骤四：流程再造与设计

基于职能矩阵和流程清单，流程团队的负责人自己发现了两个需求：

■ 公司原有的部分流程，特别是体系文件的流程是按部门的，并没有集成与贯通，因此有必要进行流程优化，甚至是再造。

■ 部分识别出来的职能，特别是管理职能，公司可能有实践，但并没有规范的流程，这时候需要萃取或是设计流程。

于是我们安排了流程再造与设计的工作坊，带领各部门识别这些流程再造和设计的优先度，并对业务影响重大的部分流程，启动了优化、再造和设计。

在第二到第四步骤的实施过程中，我们通过定向考察、挑战性任务委派等方式，确定了中心和部门负责人的识别和选拔，并将流程再造与设计带来的绩效改进作为当年重要的工作绩效之一。

步骤五：岗位设定

四五级流程的梳理，将工作的颗粒度分得更细。而流程再造则帮助公司重新审视了部分工作与岗位分工的合理性。这时候我们就适时进行了岗位设定——部分继续延用原有的岗位逻辑，其余部分则进行了岗位设计。

在岗位设计的过程中，出现了一个很有意思的现象，就是公司原有的岗位、职务都还在，但是又出现了一批"目标岗位"和"目标职务"，也就是说员工们还在从事目前的岗位与工作，但大家都明白了当组织架构变化时，大家是需要从事"目标岗位"或"目标职务"。公司人力资源部在这时候就很贴心地安排了"新岗"计划，提供个人发展计划和相关的培训资源，以及结对互学的机制，帮助大家提升自己。人力资源部门的主动支持，带来了一个计划外的收益——实现了岗位备份，用相同的人力顺利地扛住了后来多系统上线带来的工作负荷倍增的挑战。

到这里其实新组织架构的落地已经实现了。后续的岗位 RACI 汇编与工作分析、岗位 SOP 与 WI 以及任职资格的撰写，其实都已经是人力资源职能范畴的工作了。

7.2 数字化领导力

领导力的定义和模型很多，关于"数字化领导力"也已经有了相关的著作。对于国内实体企业来说，如果要以终为始地构建数字化领导力需要兼顾企业领导力基础与数字化转型这两个要素。基于我们甲乙方的经验和教训，从领导力基础开始考虑会更有效。

7.2.1 理解数字化领导力

1）领导力的定义

领导力是塑造未来并传达愿景，以便其他人愿意跟随。——沃伦·本尼斯

领导力是影响他人，使其追随，并在一段时间内实现共同的目标。——约翰·科特

领导力是影响一个组织中的人，以使他们愿意和愿意做的事情，产生乐观和有力的结果。——皮特·诺斯

深入剖析和理解上述3个领导力的定义，我们可以总结领导力有几个基本要素：

■ 追随：领导力的核心在于影响他人追随的过程与结果，使其愿意追随和支持领导者，是否有一定规模的忠诚的追随者是衡量是否具有领导力的一个基础要素。

■ 愿景：具备明确的愿景，能够传达并激发人们的热情，激励追随者去追求共同的目标。有时候这些愿景会被分解成具体的目标。

■ 动机：识别和了解人们的需求和期望，激发人群的内在动机，才能让人追随并愿意付出努力和行动。

■ 影响：能够通过良好的沟通和交流或是行为示范，清晰地传达信息、愿景和目标，才有可能影响追随者。

■ 适应：领导力需要适应变化，能够应对不断变化的环境和情境，灵活地调整策略和方法。

■ 成果：追求愿景和目标的同时，需要关注实际的成果和结果。

领导力需要基于一定的成果和业绩。

作为社会学和管理学的热点，领导力的理论和模型一直在发展。领导力的理论发展先后经历了几个阶段：

■ 权威主义理论：早期的领导力理论偏向于认为领导者是天生的，具有超凡的品质和特质，可以在关键时刻引导和影响群体。认为领导者是一种"伟大的人物"，而领导力是与生俱来的。然而，这一理论并没有考虑到环境和情境对领导行为的影响，具体为影响力逐渐减弱。

■ 权变领导理论：随着研究的深入，人们逐渐认识到领导行为受到环境和情境的影响。权变领导理论强调领导行为的有效性取决于特定的情境因素，如组织结构、任务要求、员工特点等。著名的赫茨伯格的"领导行为理论"就属于这一范畴，提出了不同情境下最有效的领导行为。

■ 行为理论：行为理论强调关注领导者的行为模式，而非天生的特质。这一理论认为，领导行为可以被观察、测量和学习，从而培养出出色的领导者。该理论分析了不同的领导行为风格，如任务导向和人际导向，以及这些行为风格与员工绩效的关系。

■ 变革型领导理论：20世纪80年代以后，领导力理论逐渐转向关注领导者如何通过激发员工的内在动机、塑造共同愿景和促进变革来产生影响。变革型领导理论强调领导者的情感智力、激发员工的热情，以及在组织中创造积极的文化。

■ 服务型领导理论：近年来，随着丰田的"仆人式"领导流行，服务型领导理论逐渐受到关注，强调领导者应以服务为核心，关注员工的需要和发展，从而激发员工的潜力，实现组织和个人的共同目标。

由于可模仿、可训练以及可重复出现的特点，行为理论是目前领导力理论和实践的主流，出现了大量的流行的领导力训练和培养模型。

■ DISC测试：将行为分为任务导向和人际关系导向两种，强调在不同情境下选择适当的行为风格，可用于领导力行为的测试评估与培养。

■ 情境领导（Situational Leadership）模型：根据员工的发展水平和任务特性，提出了四种领导风格：指令性、指导性、支持性和赋权性，是非常知名的版权培训课程。

■ 领导力网格模型：将领导行为分为五种风格：权力中心、任务中心、权变中心、人际关系中心和团队中心。

■ BLG领导力行为模型：将领导行为划分为四个维度：关系导向、任务导向、变革导向和创新导向，强调领导者需要平衡这些维度。

■ LPI领导力实践发展模型：该模型基于"领导者的个人特质""愿景和背景""通信""发展"和"激励"等五个维度，帮助领导者发展全面的领导能力。

■ 领导四行为模型：该模型将领导行为分为任务行为、人际行为、参与行为和权变行为，帮助领导者在不同情境下采取适当的行为。

■ 团队领导力模型：将领导力行为分为任务导向、关系导向和变革导向三个维度，强调团队领导者需要平衡这些维度。

2）数字化领导力定义

数字化领导力是指导、激励和支持员工，使他们能够充分利用数字技术，创造业务价值，实现组织目标的过程。

数字化领导力是在数字化转型中引领和影响组织、业务和文化的能力。

数字化领导力是在数字时代中，以积极的态度和行动引领组织变革的能力，通过适应和采纳数字技术来推动业务增长和创新。

上述三个数字化领导力的定义分别源于Gartner、MIT基隆管理学院和Deloitte。

深入剖析和理解这3个数字化领导力的定义，大家可以发现数字化领导力更强调以下4个要素：

■ 数字：善于利用数据，基于数据决策和管理，并将数据驱动的方法融入组织和业务运行。

■ 技术：技术敏锐度与前瞻性，积极了解、掌握技术趋势，并基于组织和业务现状合理投资、研发与应用新兴技术。

■ 创新：以客户和市场价值为核心，推动业务创新、流程创新、组织创新与文化创新。

■ 变革：推动组织变革，适应数字化转型带来的改变，并有效管理组织成员的变化过程，甚至让持续变革成为一种文化基础。

结合通用领导力与数字化领导力的定义与理论，企业构建数字化领导力应当包括以下要素：

■ 数字化使命和愿景：明确数字化时代组织的使命和愿景，并通过数字化工具将这些理念传达给团队，激发员工的目标感和归属感。

■ 数字化战略与决策：明确数字化在整体战略中的地位和作用，理解数字化时代的市场趋势和竞争环境，运用数据和分析来洞察客户市场，制定战略决策来指导业务发展和优化，以确保组织保持竞争优势。

■ 数字化创新和变革：了解并掌握数字化技术的趋势和应用，积极有力地推动以客户为中心的创新和新技术应用，将数字化技术融入业务流程和模式；有效平衡组织稳定与创新之间的矛盾，应对组织变革过程中的挑战和阻力，推动数字化转型的顺利进行。

■ 跨部门协同：从跨部门分工合作升级到跨部门协同，通过数字化工具促进信息共享、沟通和协同工作，以提高团队效能。

■ 效能和绩效：注重数据驱动的绩效管理，使用数字化指标和仪表板来实现管理的计量化、监控化和过程化，量化评估团队和组织的绩效并持续改进。

■ 数字化赋能：鼓励员工适应数字化环境，培养和吸引数字化人才，通过数字化学习平台不断更新数字化知识和技能，提倡开放沟通和创新思维，赋予员工更多自主权和责任。

■ 沟通和影响：积极掌握数字化媒体与数字化沟通渠道，能够有效地利用数字化渠道建立影响力，传达信息，影响员工和利益相关者。

7.2.2 数字化领导力建设

整个供应链团队和上下游部门领导的支持是数字化转型项目的成功第一关键点。数字化领导人与其他领导人的区别在于他们必须有明确的数字化战略，和倾向于推动转型的领导思路。企业需要一套整体连贯的方法来领导转型，在数字化转型项目初期就明确以数字化战略为依据，并得到管理层和董事会的支持。只有当企业的领导层意识到，并认可数字化转型带来的潜在好处时，他们才会更容易和快速决定对数字化转型进行投资。当然，项目的发起人或者推动者，比如首席执行官或创始人具有良好的数字敏锐性和理解力，能从项目一开始就给与支持，才有可能批准必要的投资并推动其进展。供应链数字化项目是需要强有力地、自上而下地进行推动。基于企业发展阶段和管理基础，以及所处的文化背景，我们在借鉴国外的数字化领导力模型时，更需要形成企业内部的有效实践，才有可能实现数字化领导力的补强，甚至是超越。特别是在民营企业，经济权益可以代代承袭，但领导力却无法随着血脉交接给下一代。因此，企业需要把领导力建设当成一个长周期的实践进行规划。

数字化领导力培养有2个维度——个人维度与组织维度。个人维度着重培养中高层管理者个体的数字化领导力；而组织维度则关注高层管理者、中层管理者和基层管理者作为不同的组织群体的领导力角色定位与技能。

下面是一些在企业信息化与数字化转型辅导中验证有效的领导力建设在不同阶段或步骤中验证有效的行动与方法介绍。

1）领导力发展中心

（1）个人维度自评

基于权威的领导力能力模型，为管理团队成员分发领导力能力调研问卷，评估其在各项关键领导力能力上的表现。比如有一次，我们参考"五大特质"和"情景领导力"的特质与行为维度，并结合调研形成的场景与行为列表做成了能力行为模型指南，设计了领导力行为调研问卷，并进行评估。

在收集和分析评估结果时，我们不仅确定了管理层个体的领导力行为的强弱项，还基于不同职能和管理层级维度做了群体评估。

（2）多角度反馈

按一定比例选定一些关键团队成员、同事、下属和上级作为反馈提供者。向反馈提供者分发360度反馈问卷，要求他们对被评估领导者的领导力行为和风格进行评价。360度反馈问卷的评估维度与自评问卷应当要保持一致的，但行为描述需要基于不同反馈者的视角进行调整，以确保多角度反馈的信效度。

收集并分析反馈结果，并从不同角度赋予不同比例，最后形成了管理层个体的领导力雷达图和不同类型与管理层级雷达图对比。

（3）案例研究和模拟演练

提供实际的领导力案例，要求管理团队成员分析并提出解决方案。根据案例的不同，可以分为个体模拟或团队模拟。让被评估对象进行角色扮演，在模拟情境中展示领导力技能。同时，安排观察员（通常由顾问或企业内部被认证的特定人员担任）观察和评估他们在案例分析和模拟演练中的表现。

观察员在观察过程中，应使用维度一样的量表进行评估，并记录下关键描述作为佐证，以确保评估的相对客观。

（4）项目和团队指导

给予领导者个人或小规模管理团队具体任务，让他们去指导挑战性项目或团队（如新业务团队、临时团队、新员工或是其他部门团队），跟进观察并评估他们在领导项目或临时团队时的各项行为与能力，如决策、协调和沟通能力。

在进行项目和团队指导评估时，除了事前提供设计的量表以外，一般还会安排顾问或资深的高级管理者提供实时反馈与辅导，在评估的同时帮助他们发展领导力技能。

2）实施定制化培养

当实施定制化领导力培训和培养时，需要根据组织的需求、领导者的特点以及所希望达到的目标来设计个性化的方案并实施。

（1）需求分析和目标设定

上面提到的领导力识别与评估可以为定制化培养提供需求参考，但并不能取代培养需求分析和目标设定。还是需要通过问卷调查、一对一访谈和现场观察，以了解领导者和管理层面临的挑战和发展需求；运用ABCD法则设定可量化的领导力行为培养目标。

（2）混合式培训设计

设计结合理论、练习和实践案例等元素的混合式培训方案。比如，我们曾为某外企设计的数字化领导力混合式培训方案包括：

理论部分：提供领导力理论的课程，涵盖"五大特质"领导力模型、情绪智力、变革管理等内容，以及与数字化相关的数字化意识、工具，创新设计思维等内容。

练习部分：除了常规的课堂讨论与演练外，引入数字化工具，如在线测试、虚拟演练、项目协同、AI陪练等，帮助管理者培养数字化领导力的相关行为技能。

实践案例：训战结合，提供实际案例分析，让管理者将理论应用到实际问题中，例如如何具体推行某一个数字化工具，如何解决具体的变革阻碍等。

（3）实施培训

在一段时间内，组织不同形式的培训活动，包括面对面培训、虚拟培训和小组讨论。对于数字化领导力培养项目的实施，不仅是要贯彻培养方案的设计思路，更需要身体力行，实践数字化领导力的要素，特别是强调和鼓励创新的学习方法，运用数字化的方法传授知识等等。

我们曾为某上市电气集团实施数字化领导力培养项目，但参与的后备领导干部不愿意主动适应数字化学习和团队学习协作，坚持要名校名师面授，导致项目中止。有意思的是，更换实施供应商后，恰逢疫情，项目最终还是转到线上实施。

（4）持续跟进和支持

培养是一个持续的过程，培训只是其中一个知识传导的过程。培训结束后，需要通过定期的跟进和支持机制，如一对一辅导、定期会议和经验分享会，帮助管理者在实际工作中持续应用和发展领导力能力。必要时，可以再进行领导力识别评估或是培养的需求调研，进入下一轮定制化培养的周期。

3）导师制度与高管教练

导师制度与高管教练是公认比较有效的制度或方法，专业的帮助对于中高级领导者在数字化环境中发展是必要的提升领导能力的方法。我们曾给某头部饮料企业提供过一次较为系统的数字化领导力的导师机制构建与高管教练服务。

（1）导师/教练的选择和配对

除了我们提供的具有丰富数字化转型经验的高管教练以外，我们还帮助公司从高级领导团队中挑选经验丰富且在数字化领域保有开放心态和技术基础的领导者作为导师。高管教练负责一部分高级核心领导者，而挑选出来的导师则负责指导和教练其他领导者。

我们用双向选择的方法，将教练和导师与被指导者进行配对，根据被指导者的发展需求和导师的专长，确保最佳匹配。

（2）制订带教计划

每位被指导者与导师一起制定个性化的数字化领导力发展计划，明确发展目标、行动计划、面谈反馈频率和评估指标。计划还包括参与数字化培训、实际项目挑战、技术应用练习等。

（3）业绩挑战和项目实践

被指导者承担具体的业绩目标的挑战或参与具体的数字化项目挑战，通过实际操作锻炼领导力技能。导师可以提供支持和指导，帮助被指导者应对挑战。

（4）实施定期辅导和反馈

导师与被指导者定期进行一对一辅导会议，讨论发展进展、遇到的困难以及需要改进的领导力技能。导师提供指导和反馈，分享自己的经验和洞见。

（5）教练协同平台与专家平台

所有的带教计划与定期辅导反馈都被汇总到该企业基于人才发展平台开发的"数字导师"平台上，可用匿名的方式目视化呈现进度与效果。

这个平台除了可以定期提醒教练和导师与被指导者具体的行动与日程外，还可以让大家在线共享资源、案例和经验，促进跨部门的学习和合作。其中的一些典型挑战、辅导对策以及结果反馈也被萃取成经典范例供整个公司借鉴。

这个平台还有一个非常重要的功能就是让外部专家和顾问定期分析和点评内部导师的带教过程，为内部导师提供及时的在线答疑和技术支持，在必要的时候从外部匹配有特定的数字化技术或经验的专家参与相关主题的辅导。

除了上面讲到的这些行动外，我们还在其他一些数字化转型项目中成功尝试过2种特殊的导师制度：

虚拟导师网络：内部建立虚拟导师网络，将不同部门和地区的导师与被指导者连接起来，部分导师甚至可以选择匿名，根据特定的主题或项目，以及个人的"自述画像"进行匹配，既实现跨地域和跨部门的导师资源共享，也是一种很有安全且有趣味的导师机制。

跨层级导师制度：让高级领导者成为初级或新任领导者的导师，促进知识传承和领导力发展。

4）案例中心

案例中心也是一种有效的领导力培养的机制。不仅于此，案例还能被广泛用于人才招聘、评估、选拔，以及内部商业沙盘推演，复盘等多个场景。在企业内部，案例也是隐性知识、是获取和传承高度凝结经验和价值观的重要渠道。数字化技术，特别是生成式AI的快速发展，为企业级案例中心的建设创造了更为便利的条件。

■ 知识管理平台：除了微软的SharePoint外，国内还比较常见的有脉络（Teambition）、知识鲸、智享家（Teachable）和Kwai知识库等，这些平台可以用于存储、管理和展示内容。

■ 多媒体制作工具：制作多媒体案例内容，如快手、剪映、秒拍等短视频编辑工具。

■ 个性化推荐算法：基于员工兴趣，推送相关案例。

■ 社交分享插件：方便员工将案例分享至社交媒体。

■ 在线讨论工具：创建员工之间的案例讨论区，促进互动和交流。

■ AI助手：可以进行对话分析，还能够进行案例内容的组合与生成。

我们曾参与的某大厂的数字化案例中心建设的具体行动和功能包括：

（1）定位设计

确定案例中心的目标，如提升数字化领导力能力、分享数字化最佳实践等；确定目标受众，可以包括领导层、中层管理者和团队领导，也可以是全员；确定案例中心的领域范围，即规划标签，如变革危机、团队合作、客户价值等。

（2）案例创建

按照案例的要素要求与内容结构，通过调研、采访等方式获取信息，收集公司内外部的案例，案例可以是成功的、失败的，也可以是尚未有结局的。但案例本身必须完整的包括5W2H的基础要素，可以完整呈现场景、事实、关键人物以及必要的背景。

按照案例格式要求，编写案例，包括情境、问题、挑战、冲突、可选解决方案和可能的结果等要素中的全部或部分。

（3）数字化管理与存储

选择合适的数字化平台，如企业内部知识管理系统、学习管理系统等；建立分类与标签：设定案例的分类和标签，以便使用者浏览和检索。也可以根据标签以及使用者的权限，设置不同案例对不同对象是否检索，或是内容部分或全部可见。

（4）数字化推广

将案例制作成多媒体形式，如H5、视频、配音图文等，现在有不少多媒体内容可以用AI基于文字直接生成。

在案例中添加互动元素，如问题、投票、讨论等，以便于推广，并获取用户的反馈与热度排名。

（5）个性化应用

根据员工的学习历史和兴趣，以及所参与的学习发展项目推荐相关案例；也可以设计不同级别和领域的学习路径，根据难度或阶段帮助员工有针对性地学习。

（6）社交互动

在案例页面添加社交分享按钮，方便员工结合自己的学习或反馈分享感兴趣的案例。在案例中心内设置讨论区，促进员工交流和讨论。公司可以通过关注交流与讨论的热度进行引导和干预。

（7）数据管理

设置了如访问量、参与度、员工满意度等案例中心的评估指标。根据评估结果，不断调整和改进案例内容和功能。

除了上述结构化的领导力建设方法以外，还有一些有效的实践。

■ 培养领导者的沟通、演讲和影响力技能，使其能够有效地与员工、客户和合作伙伴交流。

■ 对跨国企业，培养领导者的跨文化意识和领导能力，使其能够在不同文化环境下有效领导团队。

■ 培养领导者的情商，提高他们的情感、智力、人际关系能力和情感管理能力。

■ 赋予员工更多的自主权和责任，鼓励他们参与决策和解决问题。

■ 建立内外部的领导力网络，促进知识和经验的交流。

■ 领导者的行为示范，以身作则，展现出卓越的领导行为，成为员工的榜样。

7.3 供应链数字化人才

7.3.1 供应链数字化人才引进

单就专业的供应链或数字化人才来说，在国内都是比较紧缺供应不足的。最近 10 年，随着国际技术与贸易冲突的发生，国内企业才逐渐重视供应链领域的人才，在此之前很多人都把供应链和物流划等号。国内的供应链人才大都在比较成熟的外资或合资企业任职，如果锁定行业领域应该还是能有机会引进的。表面上国内不缺数字化人才，特别是国内互联网电商行业如此发达，甚至今年都出现不同程度裁员的情况。但事实上，这些人中间只有少量能够符合实体经济企业的需求——具备有流程数字化项目实施的能力，甚至是管理统筹经验，即能管项目，又能拿得起软硬件技术。

有效的供应链数字化人才引进首先需要清晰的人才招聘策略。多年来，华为一直秉承"海量招聘，一网打尽"的策略，每年都进行大规模的校园招聘，2020—2022 年累计招聘了约 3.6 万名应届大学毕业生，其中还包括数百名"少年天才"计划人选，让人才成群而来。而海尔则是采用了另外一种人才吸引策略，他以五大研发中心为节点，连线全球资源网络（研发资源网络、信息资源网络），形成了与超过 200 家的顶级供应商、研究机构、著名大学、创新公司建立战略合作关系，以虚实网为媒介的200多万名科学家和工程师的创新生态圈，而这个庞大的生态圈则为海尔创新提供了源源不断的人才动力。

知名的大规模企业一直是人才高地，吸引走了大量的人才。而大部分企业则需要通过更为细致有效的人才吸引机制的搭建和执行来实现供应链数字化人才的导入。

供应链数字化人才引进过程中，企业一定要充分意识到用人风险——无论是人力资源部还是他们的直接领导，都缺乏领导、管理或评估他们工作业绩的成熟经验。这种用人风险发生概率高且影响大，不仅会出现人才导入失败而丧失数字化转型的先机的情况，也可能会出现盲目用人导致数字化转型失败的情况。

1）人才识别

相对于其他领域的通用型人才，供应链数字化人才有3个特定门槛：

■ 供应链专业知识：具备扎实的供应链领域知识，理解企业运营的整体流程，特别是部分具备物料计划、生产计划、库存管理等相关知识，相关知识的专业性要远高于工商管理等其他通用管理领域所需的专业程度，而且还需要能熟练应用相关知识。

■ 数字化技能：至少需要掌握常见的供应链相关软件系统与工具，不一定必须具备编程和开发能力，但至少要能够做业务分析（Business Analysis，BA）和系统分析（System Analysis，SA），这样才能够理解业务需求，并将业务需求转换成系统的结构、模块与功能设计要求。

■ 项目经验：本书中我们专门用一章详细介绍了供应链数字化转型项目，项目经验对于供应链数字化转型是不可或缺的，最低限度也需要有产品化管理系统的实施项目经验。

除此以外，供应链数字化人才还需要有一些性格特质：

■ 客户思维：能够从客户的角度思考问题，具备基本的客户意识。

■ 技术追求：对技术的先进性和专业性有一定的追求，崇尚技术实力。

■ 快速变化：供应链数字化领域变化迅速，需要具备很强的学习与适应能力。

从人才标准就能看出，单独的供应链与数字化人才都不容易找，复合型的供应链数字化人才就更稀缺了。

2）人才选拔

供应链数字化人才选拔除了需要通过常规的结构化面试了解其通用能力和价值观以外，还需要有一些有针对性的测试环节，以确保其相关专业能力和经验符合上面描述的相关标准。

专业笔试：针对供应链和常用运营管理软件的知识测试，如供应链基础知识、供应商开发与采购流程、运营计划、生产计划等，确保候选人掌握起码的专业知识，同时也可以通过笔试成绩，区分和掌握候选人的整体与个体水平，为人力资源管理的其他策略提供参考。

操作测试：针对数字化供应链技能进行测试，如ERP等常用产品化管理软件的操作、数据模拟运算、简单的低代码开发等。供应链数字化岗位对动手能力要求比较高，经常需要实际操作具体的软件或工具，所以操作测试是必经的选拔环节。

案例分析：这是考察候选人项目经验的有效方式，通过要求候选人分析参与过的供应链数字化项目的案例，验证他们的项目管理经验与复盘反思能力；也可以基于公司实际情况准备案例让候选人分析，考察他们的问题分析与解决能力。

面试提问：提问关于数字化供应链趋势、工具和技术的问题，考察候选人对供应链数字化未来的认知与思考的深入程度。

3）人才获取

由于供应链数字化人才稀缺，除了传统的人才猎头、内部举荐、招聘渠道多样化以及运用互联网招聘平台和技术以外，还需要采取一些专门的人才吸引的方法。

■ 院校合作：与有供应链及数字化专业的大学院校或研究机构建立合作关系，除了参与校园招聘活动外，还举办定期讲座和工作坊，设立专门的奖学金甚至是专班培养计划，吸引优秀的毕业生。

■ 专业社群：主动加入或参与供应链数字化领域的专业知识分享或社群平台，通过这些专业社群的交流记录以及各种排行榜，可以发现潜在人才并建立联系，同时也能够帮助了解市场动态和人才情况。

　　■ 线上技术社区：GitHub、Stack Overflow 等在线技术社区是数字化人才的聚集地，可以在这些平台时刻了解最新技术信息与趋势，寻找潜在人才并与其互动。

　　■ 供应链数字化主题活动：通过组织、赞助或参与供应链数字化相关的研讨会、培训课程、技术讲座等活动，展示公司在数字化领域的专业知识，提升在供应链数字化领域中的企业形象，吸引人才加入。

　　■ 雇主品牌宣传：积极进行雇主品牌建设，参与知名度高的最佳雇主品牌评选，可以帮助企业快速在人力资源圈内提升知名度和美誉度；同时可以在公司网站、社交媒体等平台积极宣传公司的数字化项目和成功案例，吸引人才的关注。

　　■ 人才网络：建立自己的人才数据库或网络，定期与潜在人才保持联系，了解他们的动态和职业需求。

　　■ 创新待遇与福利：充分考虑供应链数字化人才的独特需求和关注点，提供有个性化且有吸引力的薪资、福利；承诺提供充分的学习和发展的资源与机会，帮助他们不断提升技能和增长知识；展示供应链数字化人才在公司中的职业发展路径和晋升机会，吸引人才长期投入；展示具有竞争力的数字化项目挑战，也可以吸引优秀的人才。

7.3.2　供应链数字化人才培育

　　大部分企业供应链数字化人才培育的难点在于不管是现有的人才培育体系、人才结构与土壤，还是具体的业务流程与工作环境都难以快速有效的培育数字化人才。因为企业本身就需要这些人才共同驱动数字化转型，打造未来级企业。

　　要成功培育供应链数字化人才需要企业重新设计现有的人才培育体系，一方面满足培养新型供应链数字化专门人才的需求，另一方面要满足各岗位供应链与数字化素养提升的需求。

　　1）供应链数字化专才培育

　　提升供应链人才数字化素养和提供信息化人员的业务素养是供应链数字化专才培育的两大主要方向。

　　除了通用商业知识与能力外，入门级的供应链人才会掌握供应链的基本知识，包括理解供应链各个环节及其相互关系，如采购、生产、物流、库存管理等；掌握供应商管理与采购、生产计划、物流运输、仓储库存、运输配合等基本流程和原理；同时能够使用Excel等工具进行基本的数据处理与分析，如制作图表，运用函数计算一些常用指标等。

下面是我们为电气行业某知名企业设计培育方案的主要内容，对象就是供应链与运营管理团队，目标是培养供应链数字化人才。

培训内容包括：

（1）供应链知识

供应链管理知识提升：包含了供应链从需求到供应，从计划到执行的16个大知识点，240个小知识点，全部采用在线单点课程方法进行学习，并配套知识点考试。

供应链技术知识：包括了AGV、自动仓储检索、物联网、RFID、机器人等。

（2）供应链数字化系统

供应链数字化工具和系统，考察主流ERP、WMS、MES系统厂商。学习如何运用这些工具进行供应链过程的数字化管理和优化。

（3）数据分析与决策支持

基于Excel的数据采集与分析，通过带格式函数的表单提升供应链数据管理效率。

BI数据采集与分析，通过BI抽取现有系统数据进行分析、监测。

（4）数字化供应链策略与规划

制定和实施数字化供应链战略，根据业务需求规划数字化转型。

运用数字化供应链规划的方法和工具，包括需求预测、库存优化等。

（5）创新与协同

运用敏捷方法和设计思维解决供应链问题，提高效率和灵活性。

打破部门墙，培养跨部门合作能力，学习如何与不同团队合作推动数字化项目。

项目群管理，有效管理多项目不同的优先度与资源冲突。

在整个培育项目中，我们综合采取了在线课程自学与补充阅读、外部软件厂商与标杆用户参访、实际项目参与、外部专家导师指导、内外部同行案例研讨、项目实战竞赛等多种培训方式。

而在另外一家公司的信息化团队的供应链业务能力提升项目中，我们也采用了上面这些混合式学习的方法，但设计了不一样的培训逻辑。

转变一：IT人到数字人

主要内容：跨部门协同、客户价值驱动的价值链和数字化转型变革管理。

主要帮助信息化的同事从关注日常线上模块操作、票据作业和数据准确，转到关键跨系统全过程与端到端流程匹配的全过程数据治理与价值体现，从数字化角度重新认知IT部门的价值。

转变二：操作员到分析员

主要内容：业务分析基础，包括需求收集、流程分析、业务建模等；系统分析基础，包括系统架构、数据规格、界面设计等。

主要帮助信息化同事从软件系统操作员的更关注功能实用性、操作便利性等，转到业务与系统分析的更关注业务逻辑、数据来源于定义、上下游数据应用，以及系统分析的贯通不同系统的数据逻辑。

转变三：后台到前台

主要内容：理解核心业务全流程和关键业务指标，客户意识与客户服务培训，推崇以客户为中心的工作理念。

主要帮助信息化同事从后台服务的意识与价值，转变为前台直接为业务增值的意识与价值呈现。

基于培育内容的特点，除了常用的一些混合式学习方式外，我们还增加了以下培育形式：

■ 跨部门业务分享会，让团队了解各业务部门的挑战和需求。

■ 组织团队参与客户会议，与销售一起拜访客户，实地了解客户需求和问题。

■ 让信息团队成员参与业务流程优化项目，锻炼BA技能。

■ 团队成员轮流担任BA和SA角色，交换角色找出现有系统的不足。

还有不少企业直接将信息化部门归入运营管理部门旗下，用"屁股决定脑袋"的方式驱动业务管理与信息化的融合，实现供应链数字化人才的快速发展。

2）数字化素养提升

仅靠专才无法实现企业供应链数字化转型。全面提升员工的数字化素养才是供应链数字化人才培养的终极目标——这也是供应链全链实时协同的终极目标。

数字化素养提升之难还是在于转型中的"鸡蛋问题"：是先有"鸡"——企业业务和管理达到一定信息化和数字化水平后，全员数字化素养随着工作要求和环境提高；还是先有蛋——全员数字化素养提升后，推动企业业务和管理数字化水平持续提升。

从组织角度讲，答案只有一个：数字转型，人才先行。也就是先给员工提供全面的数字化素养提升的资源与方案，推动数字化转型的进程，从而实现良性循环。很多企业，特别是传统行业或制造业管理层把提升员工数字素养的难度和"教老人用手机"来比较，说不亚于一次变革管理。这有点夸张，但全员数字化提升，除了耐力和韧性外，的确还需要有"细线拉重物"的技巧——即不能操之过急，这样会把线绷断，也不能怕线断就停滞不前，而是要做到平稳加力，让重物慢慢动起来获得一个加速度后，依靠惯性，会自然形成全面数字化的大势。

不同类型的企业全员数字化提升背后的需求与难点都是不同的，通常有以下5个方面：

■ 多样性和规模：多样性的员工群体，涵盖不同年龄、教育背景和学习能力。在这种情况下，制定一套适用于所有人的培训计划可能会更具挑战性。

■ 文化和习惯：不同企业的文化和员工习惯影响。很多资深员工更加习惯于传统的工作方式，对数字化工具和方法持怀疑态度。

■ 技术复杂性：复杂的技术和工具，员工可能需要学习使用新的软件、系统和应用。技术复杂性可能会增加培训和学习的难度。

■ 抵触情绪：员工担心自己无法适应新的工作方式，或者会被取代，对数字化产生抵触情绪。

■ 持续性挑战：技术发展迅速，员工需要持续学习和适应新的技术和趋势，需要足够的时间和精力投入。

这时候我们需要更有针对性地去找到支点，帮助员工迈出数字化素养提升的第一步。以下是我们的一些成功尝试：

案例一：某传统制造业企业启动智能工厂转型，但很多普通员工对于新的数字化工具和系统感到陌生，存在技术障碍。

方案和行动步骤：

■ 个性化培训计划：制定基于员工技术水平的培训计划，分阶段进行培训，分层教学，从基础到高级，逐步提升员工的数字化能力。

■ 实际应用演练：针对每个工作岗位，设计实际应用演练，让员工能够在真实工作环境中使用数字化工具，从而更好地理解其价值和用途。

■ 双向导师制度：安排现场和技术经验丰富的老员工做师傅，指导年轻员工，新员工；设立数字小师傅，由熟练数字化或学习速度较快的年轻员工担任，手把手地给老员工提供指导和支持，解决技术难题。

■ 实际案例分享：定期举办分享会，邀请已经成功应用数字化工具的员工分享经验，介绍数字化工具给他们带来的利益，激发其他员工的学习兴趣。

该企业还调整了薪酬激励与晋升机制，让数字化效率提升体现到具体收益上。

案例二：某零售企业准备开展线上线下融合的数字化转型，需要普通员工掌握新的电商和线上销售技巧。

对策和行动步骤：

■ 全覆盖资源：提供多渠道全方位的培训，包括线上视频教程、店面集中培训和督导巡回培训等，以适应不同员工的学习习惯和工作时间。

■ 模拟演练：设计模拟电商平台，让员工可以在虚拟环境中练习线上销售技巧，熟悉电商和线上销售操作流程；提供个人操作辅助小卡片和界面模型，解决了模拟训练资源不足的问题。

■ 客户互动训练：鼓励员工与客户互动，提升客户服务能力，培养客户中心意识。

■ 标杆个人分享：让成功转型的员工分享自己的成功经验和诀窍，帮助更多员工转型。

■ 行业案例分析：分析成功的电商案例，让员工了解行业趋势和成功模式，以及不转型对工作安全的影响。

案例三：某保险企业需要员工掌握数据分析和风险管理的数字化能力，以应对监督措施的调整，但普通员工对这些领域重视程度不够，以往都靠合规部门检查来推进学习。

对策和行动步骤：

■ 数据分析培训：提供针对不同层次员工的数据分析培训，从基础到高级，让员工了解如何从数据中提取信息。

■ 实际数据案例：使用公司实际业务数据，让员工实际操作，从而更好地理解数据分析的应用。

■ 风险模拟：设计风险模拟案例，让员工参与风险决策，培养风险合规自查习惯，锻炼风险管理能力。

■ 行业案例警示：邀请金融领域专家分享行业趋势和最新风险管理方法，以及出现的违规案例的警示。

7.3.3　高绩效供应链数字化团队

随着协同作战和数字化指挥系统的进化，现代军队的基层班组变化显著，以美军为例，一个普通的10人左右陆军战术小组包含以下角色：军官或高级士官担任的组长、副士官担任的副组长兼通信、自动步枪手、榴弹发射器手、爆破手、医疗兵、工程兵等，在执行特殊任务时还可以配合类似无人机手、情报员、导航员和空中支援专家等。

这种团队构成使得一个很小的作战小组也能够执行长时间的作战任务，且可以应对复杂多变的战场局势。商场如战场，数字化时代的企业也面临着同样的复杂多变且充满竞争力的市场，也需要构建高绩效的供应链数字化团队，作为组织最基本的能力单元。

这样不管最终组织在哪一个层级上实现组织与流程的逻辑一致性，最终都会实现基于流程的，数字、技术与组织的一体。团队就是这个组织的最小细胞，或者可以称为数字化能力单元。流程型组织就是由能力单元组成的能力模块，能力模块按价值链逻辑形成能力链，再按商业模型形成能力网络，乃至能力生态。

有多少教科书就有多少种关于团队的解释。但可以确认，不是一群人聚在一起就是团队。从群体到团队的建立与成熟需要一个过程。而一个高效能的供应链数字化团队应该符合以下特点。

■ 上下目标一致：团队成员对数字化转型的整体目标和战略有明确的理解，并确保个人目标与团队目标相一致，将团队目标向组织和企业目标瞄准。团队成员在数字化转型过程中共同追求同一目标，避免了目标分歧和资源浪费。

■ 内外价值一致：高绩效团队的成员了解供应链数字化转型对企业内外部客户的价值和影响，能够将数字化转型与企业的使命、愿景以及内外部客户和利益相关者的期望相结合，实现内外价值的一致性。

■ 沟通协作顺畅：团队成员之间保持良好的沟通和协作，能够自由交流想法、分享信息和经验。团队在数字化方面有着能互通的语言和逻辑，内部有开放的氛围，能够快速解决问题，共同解决挑战，推动数字化转型进程。

■ 专业能力互补：团队成员拥有不同的专业背景和技能，能够互相补充，形成协同效应。在供应链数字化转型中，团队中可能有技术专家、业务专家、数据分析师等，各自发挥专业优势，共同推动数字化项目。

■ 共担风险成果：高绩效团队成员愿意共同承担项目的风险，对成果负有共同的责任。在数字化转型中，团队成员能够共同承担项目可能带来的风险，并分享项目成功所带来的成果和回报。

打造高绩效团队需要企业与团队管理者有效地推行一些针对性的举措。

1）关注员工沟通

专门的转型管理能力是供应链数字化转型成功的关键。我们常说"铁打的营盘、流水的兵"，国内企业员工的流动性和忠诚度是一个绕不开的话题。任何形式的转型都会对企业和员工的日常活动产生重大影响，在数字化过程中可能会做出牺牲、遇到困难和干扰，因此，转型需要谨慎管理。特别是国内的企业面临转型时需要了解自身的独特文化，以确定如何通过利益相关者的影响、强有力的沟通和流程管理纪律对转型进行最好的定位和指导。很多外资企业，特别是那些在全球拥有众多子公司和员工的企业来说，他们都认为转型的时候一定要记得和员工"沟通、沟通、沟通、再沟通"。转型的过程中，让我们的员工慢慢习惯变革并不是一次性活动，而是业务常态，在常态化管理的理念下我们仍然需要注意其定位，不要把转型视为一种威胁，必须要通过不断的沟通让员工，特别是企业选用的关键人才和潜在人才意识到转型不是一种威胁，而是希望大家发挥更高价值的机遇。成功企业会使用经过深思熟虑的沟通策略，通过项目管理办公室或战略转型办公室实现转型，这样员工从一开始就清楚转型的预期结果是什么以及得到这些结果的重要性。

在很多成功的供应链数字化转型项目中的人才培养案例中，组织协同和交付能力被视为比商业方法论更为重要的要素。因为企业运营和发展最重要的是人而不是技术，应优先考虑提高流程执行人员和管理人员的能力和意识。

供应链数字化转型领域，很多是为了满足提高产量、降低运营成本和提高资产效率的需要。往往在整体数字化转型的开始前就要让员工了解即将发生的变革，告知他们数字化转型带来的好处以及对他们的影响。我们还经常在项目开始时就进行项目宣导、培训和人员赋能，在项目的过程中也希望企业能将他们愿意培养的人才纳入到项目小组中，让他们在项目的过程中开阔自己的视野，同时也给出创新的想法。这些准备和铺垫让整个企业意识到转型至关重要，为未来的生活带来好处，并帮助建立共识、协调一致和保持动力。一旦管理层和员工意识到其可以节约成本和时间并提升效率、或让他们的事务性工作、浪费的节点减少，那么离转型成功也就不远了。

2）提升组织赋能

曾经参与过供应链数字化转型的人，也在很多咨询和与客户接触访谈数字化转型的调查中发现很多企业为供应链数字化转型的组织能力感到担忧，甚至有些企业认为数字化转型的人才和内部组织的构建不当会成为一个风险。可见，企业的领导人都认识到，要推动供应链数字化转型，必须拥有适当的供应链、数字、信息系统方面的技能和能力。所有的高层都已经意识到这些能力单靠外部的顾问团队是不行的，企业必须拥有适当的内部能力。这些人包括在供应链数字化转型担任领导角色的人，需要拥有技术能力和对内部业务情况有着深刻的了解的人，必须有很强的供应链相关的知识储备的人员。而这些技术人员不仅要有技术系统能力，还要深入了解供应链相关的业务需求和问题。通常情况下，我们建议企业可以引入"曾经参与过供应链数字化转型的人"，也需要培养和挖掘内部了解业务目的、流程、系统、人员和文化的人；或者拥有曾经参与过大型转型项目的人。经验和知识是不可替代的，只有当企业拥有一个内部数字化团队，可领导供应链数字化项目，并与利益相关者部门保持开放式沟通渠道，才能帮助企业推动创新的供应链数字化转型。

企业必须明白按照现有的供应链数字化转型项目的范围和业务需要，探寻该项目需要什么样类型的人才，这些人才的能力描述是怎样的，为适应企业战略和供应链数字化转型战略，企业需要多少人才，他们目前处在什么子公司、事业部、职能部门。通过第一次排摸这样的人才清单，就能大致找到谁是我们所需要的企业内部人才，作为数字化人才团队的骨干和基础。此步骤涉及企业人力资源规划的落实，核心目的就是做人才盘点，了解企业适合供应链数字化转型项目的人员数量和人才现状，并针对这些人事先考虑好在培训和未来技能方面需要补充的方向，包括个人能力、素养、技能和业务知识。

我们相信有一定规模的成熟企业人力资源部已经针对不同人群、不同岗位层级的人员，罗列出他们所需要的专业知识的能力名称、能力定义、能力层级以及能力衡量标准知识，并且应该在每个岗位都有一定对应的能力的要求细则了。当然，有些较新的或者规模较小的企业可能做得不是那么规范，但这些工作必须要得到足够的重视，至少在供应链数字化转型项目开始前应该先把一些关键的岗位进行人才盘点和梳理，尽早建立任职资格体系。比如华为、腾讯、京东等优秀企业在走向规范化的过程中，都非常重视人才赋能，都非常重视人才赋能体系的建设工作，都分序列建立了各岗位的标准和各职能技能要求。

除了技术和流程技能，人的能力还是多方位的，就是我们所说的素养，按照美国心理学家大卫·麦克利兰的理论，所谓的整体素养是指优秀的卓越绩效表现者区别于一般绩效表现者的特质，而能力素养模型是指为了取得卓越的绩效，个人所需要具备的一系列能力、素质的集合。这些能力素养在不同企业文化的熏陶下，往往与企业文化价值观相连，也是企业选拔优秀员工，评选先进员工的参考标准。

供应链数字化转型项目组可以通过素养原型模型的基本评估项和领导力项，对现有的潜在的参与数字化转型的关键人员能力进行盘点，有些人力资源调研的方法，包括行为访谈法、360度考评，我们也研发了一套"非常6+1"的供应链数字化人才团队评估模型，旨在通过不同的维度，包括"学习力、认知力、创新力、推动力、决策力、技术力"六力+团队凝聚力来整体评估供应链数字化团队的能力。

对于企业而言，这一步需要做到的事情是摸清企业所需人才的储量，为供应链数字化转型项目和未来的转型落地、维护建立人才地图。

接下来需要考虑巩固组织的能力了，就是要确保现有的适用于供应链数字化转型的人才资源和能力不流失或者枯竭。因为人是活的，如果不善加保护，他们就可能流失，组织能力往往依附于"人"，因此对人才的保留机理就需要常态化。这不仅仅涉及薪酬激励，还涉及保持一定程度的上下沟通及领导者的关注。

此外数字化转型中的知识管理非常重要，通过建设知识库编写知识点、内部培训教材、内部案例，举办各种赋能活动，保障人才能力的保留和知识的传承。当然，人力资源部需要启动一些法律上的约束力和方法来保护企业的知识产权，也可以通过信息化的监控手段确保这些知识产权仅用于内部使用。人力资源管理部应该积极参与到供应链项目中，和相关人员多沟通，多交流，一旦发现被竞争对手挖墙脚的苗头，就要及时做好关键人员的保留工作。维护现有的人才资源和能力非常重要，人才结构受业务结构的影响，但反过来也会影响业务结构，在二者相互影响的作用下，组织能力要实现螺旋式的上升。比如如果产品定位高端，技术领先就需要高端的人才储备，等高端人才多了，企业就可审时度势，将既定的战略目标设得更高一些。有些时候企业需要养一些"闲人"，让他们做前沿性的研发，做更广泛的市场调研和对标，洞察外部最佳实践和商机，如果企业的人才库中只有那些现在可用的人，企业就无法未雨绸缪，为长期的组织能力造血。在人才培养中有个721法则，即能力的培养，70%是靠挑战性的项目历练，20%是靠日常的辅导和沟通，10%是靠课堂学习。

我们在带项目的时候也经常鼓励公司的高层、中层领导人亲自带头讲课，这既是领导人总结所经历的项目的机会，也是发现人才聚集战斗力的途径。通过各个层级的领导者讲课，除了自身的管理工作外还讲授自己的知识和经验，可以帮助企业做好接班人计划，领导人要提前布局，把自身的个人能力转化为组织能力，而不是事到临头仓促选拔接班人或者选择来自外部的空降接班人。我们希望供应链数字化转型的领导者有这样的胸怀，允许接班人的成就可能超过自己，鼓励内部人才流动，让人才在不同岗位历练，有助于增强不同部门的相互了解程度，从而促使协同供应链的组织能力提升。

在供应链战略和数字化转型和实施过程中，必须防止人员能力脱节，人才队伍的高度和厚度决定了企业的高度和持久性，吸引保留培养行业领军人才不仅是人力资源部门的责任，也是企业各部门领导人的责任。

3）提升团队凝聚力

很多供应链数字化转型项目通常会遇到阻力。企业领导人应清楚和理解员工对被取代的恐惧。因为当员工意识到数字化转型可能威胁到他们的工作时，他们可能会自觉或不自觉地抵制这些变革。领导人必须消除这些恐惧，并强调数字化转型过程对员工来说实际上是一个机会，可以丰富他们的专业知识，以适应未来的市场。在供应链转型的过程中很多企业为了数字化组织，投入了大量的金钱购买系统、软件和自动化设备，希望通过高新技术和软件缩小和同行业的数字化步伐差距。但是希望企业家别忘了，除了新技术，领导人必须做好准备并优先考虑对员工的技能提升进行必要投资，通过引进外部专家和做好组织赋能的培训工作，让员工获得数字化技能和体验数字化工具所创造的价值。否则投入的设备还是设备、系统还是系统，没有好的人来运营转型后的流程和设备，所有前期的付出都是徒劳。

有时我们也会发现有些董事会或高层对数字化的认知水平不高，这时候他们就需要充分信任数字化转型团队，并提供全力支持。这种支持可加快转型的速度。有些好的企业，如果董事会或高层不了解数字化转型，他们会成立数字化转型小组委员会来进行战略监督和有针对性的领导，同时确保董事会或高层了解适当的高级别信息。如果要组织这样的小组、部门或团队，我们需要在这里强调，数字化转型不应由内部 IT 部门领导，而是需要由供应链相关流程的主责人或专门的专家职能部门管理，或者可以成立项目管理办公室或战略转型部门，该团队应该由服务提供者组成并牵头，他们不是所有 IT 事务的决策者。该职能部门应主动地与高层团队进行沟通，将其战略转变为有影响力的组织变革，并负责保持良好势头。除了指导和领导转型项目和变革活动，该团队还应负责解决问题，根据战略对项目进行优先考虑，并对不同交付阶段的成果进行协调。数字转型项目团队或项目管理办公室对企业有着深刻的了解，包括企业数字化转型的目的、企业的业务战略、企业文化和运营结构。当然，还有一个比较关键的地方就是整个项目团队应该严格遵守项目进程中的纪律，数字化转型的项目中的执行力非常重要，否则整个项目将会一拖再拖，还没开始转型就被快速发展的市场和业务替代。如果企业项目管理办公室针对于数字化转型的范围管理、预算编制和资源配置等规定未妥善建立，可能需要外部专家的协助来帮助企业确定整体数字化转型的框架。

4）数字文化建设

高绩效供应链数字化团队形成后，就需要在团队的数字化文化建设方面下文章。数字化文化可以将人才团队建设过程中的短期成效固化传承下来，这是未来企业将数字化基因逐步纳入组织文化的前提和基础。对于处于数字化转型期的企业来说，将高绩效供应链数字化团队内部成功的价值观、制度和行为方式提炼成为行为文化、制度文化和精神文化，能够有力地推动数字化理念的发展和实践。

（1）数字化行为文化建设部分要点

协同：弱化分工，倡导协作，积极进行信息和资源共享，促进团队内部和跨职能团队的合作。

敏捷：运用敏捷工作方法，小步快跑，快速响应，快速行动，快速决策，快速迭代优化，积极跟进市场需求和客户反馈。

创新：打破常规，在商业模型和主业务流程的基础上，积极对工作方式、方法和技术等进行创新，提出数字化改进和解决方案。

数字素养：持续提升数字素养，培养数据意识，灵活应用数字化工具和技术，将非结构化和半结构化信息数据化，基于数据进行分析和决策，用数据支持观点与判断。

（2）数字化制度文化建设部分要点

业务管理：制定明确的数字化举措与行动计划，将数字化纳入核心业务流程与管理流程要素。

设施管理：明确设施、设备和软硬件系统建设的数字化标准，适应数字化需求，支持数字化转型的实施。

数据管理：建立健全的数据治理和数据管理制度，确保静态和动态数据的权威性、稳定性，提升业务数据的准确性、安全性和可用性，保护数据的隐私性和合规性。

人员管理：提供数字化技能评估与规范，帮助员工掌握所需的数字化工具和技术。

（3）数字化精神文化要点

数字化使命：确立与数字化转型目标相一致的使命，激励团队成员为数字化发展做出贡献。

敏捷适应：培养适应变化的能力，使员工能够灵活应对市场和技术的变化。

数据驱动：强调数据的重要性，鼓励员工基于数据做出决策和判断。

客户中心：强调数字为客户服务，为客户与市场提供价值。

建设数字化文化时，需要综合考虑上述要点，并在精神文化、制度文化和行为文化三个层面上进行协调。这有助于确保企业在数字化转型中具备正确的价值观、制度支持和开展实际行动，从而提升数字化转型的成功率。

索引

供应链管理—3，4，6-12，14，15，22，24，30，31，40，41，49，53，55，69，83，85，89，93，95，104，112，114，121，124，128，129，132，147，148，171，177，184，188，190，194，195，205，208，259，289

数字化转型—2-5，9，16-21，24，26，29-41，43-46，51，58，59，61，65，69，85-91，94，133，161，162，180，181，185，190-195，197-199，201，206-208，211-215，217，220-222，230，246，255，263，264，266，270，271，275，277-279，281，282，286，288-292，294-300

设计链—61，62，64，72，73，86，97，136

营销链—54，61，65-68，72-74，78，86，97，101，135，177

制造链—54，59，61，68-70，72-74，78，97，99-101，116，118，160，162，164

产品族链—53，54，61，72，78，101，270

端到端流程—17-19，25，26，36，83，84，96，121，158，173，

195，203，266，290

数据管理—25，77，89，90，118，180，181，185，245，251，256，
257，259，284，289，300

最佳实践—5，7，8，84，85，124，193，202，206，255，256，257，
259，283，298